Réussir mon CRPE

ORAL 2025 2026

ÉPREUVE DE LEÇON

FRANÇAIS

ANNE-ROZENN MOREL, SYLVIE MÉRIC-PONS

Nathan

Direction éditoriale : Pascaline Citron
Édition : Aurore Champavère, Stephanie Dizel-Doumenge, Claire Garoux
Fabrication : Lysiane Bouchet, David Fauro
Conception graphique et mise en pages : Lucille Pachot
Illustrations : Pollux

92 avenue de France - 75013 Paris
Dépôt légal : janvier 2025
ISBN : 978-2-0950-4564-7
Code éditeur : 117535
ISSN : 2823-9245

LES AUTRICES

Anne-Rozenn Morel est formatrice à l'INSPE de Bretagne depuis 17 ans. Elle a consacré sa thèse de littérature aux fictions utopiques pendant la Révolution française. Ses domaines de recherche actuels sont : la créativité et l'imagination, l'approche sensible des œuvres d'art, les œuvres de science-fiction en littérature jeunesse, les valeurs dans la littérature de jeunesse. Elle est membre du groupe départemental français du Finistère. Dans la collection « Réussir mon CRPE » elle a également écrit les ouvrages *Français - Écrit 2025* et *Mon cahier d'entrainement - Français - Écrit 2023 & 2024.*

Sylvie Méric-Pons est PEMF, Professeure des écoles dans le Finistère depuis 29 ans et Maitre-formatrice à l'INSPE de Bretagne depuis 10 ans après un Master de recherche en didactique - spécialité Formation de formateurs et rapport au savoir à l'Université de Bretagne occidentale. Ses travaux de recherche ont porté sur l'enseignement du lexique en lien avec la production d'écrits au cycle 2. Elle est membre du Groupe départemental français du Finistère.

SOMMAIRE

PRÉPARER LE CONCOURS AVEC Lea.fr

Inscrivez-vous sur Lea.fr.
C'est gratuit !

https://lea.fr/devenir-enseignant/preparer-crpe

- D'autres sujets inédits
- Des vidéos tuto
- Des activités rituelles
- Des exercices d'entrainement supplémentaires
- Des webconférences
- Et d'autres ressources pour chacune des épreuves et disciplines

ou flashez le QR code suivant

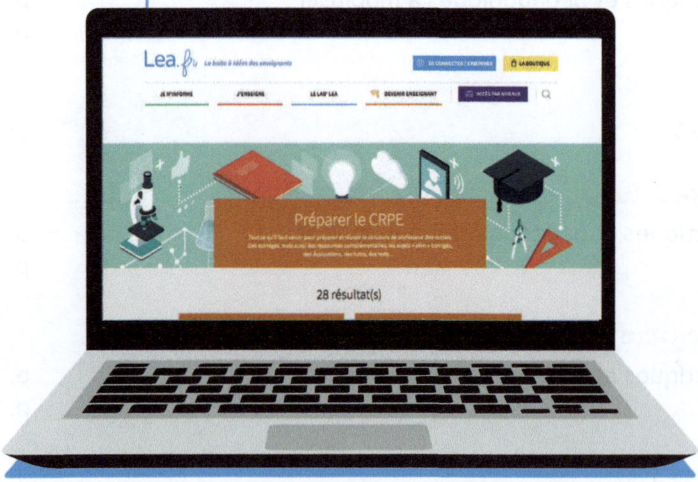

Suivez @reussirmoncrpe sur Instagram pour ne manquer aucune information sur le CRPE !

Introduction

A - PRÉSENTATION DE L'ÉPREUVE DE LEÇON

1. L'ÉPREUVE

L'épreuve orale de leçon consiste en l'exposé d'une séance d'enseignement, suivi d'un entretien avec le jury. Le cadre réglementaire de l'épreuve est décrit dans les annexes de l'arrêté du 25 janvier 2021, publié dans le *Journal officiel*[1]. Des précisions sur le sujet, les documents du dossier et les critères d'évaluation sont apportés dans la note de commentaire datée du 21 octobre 2021[2].

« L'épreuve porte successivement sur le français et les mathématiques. Elle a pour objet la conception et l'animation d'une séance d'enseignement à l'école primaire dans chacune de ces matières, permettant d'apprécier la maîtrise disciplinaire et la maîtrise des compétences pédagogiques du candidat.

Le jury soumet au candidat deux sujets de leçon, l'un dans l'un des domaines de l'enseignement du français, l'autre dans celui des mathématiques, chacun explicitement situé dans l'année scolaire et dans le cursus de l'élève.

Afin de construire le déroulé de ces séances d'enseignement, le candidat dispose en appui de chaque sujet d'un dossier fourni par le jury et comportant au plus quatre documents de nature variée : supports pédagogiques, extraits de manuels scolaires, traces écrites d'élèves, extraits des programmes...

Le candidat présente successivement au jury les composantes pédagogiques et didactiques de chaque leçon et de son déroulement. Chaque exposé est suivi d'un entretien avec le jury lui permettant de faire préciser ou d'approfondir les points qu'il juge utiles, tant sur les connaissances disciplinaires que didactiques.

Durée de préparation : deux heures; durée de l'épreuve : une heure (français : trente minutes, l'exposé de dix à quinze minutes est suivi d'un entretien avec le jury pour la durée restante impartie à cette première partie; mathématiques : trente minutes, l'exposé de dix à quinze minutes est suivi d'un entretien avec le jury pour la durée restante impartie à cette seconde partie).

Coefficient 4.

L'épreuve est notée sur 20. La note 0 est éliminatoire. »[3]

Le temps de préparation de la leçon est d'une heure pour le français. Le temps de l'épreuve est de 30 minutes : 10 à 15 minutes pour l'exposé et 15 à 20 minutes pour l'entretien avec le jury.

2. LE SUJET

L'énoncé du sujet comporte les éléments suivants :

- le niveau de classe de la séance;
- la période de l'année à laquelle se situe la séance;
- la séquence dans laquelle se situe la séance;
- le positionnement de la séance dans la séquence.

1. https://www.legifrance.gouv.fr/jorf/id/JORFTEXT000043075701
2. https://media.devenirenseignant.gouv.fr/file/crpe/98/8/sujet_zero_2022_crpe_lecon_francais_1421988.pdf
3. https://www.legifrance.gouv.fr/jorf/id/JORFTEXT000043075701

3. LES DOCUMENTS DU DOSSIER

Le dossier se compose d'éléments jugés utiles pour la construction de la séance, qui ne peuvent excéder 2 à 3 pages A4 avec un maximum de 4 documents. Ces derniers peuvent être de nature diverse, soit des extraits :

- des programmes ;
- des ressources institutionnelles ;
- d'œuvres de littérature de jeunesse ;
- de manuels scolaires ;
- de travaux d'élèves ;
- de documents produits par un enseignant ;
- etc.

4. LES CRITÈRES D'ÉVALUATION

Cette épreuve a pour objectif d'évaluer les connaissances didactiques et pédagogiques du candidat, autrement dit les **connaissances et compétences du candidat** et son aptitude à les mobiliser pour concevoir et organiser un enseignement s'inscrivant dans les programmes d'une classe de l'école maternelle ou élémentaire, ainsi que sa capacité à **expliquer et justifier** ses choix didactiques et pédagogiques. La note du commentaire du 21 octobre 2021 précise ce qui pourra être attendu du candidat :

« - Le candidat indique clairement ses objectifs d'enseignement.

- Le candidat expose, face au jury, le déroulement de sa séance ainsi que ses choix pédagogiques, justifiés par sa réflexion didactique. Il s'agit d'un exposé et non de la simulation d'une situation de classe.

- Le candidat intègre l'activité des élèves à sa présentation de séance.

- Le candidat s'appuie sur l'extrait du programme qui lui a été éventuellement fourni. Si les grandes lignes des programmes doivent lui être familières, il n'en est en effet pas exigé une connaissance précise.

- Le candidat exploite le dossier. Il peut, s'il l'estime nécessaire, faire appel à des documents extérieurs au dossier dont il aurait connaissance. Il explicite, lors de l'entretien, les motifs qui l'ont amené à minorer éventuellement un document fourni par le dossier.

- Le candidat est évalué sur sa capacité à construire une réflexion d'ordre didactique et pédagogique et à la justifier ou à la faire évoluer lors de l'entretien. »[1]

B- CONCEVOIR UNE SÉANCE ET CONSTRUIRE UNE FICHE DE PRÉPARATION

Afin de concevoir une séance, nous vous recommandons de suivre les étapes suivantes :

- définir les objectifs ;
- concevoir le déroulement de la séance ;
- choisir les activités ;
- déterminer les modalités ;
- préciser le rôle de l'enseignant ;
- évaluer.

1. https://media.devenirenseignant.gouv.fr/file/crpe/98/8/sujet_zero 2022 _crpe_lecon_francais_1421988.pdf

1. DÉFINIR LES OBJECTIFS

Pour concevoir une séance d'enseignement, il s'agit en premier lieu de déterminer l'objectif visé, autrement dit de se demander : *Qu'est-ce que je veux que les élèves aient appris à la fin de la séance ?* Il est important de bien cibler l'objectif visé et de le formuler en termes compréhensibles pour les élèves. Il est nécessaire de ne pas multiplier les objectifs visés car une séance est limitée dans le temps et nécessite donc des choix.

2. CONCEVOIR LE DÉROULEMENT DE LA SÉANCE

La séance comporte différentes phases et respecte une progressivité. Pour construire cette dernière, différents types de démarches sont possibles : elles sont déterminées par le domaine du français visé. Par exemple, une séance (ou plusieurs séances) en étude de la langue comprend les phases suivantes : observation, institutionnalisation, automatisation, réinvestissement. Vous pouvez vous reporter au paragraphe « Connaissances didactiques et pédagogiques à mobiliser » de chaque sujet proposé dans l'ouvrage pour avoir le détail de ces démarches.

CONSEIL MÉTHODO

Pour concevoir votre séance, vous devez partir de l'objectif final (ce que vous voulez que les élèves aient appris à la fin de la séance) pour déterminer les sous-objectifs correspondant aux différentes phases de votre séance.

Par exemple, si l'objectif poursuivi par l'enseignant est « amener les élèves à apprendre à accorder le verbe avec le sujet », les élèves doivent, pour ce faire, savoir identifier le sujet et le verbe, connaitre les règles d'accord et savoir les appliquer. Les différentes phases de la séance pourraient être les suivantes :

- vérifier que les élèves savent reconnaitre le sujet et le verbe par des exercices ;
- leur faire observer que le verbe s'accorde avec le sujet en leur faisant manipuler des énoncés ;
- construire la règle et la copier ;
- l'appliquer dans une série d'exercices.

Attention à la faisabilité de ce que vous proposez en terme de durée. Si vous vous rendez compte que vous avez prévu trop d'activités pour le temps imparti, il faut soit réduire le nombre d'exercices ou d'activités, soit scinder votre séance.

REMARQUE

Il est utile de commencer une séance par un rappel de la séance précédente pour que les élèves se remémorent ce qu'ils ont fait et retenu, et de la terminer par un bilan final où les élèves explicitent ce qu'ils ont appris au cours de la séance, ce qui leur permet de donner du sens aux différents apprentissages.

Après avoir défini la démarche de votre séance, vous devez préciser les différentes phases en les minutant : chaque phase correspond à un sous-objectif menant à l'objectif général de la séance. Chaque phase comprend une ou plusieurs activités.

CONSEIL MÉTHODO

Donner un titre à chaque phase vous permet de vous assurer que vous travaillez une seule notion.

3. CHOISIR LES ACTIVITÉS

Construire une séance implique de réfléchir en amont aux activités qui seront proposées aux élèves. Il convient de les choisir en fonction de l'objectif fixé. Selon le domaine disciplinaire, l'objectif de la séance, les compétences visées, le niveau de la classe, l'enseignant va proposer des activités diverses et variées. L'objectif de la séance peut être décliné en sous-objectifs à atteindre. Chaque activité permettra alors de travailler ce sous-objectif. Chaque activité induit la mobilisation de compétences spécifiques.

- **Les rituels** favorisent la mémorisation. Ils permettent à l'élève d'être focalisé sur le contenu d'apprentissage puisque la forme et le cadre sont habituels et donc connus des élèves.

- **La manipulation** permet à l'élève de s'impliquer dans l'activité et donc dans ses apprentissages. Les activités dans lesquelles il est sollicité pour chercher, essayer, tâtonner, comparer, explorer, questionner, expérimenter... lui permettent de s'approprier de façon plus efficace les nouvelles connaissances. La manipulation est souvent source de motivation. Cette mobilisation est essentielle dans l'appropriation des savoirs. Les recherches en sciences cognitives l'attestent : l'attention de l'élève qui manipule est plus élevée, la mémorisation est optimisée. C'est par l'action et la manipulation que les apprentissages s'ancrent véritablement. Ces activités participent à la construction du sens et à la compréhension des concepts et connaissances notionnelles ou des savoir-faire. Le dessin, la schématisation, la représentation abstraite vont pouvoir se construire suite à cette phase de manipulation porteuse de sens et suscitant l'intérêt et l'implication de l'élève dans ses apprentissages.

- **Le jeu** est lui aussi un moyen privilégié de mobiliser l'attention et l'intérêt de l'élève. L'activité ludique facilite l'entrée dans l'activité et donc dans l'apprentissage. Le plaisir de jouer est moteur.

- **Les supports et outils numériques** offrent des possibilités multiples. Ils permettent de varier les modalités de travail. L'implication, la motivation et l'attention des élèves peuvent s'en trouver améliorées. Toutefois, le rapport de synthèse du Cnesco[1] rappelle que « le numérique fait partie d'un tout, et ne détermine pas à lui seul les résultats d'un enseignement ; c'est avant tout le scénario pédagogique qui importe [...], et non le numérique en tant que tel. » (Nissen, 2019). « Certaines études confondent la motivation scolaire avec la satisfaction ou l'envie des élèves. Le fait qu'un outil plaise ou donne envie aux élèves n'entraîne pas nécessairement une amélioration de la motivation, de l'engagement réel de l'élève dans l'activité scolaire proposée. Pour être motivé, il faut en effet croire que l'on est capable d'apprendre et de mettre en œuvre l'activité proposée. »

- **Les activités proposées doivent être motivantes** pour favoriser l'implication des élèves. Elles doivent être proches de leurs préoccupations, insérées dans des projets porteurs de sens. Pour exemple, les élèves s'impliqueront davantage dans leur tâche d'écriture si la production d'écrit qui leur est demandée est destinée à un véritable lectorat : blog, affiche, expo, correspondance par lettres ou mails...

4. DÉTERMINER LES MODALITÉS

La préparation de votre séance doit faire apparaitre des modalités de travail variées. Ces dernières conditionnent elles aussi l'implication des élèves. Alterner les phases d'oral et d'écrit, de travail individuel, collectif, en groupe ou en binôme, impulse un rythme à la séance qui préserve de la lassitude et du désengagement des élèves. Cette diversité des modalités favorise l'**attention.**

5. PRÉCISER LE RÔLE DE L'ENSEIGNANT

La présentation de votre séance précise les objectifs, les prérequis, les activités des élèves... elle doit aussi décrire le rôle de l'enseignant.
Les consignes doivent être précisément formulées pour être comprises par l'ensemble des élèves. Elles doivent permettre à chacun d'eux de comprendre ce qui est attendu mais aussi pourquoi cette activité lui est proposée.

CONSEIL MÉTHODO

Votre enseignement doit être explicite. L'élève à qui on a expliqué quel objectif est visé par telle activité peut focaliser son attention sur ce qui va lui permettre d'atteindre cet objectif. Il devient partenaire de ses apprentissages.

Le rôle de l'enseignant s'adapte à l'activité des élèves : lors des temps d'échanges collectifs, il est conduit à réguler les prises de parole, à solliciter les « petits parleurs », à préserver l'implication de chacun dans l'activité.

1. https://www.cnesco.fr/events/event/numerique-et-apprentissages-scolaires/

Lors des temps de travail individuel, écrit, il peut circuler dans la classe et accompagner les élèves qui en auront besoin : aider l'élève à entrer dans la tâche, répondre aux sollicitations, guider la démarche, orienter vers un étayage indirect, c'est-à-dire renvoyer aux affichages, aux cahiers de leçons ou à tout autre outil disponible dans la classe, établir des connexions avec ce qui a été déjà fait en classe, rappeler, encourager...

L'enseignant identifie les obstacles et les difficultés que peuvent rencontrer les élèves. Ces dernières peuvent être liées :

› aux supports utilisés : par exemple, un texte de littérature jeunesse sera plus difficile à comprendre s'il contient des informations implicites.

› à la notion elle-même : par exemple, tel graphème complexe (/euil/, /ain/...) est plus difficile à lire que des graphèmes simples.

L'enseignant a soin d'adapter le travail demandé aux compétences des élèves par une **différenciation** des activités proposées ou un accompagnement plus ou moins individualisé. Plusieurs variables peuvent être ajustées : quantité, durée, supports adaptés : police et taille d'écriture, questions à choix multiple plutôt que phrases à rédiger, dictée à l'adulte, support imagé, accompagnement par un pair, présentation orale, individuelle, des consignes... Autrement dit, il s'agit lors de la phase de conception de la séance de réfléchir à comment rendre l'activité accessible à tous les élèves en prenant en compte le rythme de chacun et en variant les processus d'apprentissage.

Dans chaque temps d'apprentissage, l'enseignant peut faire reformuler, expliciter, justifier, argumenter.

Anticiper le rôle de l'enseignant lors de la phase de préparation d'une séance lui permet d'optimiser ses interactions avec les élèves en vue d'atteindre l'objectif fixé.

Connaitre la typologie des postures enseignantes établie par Dominique Bucheton[1] permet à l'enseignant d'affiner l'analyse de sa pratique et d'être vigilant quant à ses interactions avec la classe. Voici les différentes postures :

- **La posture de contrôle** vise à mettre en place un certain cadrage serré de la situation. L'enseignant cherche à faire avancer tout le groupe en synchronie.
- **La posture d'accompagnement** vise à apporter une aide ponctuelle, en partie individuelle, en partie collective, en fonction de l'avancée de la tâche et des obstacles à surmonter.
- **La posture du lâcher-prise** assigne aux élèves la responsabilité de leur travail et l'autorisation à expérimenter les chemins qu'ils choisissent.
- **La posture de sur-étayage ou contre-étayage** est une variante de la posture de contrôle. L'enseignant pour avancer plus vite, si la nécessité s'impose, peut aller jusqu'à faire à la place de l'élève.
- **La posture dite du « magicien »** permet à l'enseignant de capter momentanément l'attention des élèves par des jeux, des gestes théâtraux, des récits frappants.

D. Bucheton précise que les enseignants experts mobilisent cinq à sept d'entre elles tandis que les enseignants débutants n'en mobilisent le plus souvent que deux : contrôle et enseignement.

1. Dominique Bucheton, Yves Soulé, « Les gestes professionnels et le jeu des postures de l'enseignant dans la classe : un multi-agenda de préoccupations enchâssées », *Éducation et Didactique*, vol. 3 n° 3, octobre 2009.

6. ÉVALUER

Comme le précise le glossaire (voir annexe en fin d'ouvrage), il existe plusieurs types d'évaluations : l'évaluation diagnostique, formative et sommative. La forme de l'évaluation peut également varier : l'enseignant peut choisir d'évaluer lui-même, de faire s'auto-évaluer les élèves ou de les faire s'évaluer entre pairs. Quelle que soit l'évaluation choisie, elle se veut positive, c'est-à-dire qu'elle doit mettre en valeur les acquis et les progrès des élèves. L'évaluation mesure tout autant les compétences acquises que l'engagement dans la tâche. Par exemple, en production d'écrit, l'enseignant peut évaluer le respect de la consigne, les caractéristiques du type de texte concerné, le respect des normes syntaxiques et orthographiques mais aussi l'investissement de l'élève dans la tâche d'écriture et sa prise de risque par rapport aux idées énoncées. L'évaluation doit être claire et compréhensible par les élèves, en s'appuyant sur des critères précis, élaborés de préférence avec les élèves[1]. Elle doit être lisible par les familles et permettra de les informer des progrès réalisés par leur enfant. Enfin, elle constitue un acte pédagogique, autrement dit elle permet à l'enseignant d'ajuster son enseignement et son étayage, de mettre en place un accompagnement pédagogique individualisé afin de motiver chaque élève et de le faire progresser. L'erreur, élément constitutif des situations d'apprentissage, est à interroger par l'enseignant afin d'identifier la nature des difficultés rencontrées par les élèves. Il amène les élèves à identifier leurs erreurs, à les verbaliser afin d'en prendre conscience.

CONSEIL MÉTHODO

Les éléments indispensables pour concevoir une séance doivent figurer dans votre exposé :

- le domaine d'enseignement dans lequel s'inscrit la séance ;
- les objectifs de la séance ;
- les compétences visées ;
- les différentes phases de travail minutées ;
- la tâche des élèves pour chaque activité ;
- le rôle de l'enseignant ;
- l'anticipation des difficultés des élèves, et si nécessaire la part de différenciation ;
- les modalités de travail ;
- la prise en compte de la dimension matérielle de la séance (supports divers, traces écrites…) ;
- la rédaction des consignes et des synthèses écrites ;
- les modalités d'évaluation prévues.

1. Pour la maternelle, vous pouvez consulter les propositions d'observables d'indicateurs de progrès dans les ressources Eduscol : https://eduscol.education.fr/document/5641/download?attachment

C - MÉTHODOLOGIE DE L'ÉPREUVE PAS À PAS

Vous disposez d'une heure pour concevoir votre séance et mettre en forme vos notes pour l'exposé : il s'agit d'optimiser ce temps très court en procédant de manière organisée et méthodique. Nous vous proposons de procéder en 7 étapes. Leurs durées sont indicatives et peuvent être adaptées en fonction de vos différentes compétences.

Étape 1. Lecture et analyse du sujet et des documents

Prenez le temps de bien comprendre le sujet, d'identifier le niveau et le domaine du français concerné, éléments essentiels pour ne pas faire un hors sujet et pour concevoir avec précision l'objectif visé dans votre séance. Tous ces éléments sont présents dans le libellé du sujet. Vous devez ensuite lire les documents en vous demandant ce qu'ils vont vous apporter pour construire votre séance. Les principales informations que vous en retirerez seront présentées dans l'introduction. Vous n'êtes pas obligé de vous servir de l'ensemble de chaque document. Par exemple, s'il s'agit d'un manuel scolaire, vous pouvez reprendre la démarche du document ou seulement un exercice présent dans le manuel.
S'il s'agit d'un document théorique, vous pouvez vous en servir pour justifier l'un de vos choix didactiques ou pédagogiques ou fonder toute votre séance sur les idées présentes dans le document. En revanche si vous écartez un document ou en faites une utilisation moindre, vous devez le justifier. De plus, comme l'indique la note de commentaire du 21 octobre 2021, vous pouvez vous servir de documents de votre connaissance, c'est-à-dire qui ne sont pas présents dans le dossier : par exemple, vous pourrez bâtir votre séance de compréhension sur une œuvre de littérature de jeunesse que vous connaissez et qui n'est pas mentionnée dans le dossier.

Étape 2. Insertion de la séance dans la séquence et progression

Même si l'épreuve consiste en la présentation d'une seule séance, il est nécessaire de placer cette dernière au sein d'une séquence dans laquelle elle prend tout son sens et de l'articuler logiquement aux autres séances pour viser un objectif général. En outre, cela vous permet de réfléchir aux prérequis nécessaires à votre séance et aux prolongements de cette dernière.

Étape 3. Déterminer précisément l'objectif de la séance, ses phases et son évaluation (si nécessaire)

Une fois la séquence bâtie, vous pouvez réfléchir à la séance que vous allez présenter. Commencez par déterminer son objectif (Que voulez-vous que les élèves aient appris à la fin de la séance ?), puis les sous-objectifs de chaque phase de votre séance. Vous devez également décider si vous procédez à une évaluation au sein de la séance. Il faut alors vous interroger sur le type d'évaluation que vous mettrez en place et déterminer précisément les critères de réussite. Une fois votre objectif déterminé, vous pouvez réfléchir aux différentes phases nécessaires pour l'atteindre, qui vous donnent les sous-objectifs de votre séance.

Étape 4. Choisir les activités et les supports

Pour chaque sous-objectif de votre séance, déterminez l'activité la plus efficace pour l'atteindre, ainsi que les supports sur lesquels vous allez vous appuyer. Veillez à ce que les activités que vous proposez soient en cohérence avec l'objectif à atteindre.

5 min Étape 5. Réfléchir aux modalités de mise en œuvre/pédagogiques et au rôle de l'enseignant

Pour chaque phase de la séance, il faut choisir une modalité de travail (écrit, oral, travail individuel ou en groupe, etc.). Afin de maintenir l'attention et la motivation des élèves, il convient de varier ces modalités tout au long de la séance.

Il vous reste à déterminer le rôle de l'enseignant lors des différentes activités. Vous devez réfléchir aux besoins des élèves et aux difficultés qu'ils pourraient rencontrer lors de ces activités et en déduire le rôle de l'enseignant : **différenciation**, **étayage**...

10 min Étape 6. Mise en forme des notes pour l'exposé

Vous n'aurez pas le temps de rédiger l'introduction et la conclusion mais nous vous conseillons de lister les éléments qu'elles doivent contenir.

- **Contenu de l'introduction**
  - Présentation de la séance : niveau, domaine du socle, domaine du français, période, situation dans la séquence
  - Présentation succincte et analytique des documents
  - Explicitation de l'objectif général de la séance, de l'enjeu d'apprentissage et des compétences visées
- **Contenu de la conclusion**
  - Rappel succinct de la démarche de la séance pour atteindre l'objectif
  - Prolongements possibles à la séance/ou **remédiation**/adaptation prévues

L'exposé consiste à présenter le déroulé de la séance en précisant les consignes données par l'enseignant, la nature des activités proposées et la tâche des élèves, le rôle de l'enseignant.

Étape 7. Préparer l'entretien

Vous devez être capable de justifier tous vos choix **didactiques** et **pédagogiques** en vous appuyant sur vos connaissances personnelles (programmes, expériences de classe, savoirs disciplinaires) et sur les documents fournis dans le dossier. Il est nécessaire de réfléchir aux justifications de vos divers choix didactiques et pédagogiques pendant la phase de préparation de l'épreuve, et ainsi anticiper les éventuelles questions du jury. À l'issue de votre exposé, vous devez :

› être capable de justifier vos choix didactiques et pédagogiques ;
› avoir réfléchi aux autres séances de la séquence ;
› être capable de justifier le recours ou non au dossier, voire l'ajout d'autres éléments dans la séance ;
› avoir réfléchi à des variables didactiques et pédagogiques.

D - UN EXEMPLE DE SUJET INÉDIT CORRIGÉ

Nous vous proposons un sujet inédit afin de mettre en œuvre la méthodologie présentée précédemment. Nous vous conseillons d'essayer de faire le sujet avant de prendre connaissance du corrigé.

1. LE SUJET

À partir du corpus proposé, vous concevrez une séance portant sur l'acquisition de procédures pour mieux comprendre un texte littéraire en classe de CM2. La séance se déroule au début de la première période et s'inscrit dans une séquence visant la compréhension des nouvelles à chute. Vous détaillerez le déroulement de cette séance en explicitant vos choix didactiques et pédagogiques.

Document 1. *Soupçon*, in *Histoires pressées*, Bernard Friot, © Éditions Milan, 1988.

J'ai tout de suite compris qu'il s'était passé quelque chose de grave. Dès que je l'ai vu. Il avait sauté sur mon lit et il se léchait les babines d'une manière qui m'a semblé bizarre. Je ne saurais expliquer pourquoi, mais ça me semblait bizarre. Je l'ai regardé attentivement, et lui me fixait avec ses yeux de chat incapables de dire la vérité.
Bêtement, je lui ai demandé :
– Qu'est-ce que tu as fait ?
Mais lui, il s'est étiré et a sorti ses griffes, comme il fait toujours avant de se rouler en boule pour dormir.

Inquiet, je me suis levé et je suis allé voir le poisson rouge dans le salon. Il tournait paisiblement dans son bocal, aussi inintéressant que d'habitude. Cela ne m'a pas rassuré, bien au contraire. J'ai pensé à ma souris blanche. J'ai essayé de ne pas m'affoler, de ne pas courir jusqu'au cagibi où je l'ai installée. La porte était fermée. J'ai vérifié cependant si tout était en ordre. Oui, elle grignotait un morceau de pain rassis, bien à l'abri dans son panier d'osier.
J'aurais dû être soulagé mais en regagnant ma chambre, j'ai vu que la porte du balcon était entrouverte. J'ai poussé un cri et mes mains se sont mises à trembler. Malgré moi, j'imaginais le spectacle atroce qui m'attendait. Mécaniquement, à la façon d'un automate, je me suis avancé et j'ai ouvert complètement la porte vitrée du balcon.
J'ai levé les yeux vers la cage du canari suspendue au plafond par un crochet. Étonné, le canari m'a regardé en penchant la tête d'un côté, puis de l'autre. Et moi, j'étais tellement hébété qu'il m'a fallu un long moment avant de comprendre qu'il ne lui était rien arrivé, qu'il ne lui manquait pas une plume.
Je suis retourné dans ma chambre et j'allais me rassoir à mon bureau lorsque j'ai vu le chat soulever une paupière et épier mes mouvements. Il se moquait ouvertement de moi.
Alors, j'ai eu un doute. Un doute horrible. Je me suis précipité dans la cuisine et j'ai hurlé quand j'ai vu...
Le monstre, il a osé ! Il a dévoré...
Je me suis laissé tomber sur un tabouret, épouvanté, complètement anéanti. Sans y croire, je fixais la table, l'assiette retournée... Il a dévoré mon gâteau au chocolat !

Document 2. Ressources Eduscol cycle 3, Lecture et compréhension de l'écrit, « Les stratégies de compréhension », https://cache.media.eduscol.education.fr/file/Lecture_Comprehension_ecrit/87/6/RA16_C3_FRA_04_lect_comp_strat_N.D_612876.pdf

Rappel des stratégies du lecteur expert

Enseigner la compréhension consiste à doter les élèves des stratégies du lecteur expert, à savoir :

- assigner un but à son activité avant de commencer la lecture en s'interrogeant sur la ou les raisons qui amènent à lire un texte particulier (apprendre, s'informer, etc.);
- s'intéresser aux relations causales;
- fabriquer une représentation mentale de ce qui est lu;
- déterminer ce qui est important et le mémoriser;
- répondre à des questions et savoir s'en poser tout seul;
- produire des inférences;
- utiliser ses connaissances antérieures;
- prévoir la suite;
- résumer;
- contrôler et réguler sa compréhension.

Document 3. François Jarraud, « Cnesco Ifé : J.-L. Dufays : Comment développer les compétences en lecture littéraire ? », *Le café pédagogique*, 17 mars 2016.

Un va-et-vient entre plaisir et interprétation

J.-L. Dufays attend beaucoup de la lecture littéraire. Elle doit redonner du goût à l'enseignement de la lecture et de la littérature, donner aux élèves une capacité réflexive sur leurs lectures, faire de la classe un espace de partage et de construction commune.

La notion de lecture littéraire repose sur l'idée d'un va-et-vient entre la distanciation (lecture analytique, interprétation savante) et la participation (lecture « ordinaire », subjective). Les jeunes doivent à la fois s'immerger dans des textes qui leur plaisent et apprendre à les analyser et les interpréter. Elle vise le rapport à la littérature, l'ouverture à la diversité et l'acquisition de référents et de prototypes. Ce mouvement veut prendre en compte toute la richesse du rapport à la littérature et faire acquérir des référents pour que l'élève crée sa culture personnelle.

Elle suppose une attention à l'activité de l'élève lecteur et une conception de la classe comme communauté interprétative. C'est une manière de lire à installer et pas une compétence.

Se projeter dans les personnages

Comment développer la lecture littéraire ? J.-L. Dufays invite à utiliser les lectures des élèves et à stimuler la participation affective et le rapport imaginaire au texte. En même temps, et c'est le côté distanciation, il demande un travail réflexif sur le processus de lecture, une initiation au repérage des genres et à l'évaluation des textes.

« Il faut amener les élèves à se projeter dans les personnages », dit J.-L. Dufays, « mais aussi travailler tout ce qui stimule la réflexivité sur la lecture ». Par exemple il recommande la technique du dévoilement progressif où on peut jouer sur l'interaction entre lecture et écriture et inviter les élèves aux échanges sur ce qu'ils ont compris du texte.

2. LE CORRIGÉ

Reprenons la méthode en 7 étapes pour suivre celle-ci pas à pas.

Étape 1. Lecture et analyse du sujet et des documents

Le domaine concerné par ce sujet est la compréhension d'un texte littéraire. Il s'agit d'analyser le texte de Bernard Friot pour déterminer s'il nécessite un travail de compréhension littérale, fine et/ou d'interprétation. Il s'agit également de déterminer les difficultés de compréhension que pourraient rencontrer des élèves de CM2 à la lecture de ce texte.

Le document 1 est une nouvelle extraite du recueil *Histoires pressées* de B. Friot. Il s'agit d'une nouvelle à chute, écrite à la première personne (ce qui facilite l'identification du lecteur). Elle comporte une structure répétitive (chaque épisode est similaire) avec une progression de la peur du narrateur, jusqu'à la chute finale. Elle repose sur la volonté de piéger le lecteur : l'auteur fait croire au lecteur que le chat a commis un horrible méfait.

Le document 2, ressource Eduscol, précise les stratégies à travailler avec les élèves pour les amener à comprendre des textes de manière distanciée et autonome.

Le document 3 est un article de J.-L. Dufays intitulé « Comment développer les compétences en lecture littéraire ? » ; il présente un des aspects de la lecture littéraire, qui nécessite un va-et-vient entre l'investissement affectif des élèves et la distanciation réflexive qui leur permet d'analyser le texte. Il insiste également sur le fait que la lecture littéraire doit être à la fois personnelle et partagée au sein de la classe.

Étape 2. Insertion de la séance dans la séquence et progression

La séance à concevoir s'inscrit dans la séquence suivante dont le contenu est présenté de manière succincte :

- Séance 1 - Découverte de la nouvelle *Soupçon* jusqu'à « j'ai hurlé quand je l'ai vu » et hypothèses sur la fin. Questions visant la compréhension globale de l'œuvre (narrateur, personnages, principales actions). Débat interprétatif et dévoilement de la fin.
- Séance 2 - Travail sur les procédés utilisés par l'auteur pour piéger le lecteur, la création du suspens et en particulier la progression du sentiment de peur du narrateur
- Séance 3 - Insertion d'un nouvel épisode dans la nouvelle
- Séances 4 - Lecture et compréhension d'autres nouvelles à chute : *Cœur de lion* de R. Boudet ; *Enquête* de B. Friot

Étape 3. Déterminer précisément l'objectif de la séance, ses phases, son évaluation (si nécessaire)

REMARQUE

Les étapes 3, 4 et 5 correspondent aux trois colonnes (consigne, tâche des élèves, rôle de l'enseignant) de la fiche de préparation qui suit. Nous avons choisi de formaliser le déroulement et les différents éléments de la séance dans une fiche de préparation afin de rester au plus près de la pratique de classe. Elle vous permettra également de présenter facilement ces différents éléments lors de l'exposé.

Étape 4. Choisir les activités et les supports

Étape 5. Réfléchir aux modalités de mises en œuvre/pédagogiques et au rôle de l'enseignant

<table>
<tr><td colspan="4">SÉANCE - La lecture littéraire</td></tr>
<tr><td colspan="2">DATE : Fin septembre</td><td colspan="2">DOMAINE DU SOCLE COMMUN : 1</td></tr>
<tr><td>NIVEAU DE CLASSE :
CM2</td><td>NOMBRE D'ÉLÈVES :
23</td><td>SÉANCE N° :
2</td><td>DURÉE :
50 minutes</td></tr>
<tr><td colspan="2">PLACE DE LA SÉANCE DANS LA SÉQUENCE :
Séance 1 - Découverte de la nouvelle Soupçon de B. Friot jusqu'à « j'ai hurlé quand je l'ai vu » et hypothèses sur la fin - Questions visant la compréhension globale de l'œuvre (narrateur, personnages, principales actions) - Débat interprétatif et dévoilement de la fin
Séance 2 - Travail sur les procédés utilisés par l'auteur pour piéger le lecteur, la création du suspens et en particulier la progression du sentiment de peur du narrateur
Séance 3 - Insertion d'un nouvel épisode dans la nouvelle
Séance 4 - Lecture et compréhension d'autres nouvelles à chute : Cœur de lion de R. Boudet ; Enquête de B. Friot</td><td colspan="2">INTITULÉ DE LA SÉQUENCE :
Comprendre une nouvelle à chute</td></tr>
<tr><td colspan="2">OBJECTIFS DE LA SÉANCE :
Comprendre une nouvelle à chute (les procédés utilisés par l'auteur pour piéger le lecteur).</td><td colspan="2">PRÉREQUIS :
Avoir découvert la nouvelle Soupçon de B. Friot.
Savoir ce qu'est un narrateur.</td></tr>
<tr><td colspan="2">COMPÉTENCES VISÉES :
Comprendre les sentiments du personnage : progression de la peur à chaque épisode.
Comprendre ce qu'est une chute.
Confronter son point de vue avec ses pairs.
Relever des indices textuels.</td><td colspan="2">MATÉRIEL – SUPPORTS :
La nouvelle Soupçon de B. Friot ; tableau de lecture globale de l'œuvre (phase 2).
<table>
<tr><th>Épisodes</th><th>Que fait le narrateur ?</th><th>Que ressent le narrateur ?</th><th>Justification/indice relevé dans le texte</th></tr>
<tr><td>Début dans la chambre</td><td></td><td></td><td></td></tr>
<tr><td>Poisson rouge dans le salon</td><td></td><td></td><td></td></tr>
<tr><td>Souris blanche dans le cagibi</td><td></td><td></td><td></td></tr>
<tr><td>Canari sur le balcon</td><td></td><td></td><td></td></tr>
<tr><td>Fin dans la cuisine</td><td></td><td></td><td></td></tr>
</table></td></tr>
</table>

PHASE 1 **DURÉE PRÉVUE :** 5 minutes **MODALITÉ :** oral/collectif		
Consigne	**Tâche des élèves**	**Rôle de l'enseignant**
Rappel de la séance précédente Les élèves ont émis des hypothèses sur le méfait du chat et ont été amenés à identifier la chute, définie comme une fin inattendue. *Nous avons lu la nouvelle de B. Friot :* Soupçon. *Qu'avez-vous ressenti à la lecture de ce texte ?*	Les élèves répondent de manière spontanée à la question.	Préciser les réponses des élèves, encourager et aider ceux qui n'osent pas s'exprimer ou ceux qui ne savent pas comment exprimer ce qu'ils ont ressenti.
Critères de réussite : Être capable d'exprimer un ressenti face à une œuvre littéraire.		
REMARQUES *Il est stipulé dans les programmes de s'interroger sur les modalités du suspens et d'imaginer des possibles narratifs, d'où le choix de leur faire inventer la fin.* *Il est important de partir du ressenti des élèves lors d'une séance de lecture littéraire pour engager la « participation affective » de l'élève (cf. doc 3).*		

PHASE 2 **DURÉE PRÉVUE :** 15 minutes **MODALITÉ :** écrit/individuel		
Consigne	**Tâche des élèves**	**Rôle de l'enseignant**
Travail sur la structure de la nouvelle : les différents épisodes *Que se passe-t-il dans ce texte ? Afin de repérer les principales actions, trouvez les différents lieux et les personnages de la nouvelle. Vous travaillez seuls. Vous avez 5 minutes.* Correction collective Élaboration de la première colonne du tableau de lecture globale (voir tableau ci-après). Après discussion émerge la notion d'épisode : à chaque fois, un lieu nouveau associé à un animal. Demander de quel type d'animal il s'agit.	Les élèves surlignent dans le texte les lieux et entourent le nom des animaux. Ils donnent leurs réponses et se mettent d'accord pour remplir la première colonne du tableau. Ils concluent que les animaux convoqués sont des victimes potentielles du chat. La chute joue sur le fait que le méfait commis ne concerne pas un animal mais un gâteau au chocolat.	Passer dans les rangs et aider les élèves qui le sollicitent. Rappeler la consigne. Valider les réponses, demander aux élèves de justifier leur propos.
Critères de réussite : Être capable de : • repérer les principales actions d'un texte, sa structure ; • échanger avec ses pairs, écouter les autres et donner son avis, argumenter.		
REMARQUE *Pour comprendre un texte littéraire, il convient de s'intéresser aux personnages et à leurs relations ainsi qu'aux principales actions (cf. programmes).*		

Tableau de lecture globale de l'œuvre (phase 2)

Épisodes	Que fait le narrateur ?	Que ressent le narrateur ?	Justification/ indice relevé dans le texte
Début dans la chambre			
Poisson rouge dans le salon			
Souris blanche dans le cagibi			
Canari sur le balcon			
Fin dans la cuisine			

PHASE 3
DURÉE PRÉVUE : 15 minutes
MODALITÉ : en groupes/écrit et oral

Consigne	Tâche des élèves	Rôle de l'enseignant
<u>Travail sur un procédé utilisé par l'auteur : les sentiments du personnage</u> *Vous allez vous mettre par groupes de 4 et chaque groupe va remplir une ligne du tableau et ensuite on mettra vos réponses en commun.* *Je vais vous expliquer les différentes entrées du tableau.*	Les élèves relisent le passage concerné, discutent au sein du groupe, se mettent d'accord et remplissent les cases vierges du tableau.	Passer dans les différents groupes, répondre aux différentes questions.

Critères de réussite :
Être capable de relever des indices textuels, de synthétiser des informations explicites.

Différenciation :
Prévoir une liste de mots sur le lexique de la peur pour les élèves ne parvenant pas à trouver le mot juste (inquiétude, frayeur, soupçon, terreur, horreur…).

REMARQUES

Travailler sur les procédés utilisés par l'auteur permet de travailler sur la distanciation par rapport à l'œuvre littéraire. Elle développe une attitude réflexive chez le lecteur (cf. doc 2 et 3).

Le travail avec un tableau mettant en relation les personnages et leurs réactions, les lieux et les actions du texte permet de travailler la compréhension globale de l'œuvre.

PHASE 4
DURÉE PRÉVUE : 15 minutes
MODALITÉ : individuel/oral/collectif

Consigne	**Tâche des élèves**	**Rôle de l'enseignant**
Correction collective du tableau Une fois le tableau corrigé (voir tableau renseigné ci-après), poser la question suivante : *Observez l'avant-dernière colonne du tableau : quelle remarque pouvez-vous faire ?* Après discussion, faire un lien avec la fin de l'histoire pour amener les élèves à comprendre ce qu'est une chute : insister sur la structure répétitive avec une progression du sentiment de peur du narrateur à chaque épisode pour piéger le lecteur avec une fin décalée.	Les élèves observent le tableau et discutent ensemble sur les procédés utilisés par l'auteur pour piéger le lecteur.	Mener la discussion, valider ou invalider les réponses, demander des justifications aux élèves.

Critères de réussite :
Être capable de :
- interpréter un relevé et un tableau ;
- échanger entre pairs.

REMARQUE

Dans le cadre de la lecture littéraire, il est préférable de poser des questions ouvertes afin de laisser la place à l'interprétation des élèves. L'enseignant pourra par la suite préciser la question (ici : Quelle remarque pouvez-vous faire sur l'évolution des sentiments du narrateur ?*).*

Tableau de lecture globale de l'œuvre renseigné lors de la correction collective (phase 4)

Épisodes	Que fait le narrateur ?	Que ressent le narrateur ?	Justification/ indice relevé dans le texte
Début dans la chambre	Conscience d'un danger	Soupçon	« bizarre »
Poisson rouge dans le salon	Va voir le bocal	Inquiétude	« inquiet »
Souris blanche dans le cagibi	Court au cagibi	Inquiétude	« pas rassuré »
Canari sur le balcon	N'ose pas aller voir	Frayeur	« cri » « mains qui tremblent »
Fin dans la cuisine	Se précipite	Horreur	« j'ai hurlé », « épouvanté », « anéanti »

Étape 6. Mise en forme des notes pour l'exposé

10 min

Vous n'aurez pas le temps de rédiger votre exposé mais nous vous conseillons de lister (voire de rédiger) les éléments qui figureront dans votre introduction et votre conclusion. Le format de la fiche de préparation que nous vous proposons pour préparer votre exposé sera un support utile pour présenter votre séance au jury.
Voici un exemple d'introduction et de conclusion rédigées.

Introduction

La séance que je vais vous présenter concerne l'enseignement de la compréhension et plus particulièrement l'acquisition de procédures pour mieux comprendre un texte en classe de CM2 et elle s'inscrit dans une séquence visant la compréhension des nouvelles à chute. Elle se déroule au milieu de la période 1. Pour la construire, je me suis appuyée sur le corpus de documents fournis par le dossier. Le texte de Bernard Friot intitulé *Soupçon* (document 1) est une nouvelle : ses principaux intérêts littéraires sont la narration à la première personne du singulier, la structure répétitive, la chute, le jeu avec le lecteur (qui représente la principale difficulté de ce texte). Le document 2, ressource Eduscol, précise les stratégies à travailler avec les élèves pour les amener à comprendre des textes de manière distanciée et autonome. Le document 3 présente un des aspects de la lecture littéraire, qui selon J.-L. Dufays nécessite un va-et-vient entre l'investissement affectif des élèves et la distanciation réflexive qui leur permet d'analyser le texte. Il insiste également sur le fait que la lecture littéraire doit être à la fois personnelle et partagée au sein de la classe. La séance a une durée de 50 minutes. Il s'agit de la deuxième séance de la séquence ; lors de la séance 1, les élèves ont découvert la nouvelle jusqu'à « j'ai hurlé quand j'ai vu » et ont imaginé la fin de la nouvelle. L'objectif général de cette séance est de rendre les élèves capables de comprendre les procédés utilisés par l'auteur pour piéger le lecteur dans une nouvelle à chute. Plus précisément, les sous-objectifs de cette séance sont de rendre l'élève capable de :

- comprendre les sentiments du personnage : progression de la peur à chaque épisode ;
- comprendre ce qu'est une chute ;
- confronter son point de vue avec celui de ses pairs ;
- relever des indices textuels.

Voici le déroulé et les composantes didactiques et pédagogiques de cette séance.

◆ **Conclusion**

Cette séance de compréhension d'un texte littéraire en CM2 a permis aux élèves un va-et-vient entre une participation affective et une distanciation réflexive. Ils ont pu comprendre les procédés utilisés par l'auteur pour piéger le lecteur dans une nouvelle à chute. Ils ont été amenés à échanger sur cette œuvre, créant ainsi une communauté interprétative. Dans la séance suivante, il sera proposé aux élèves d'insérer un nouvel épisode au sein de la nouvelle afin de vérifier s'ils ont bien compris la structure répétitive de la nouvelle. Enfin, d'autres nouvelles à chute seront analysées afin que les élèves puissent ressentir à la fois le plaisir de découverte « naïve » et le plaisir intellectuel de comprendre comment l'auteur les a piégés.

Étape 7. Préparer l'entretien

Les « remarques » présentes dans la fiche de préparation pourront être utilisées lors de l'entretien. Elles précisent ou justifient les choix didactiques et pédagogiques effectués tout au long de la séance.

◆ **Questions du jury**

Vous avez fait le choix d'une lecture individuelle silencieuse. Comment pourriez-vous faire découvrir la nouvelle aux élèves qui ont encore des difficultés à lire seuls ?

L'enseignant peut choisir de faire une lecture magistrale : les élèves, n'ayant pas à fournir d'efforts pour le déchiffrage, peuvent se concentrer davantage sur la compréhension du texte. De plus, le ton utilisé par l'enseignant lors de sa lecture est une aide supplémentaire à la compréhension. Pour les élèves en grande difficulté, l'enseignant peut résumer l'œuvre avant la découverte du texte, en insistant sur les éléments essentiels : le narrateur, les autres personnages, le lieu, les principales actions.

Vous faites un travail en groupes, la lecture n'est-elle pas une activité individuelle ?

S'il est important que la découverte de l'œuvre se fasse de manière individuelle afin que chaque élève puisse se faire sa propre représentation mentale, on sait que la discussion collective autour d'une œuvre permet un accès à la compréhension plus large. Les échanges entre les élèves sur ce qu'ils ont compris du texte ou sur les stratégies qu'ils ont utilisées pour le comprendre sont très fructueux. Dans le document 3, J.-L. Dufays insiste sur l'importance de créer cette communauté interprétative.

Combien d'œuvres devez-vous travailler en CM2 ? Dans cette séquence, vous avez étudié une œuvre courte, une nouvelle. Quelles autres œuvres choisiriez-vous pour travailler la lecture littéraire avec des CM2 ?

En CM2 doivent être étudiés 4 ouvrages de littérature de jeunesse et 3 œuvres du patrimoine. Mon choix des œuvres étudiées pourra être guidé par la « Liste de référence cycle 3 » consultable sur Eduscol, en m'appuyant sur le document mis à jour en février 2022 : « Les notices des ouvrages de la liste de référence cycle 3 ». Je pourrais choisir une œuvre romanesque plus longue : *La Villa d'en face* de P.-L. Boileau et T. Narcejac. Ce roman policier permettra de continuer à travailler sur le suspens. Il permet d'appréhender le

genre policier. Les deux enquêteurs étant des enfants, les élèves entrent plus facilement dans cette œuvre en s'identifiant aux personnages.
Il serait également intéressant d'étudier une œuvre théâtrale afin de montrer aux élèves les spécificités de ce genre littéraire (par rapport au roman et à la poésie) : par exemple, *La Jeune Fille, le Diable et le Moulin* d'O. Py. Cette œuvre permettra d'aborder la notion d'intertextualité avec les élèves et de travailler sur un texte patrimonial (le conte des frères Grimm, *La Jeune Fille sans mains*) et de travailler sur les valeurs du bien et du mal.

E - CONSEILS POUR VOUS PRÉPARER À LA LEÇON

1. ACQUÉRIR DES CONNAISSANCES

a) Les savoirs didactiques

Vous devez maitriser le vocabulaire didactique ainsi que les notions liées aux 4 domaines du français : la lecture, l'oral, l'écriture, l'étude de la langue.

ATTENTION !

Il est indispensable de maitriser les termes présentés dans le glossaire en fin d'ouvrage et indiqués en orange dans chaque sujet : activité, compétence, démarche, didactique, différenciation, étayage, évaluation, institutionnalisation, objectif, pédagogie, phase, programmation, progression, remédiation, séance, séquence et tâche.

Il est également nécessaire que vous ayez des connaissances disciplinaires, comme les caractéristiques des différents types de textes, les règles d'accord du participe passé, les différents types de phrases. Pensez à vous appuyer sur toutes les connaissances acquises en vous préparant à l'épreuve écrite du CRPE. Nous vous conseillons d'organiser vos révisions par domaine du français et par cycle : par exemple, vous révisez le langage en maternelle et le langage oral aux cycles 2 et 3. Puis vous passez à l'écriture : le graphisme en maternelle et la production écrite aux cycles 2 et 3, et ainsi de suite pour mieux percevoir la progressivité des apprentissages et la progression au fil des cycles.

b) Les programmes officiels et les documents institutionnels

Même si le dossier peut comprendre des textes officiels, comme le précise la note de commentaire du 21 octobre 2021, vous devez avoir une bonne connaissance :

- du programme officiel pour les 3 cycles, notamment des attendus de fin de cycle, mais aussi des attendus de fin d'année pour chaque niveau[1] ;

1. La partie « connaissances didactiques pédagogiques à mobiliser » placée en début de chaque corrigé s'appuie sur le Programme en vigueur en septembre 2024. À compter de la rentrée 2025, le Programme officiel faisant autorité correspondra à l'arrêté du 22 octobre 2024 fixant les programmes d'enseignement pour le développement et la structuration du langage oral et écrit et pour l'acquisition des premiers outils mathématiques de l'école maternelle (cycle 1) et de français et de mathématiques du cycle des apprentissages fondamentaux (cycle 2).

- des différents guides institutionnels[1] (cycle 1 : « Pour enseigner le vocabulaire à l'école maternelle » et « Pour préparer l'apprentissage de la lecture et de l'écriture à l'école maternelle »; cycle 2 : « Pour enseigner la lecture et l'écriture au CP » et « Pour enseigner la lecture et l'écriture au CE1 »; cycle 3 : « La compréhension au cours moyen »).

Ces connaissances vous permettront de déterminer des objectifs précis et en cohérence avec les attentes institutionnelles. Vous pourrez également y trouver les démarches spécifiques à chaque domaine du français. De plus, les programmes comprennent des tableaux proposant des pistes de supports et d'activités en lien avec les compétences à acquérir. Ces derniers vous seront d'une aide précieuse pour trouver des activités pour votre séance. Il est donc fortement conseillé de fréquenter assidument les programmes pendant votre préparation au concours. Pour vous aider, vous trouverez en début de chaque sujet corrigé un condensé des programmes et des ressources institutionnelles, sous l'intitulé « A - Connaissances didactiques et pédagogiques à mobiliser ».

c) La culture littéraire

La littérature de jeunesse est l'un des supports privilégiés pour l'apprentissage du français. Il vous est recommandé de vous forger une culture des œuvres de littérature de jeunesse. Pour vous guider, vous pouvez vous reporter aux trois listes d'œuvres préconisées par le ministère de l'Éducation nationale. Ce dernier a publié en 2021 une notice des ouvrages de la liste de référence de 2018[2] qui comporte, pour chaque œuvre référencée, un résumé ainsi que les intérêts littéraires et pédagogiques de l'œuvre. Elle constitue une ressource pour choisir et analyser les œuvres littéraires à faire découvrir aux élèves.

d) Les compétences professionnelles

Tout ce que vous avez pu observer ou apprendre lors de vos différentes pratiques professionnelles ou en visionnant des vidéos vous sera très utile pour concevoir la séance à présenter ou pour justifier vos choix didactiques ou pédagogiques lors de l'entretien. Les activités que vous proposez doivent être adaptées à l'âge et au niveau des élèves. Vous devez montrer que vous possédez une connaissance des contraintes réelles liées à la classe et que vous êtes en mesure de vous y adapter[3].

2. S'ENTRAINER À CONCEVOIR DES SÉANCES

Dans l'ouvrage, vous trouverez 15 sujets conformes aux attentes du jury depuis la session 2022. Ces sujets corrigés sont complétés par 2 sujets à télécharger sur Lea.fr (voir p. 6). Ces sujets sont classés en fonction des 4 domaines du français afin de vous montrer des exemples de démarches différentes selon le domaine concerné. Après avoir étudié la méthodologie de l'épreuve, nous vous conseillons de faire les sujets pas à pas, seul(e), et de vous autocorriger ensuite. Nous vous proposons une correction sous forme de fiche de préparation pour rester au plus près de votre future pratique de professeur des écoles, avec une introduction et une conclusion rédigées. Le jour de l'examen, vous n'aurez pas

1. Tous les guides institutionnels sont disponibles sur Eduscol : https://eduscol.education.fr/3107/guides-fondamentaux-pour-l-enseignement
2. https://eduscol.education.fr/document/11999/download
3. Vous pouvez consulter la Banque de séquences didactiques (BSD) qui propose de nombreuses vidéos commentées par des enseignants, des inspecteurs de l'Éducation nationale, des formateurs de l'INSPE : https://www.reseau-canope.fr/BSD/index.aspx

le temps nécessaire pour détailler aussi précisément votre fiche de préparation que ce qui est présenté ici. Toutefois, un entrainement régulier à cette épreuve en utilisant ce modèle vous permettra d'en mémoriser les différents constituants et donc de ne rien oublier. Cet outil vous sera aussi très utile dans votre future pratique professionnelle, une bonne habitude à prendre dès à présent ! Pour l'épreuve orale, l'objectif est double : vous permettre d'accroitre vos connaissances didactiques et pédagogiques en détaillant les différents éléments de chaque séance proposée, et vous apporter une proposition de réponse au sujet et des éléments de réponses aux questions du jury qui peuvent porter sur la présentation. Enfin, pour tester vos connaissances, des questions complémentaires du jury vous attendent dans l'ouvrage et sur Lea.fr.

3. RÉUSSIR LA PRESTATION ORALE : L'EXPOSÉ ET L'ENTRETIEN

Le jury évaluera le contenu de votre exposé mais il sera également très sensible à votre manière de vous présenter et de vous exprimer. Il est donc très important de vous entrainer à l'oral pour parvenir à vous exprimer clairement et à respecter le temps imparti pour l'exposé (de 10 à 15 minutes).

a) Le comportement

Il convient d'adopter une attitude appropriée pour un oral de recrutement de professeurs des écoles : une attitude neutre et respectueuse aussi bien dans le choix de la tenue vestimentaire que dans l'attitude générale et la manière d'être lors de la prestation orale. Tenez-vous droit, maitrisez les gestes répétitifs qui traduisent votre stress (pieds ou jambes qui bougent...).

b) L'expression

Exprimez-vous de manière audible, sans parler trop vite, en évitant les tics de langage (*euh, ben, en fait*...). Veillez à vous exprimer correctement en bannissant le langage familier et les imprécisions lexicales (vous devez maitriser le vocabulaire didactique).

Soyez précis et concis. Vous ne pourrez pas détailler toutes vos idées et l'entretien est justement l'occasion pour le jury de revenir sur certains de vos propos.

Mettez en évidence les éléments essentiels de votre exposé en modulant le ton de votre voix. Marquez également les articulations de votre exposé pour permettre au jury de se repérer et de suivre votre propos. Annoncez le plan de votre exposé en introduction et suivez-le scrupuleusement.

Détachez-vous de vos notes pour présenter votre séance de manière vivante et convaincante.

Utilisez la communication non verbale pour appuyer vos propos.

Gérez votre temps de parole pour montrer au jury que vous maitrisez l'exercice.

c) Les aptitudes de communication

L'entretien a pour but d'évaluer votre aptitude à entrer en communication, c'est-à-dire à écouter, à répondre à des questions, à faire évoluer votre pensée. Appuyez-vous sur vos connaissances (didactiques, pédagogiques, textes officiels) et sur votre expérience personnelle et professionnelle. N'hésitez pas à convoquer des exemples concrets issus de votre pratique ou de vidéos que vous aurez pu visionner pour appuyer vos propos. Soyez dans l'écoute et dans l'échange : regardez le jury, montrez votre envie de communiquer, votre ouverture d'esprit et votre intérêt pour le métier. Projetez-vous en tant que professeur des écoles pour montrer au jury que vous êtes prêt à enseigner. Mettez en avant vos qualités pédagogiques (accompagnement différencié pour amener chaque élève à progresser, confiance dans la perfectibilité de chacun, bienveillance, écoute, viser l'autonomisation des élèves...).

REMARQUES

Si vous n'avez pas compris une question posée par le jury, n'hésitez pas à la faire reformuler.

Si vous ne connaissez pas la réponse à une question, prenez un temps de réflexion (qui ne doit pas être trop long) et proposez une réponse en essayant de définir les termes de la question, en faisant un parallèle avec une autre situation, en vous référant à votre pratique de classe.

Si le jury vous interroge sur le bien-fondé de l'une de vos idées, évitez les réactions extrêmes (c'est-à-dire revenir totalement sur votre idée ou la maintenir coute que coute) : essayez de comprendre pourquoi le jury revient sur cette idée, réexpliquez celle-ci en prenant en compte la remarque du jury. Par exemple, si le jury vous fait remarquer que telle activité est trop difficile pour le niveau visé, précisez ce que vous avez travaillé auparavant avec les élèves, rapportez une expérience de stage similaire, etc.

ORGANISATION D'UN SUJET CORRIGÉ

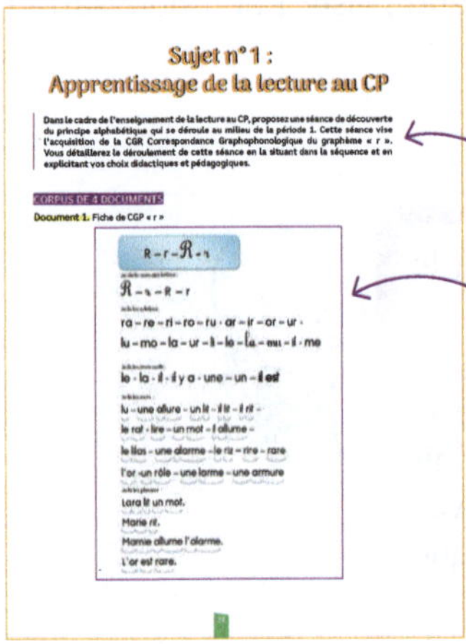

1 Énoncé du sujet

2 Dossier documentaire composé de 3 à 4 documents

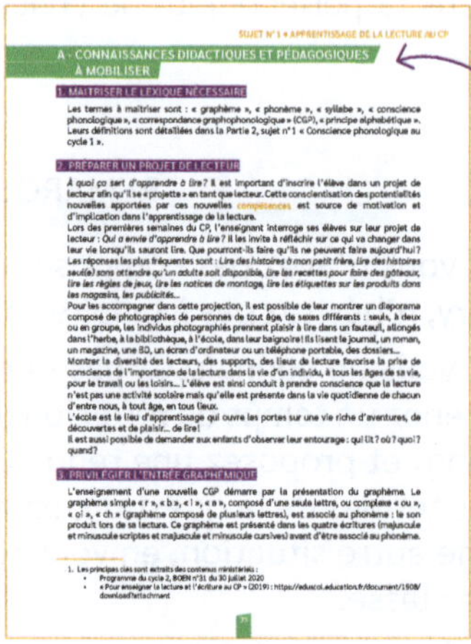

3 Rappel des connaissances à mobiliser...

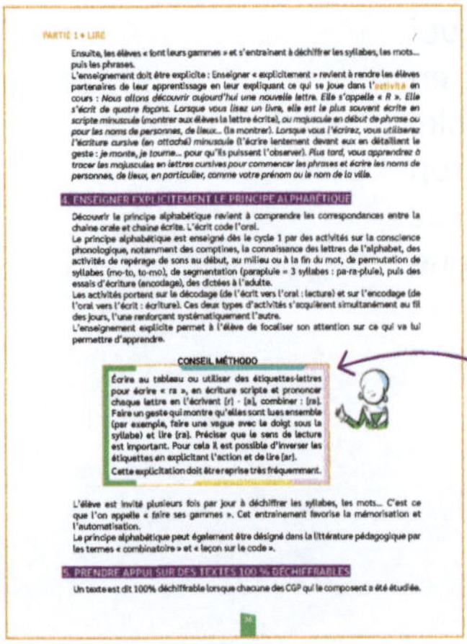

4 Conseils méthodologiques portant sur la pratique de l'enseignement

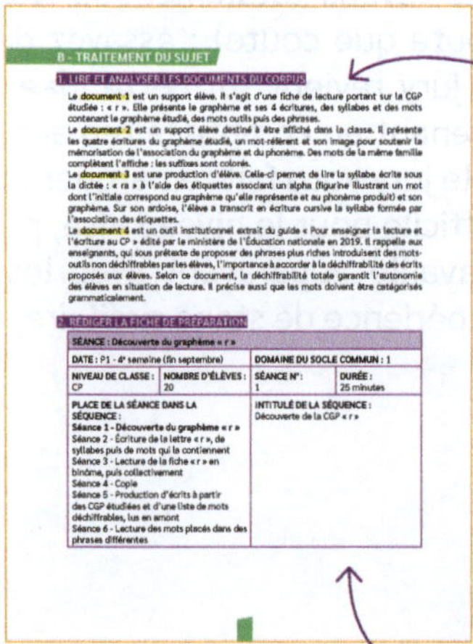

5 Analyse des documents sur lesquels la séance à rédiger doit notamment s'appuyer

6 Rédaction de la fiche de préparation (votre brouillon pour l'oral) avec les choix didactiques et pédagogiques, et une proposition de déroulé détaillée.

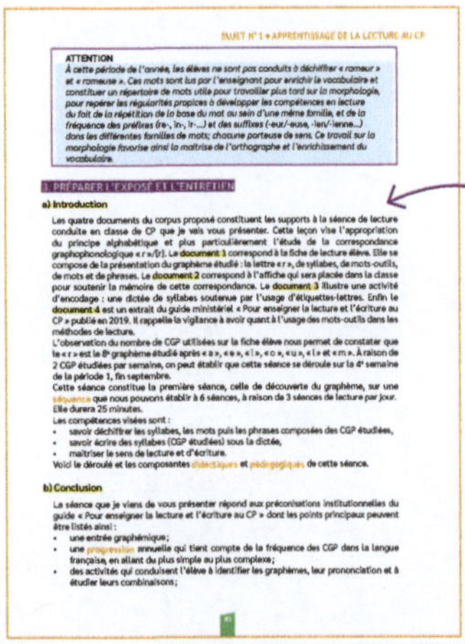

7 Dernière étape : préparation de l'oral avec propositions d'introduction et de conclusion, et exemples de questions possibles du jury.

PARTIE 1

LIRE

- Sujet n° 1 : APPRENTISSAGE DE LA LECTURE AU CP
- Sujet n° 2 : LA FLUENCE EN CE1
- Sujet n° 3 : COMPRENDRE UN TEXTE LITTÉRAIRE AU CYCLE 3
- Sujet n° 4 : LIRE DANS TOUTES LES DISCIPLINES AU CM2 LA FLUENCE EN CE1

Sur Lea.fr

Retrouvez deux sujets supplémentaires :
- *« Étudier une œuvre intégrale »*
- *« Construire une culture littéraire »*

Sujet n° 1 : Apprentissage de la lecture au CP

Dans le cadre de l'enseignement de la lecture au CP, proposez une séance de découverte du principe alphabétique qui se déroule au milieu de la période 1. Cette séance vise l'acquisition de la CGR Correspondance Graphophonologique du graphème « r ». Vous détaillerez le déroulement de cette séance en la situant dans la séquence et en explicitant vos choix didactiques et pédagogiques.

CORPUS DE 4 DOCUMENTS

Document 1. Fiche de CGP « r »

R – r – ℛ – 𝓇

Je dis le nom des lettres :

ℛ – 𝓇 – R – r

Je lis les syllabes :

ra – re – ri – ro – ru - ar – ir – or – ur -

lu – mo – la – ur – li – le – *la* – *mu* – il - me

Je lis les mots outils :

le - la - il - il y a - une – un – **il est**

Je lis les mots :

lu – une allure – un lit – il lit – il rit –

le rat - lire – un mot – il allume –

le lilas – une alarme – le riz – rire – rare

l'or -un rôle – une larme – une armure

Je lis les phrases :

Lara lit un mot.

Marie rit.

Mamie allume l'alarme.

L'or est rare.

Document 2. Affichage de classe

Document 3. Dictée de syllabes

Document 4. Extrait : « Pour enseigner la lecture et l'écriture au CP », Eduscol, 2019, p. 31-32

L'usage des mots-outils

Certains pédagogues ont pu penser pertinent d'introduire des **mots-outils** (« un », « des », « dans », « est », etc.) dans les leçons d'apprentissage de la lecture. La justification de l'introduction des mots-outils tiendrait essentiellement au fait **qu'elle permet de proposer des mots parmi les plus fréquents, partiellement irréguliers, afin de construire des phrases structurées, cohérentes, chargées de sens et motivantes.**

Certains manuels en proposent beaucoup, et bien des mots-outils ne s'imposent pas de façon évidente et pressante, sauf à penser qu'il convient de s'écarter de la déchiffrabilité totale. **Or celle-ci est garante de la construction chez l'apprenti lecteur des compétences de lecture qui lui procurent toute l'autonomie de déchiffrage dont il a besoin pour lire avec assurance, efficacité et intelligence.**

Les listes de mots-outils, disponibles dans certaines classes en cours préparatoire, entretiennent une confusion certaine. Ont le statut de mots-outils les mots invariables, les connecteurs, les mots appartenant à un champ lexical spécifique (outils de l'écolier, lieux de l'école, jours de la semaine, noms de couleurs, etc.), mots issus de « banques de mots » fournies aux élèves lors des activités de rédaction.

Cependant, tous les mots, même irréguliers, doivent être catégorisés selon des critères de tri clairement explicités aux élèves (catégories grammaticales, catégories lexicales); ils ne peuvent se regrouper sous le vocable mots-outils au prétexte qu'ils contiennent des graphèmes non étudiés ou qu'ils sont d'un usage très fréquent.

Parmi les mots-outils que nous pouvons lire dès les toutes premières leçons dans les manuels qui en font usage, nous trouvons par exemple : « il y a », « était », « aussi », « il », « de », « dans », « sur », « mais », « trop », « des », « le », « c'est », « une », etc. Sans compter que certains de ces mots peuvent être déchiffrés très tôt, la valeur motivante des phrases qui les intègrent est loin d'être toujours supérieure à celle des phrases des manuels syllabiques. De plus, on peut être étonné de voir que, même à la toute fin de l'année, il est possible de trouver dans la catégorie des mots-outils, des mots tels que « après », « comment », « plus », « aucun », alors que tous ces mots sont normalement déchiffrables à ce moment.

Au tout début de l'année, des phrases telles que « L'otarie lisse sa moustache », « Milo a avalé la fumée. », peuvent être totalement déchiffrées dans des manuels qui ne proposent pas de mots-outils. En revanche, lire dans d'autres manuels : « Il y a un pyjama. » ou « Mais il est fort, il s'en sort ! C'est la folie ! » nécessite l'apprentissage de mots-outils déjà nombreux. Ces exemples, et beaucoup d'autres, ne sont pas particulièrement démonstratifs de l'intérêt majeur de disposer de mots-outils pour construire des phrases qui peuvent avoir un intérêt motivant qui les distinguerait.

L'absence de mots-outils connecteurs logiques dans les phrases simples ne désoriente pas nécessairement les enfants. Dans l'exemple « Le rat a vu le chat. Il fuit. », les élèves voient la relation de cause à effet entre la fuite du rat et la vue du chat.

Introduits au fil de la programmation, beaucoup de mots dits outils (« je », « il », « tu », « avec », « le », « la », « sur », « dans ») se déchiffreront aisément, dans le cadre d'un enseignement **explicite des correspondances entre graphèmes et phonèmes.** Les mots répondant à des règles de lecture plus complexes seront étudiés si leur usage est nécessaire. Rares sont les mots à la fois irréguliers et très fréquents. Concevoir une démarche d'enseignement en fonction des exceptions est un choix qui prive les élèves d'une clarification du système d'écriture.

A - CONNAISSANCES DIDACTIQUES ET PÉDAGOGIQUES À MOBILISER

1. MAITRISER LE LEXIQUE NÉCESSAIRE

Les termes à maitriser sont : « graphème », « phonème », « syllabe », « conscience phonologique », « correspondance graphophonologique » (CGP), « principe alphabétique ». Leurs définitions sont détaillées dans la Partie 2, sujet n° 1 « Conscience phonologique au cycle 1 ».

2. PRÉPARER UN PROJET DE LECTEUR

À quoi ça sert d'apprendre à lire? Il est important d'inscrire l'élève dans un projet de lecteur. Cette conscientisation des potentialités nouvelles apportées par ces nouvelles compétences est source de motivation et d'implication dans l'apprentissage de la lecture. Lors des premières semaines du CP, l'enseignant interroge ses élèves sur leur projet de lecteur : *Qui a envie d'apprendre à lire?* Il les invite à réfléchir sur ce qui va changer dans leur vie lorsqu'ils sauront lire. Que pourront-ils faire qu'ils ne peuvent faire aujourd'hui? Les réponses les plus fréquentes sont : *Lire des histoires à mon petit frère, lire des histoires seul(e) sans attendre qu'un adulte soit disponible, lire les recettes pour faire des gâteaux, lire les règles de jeux, lire les notices de montage, lire les étiquettes sur les produits dans les magasins, les publicités...*

Pour les accompagner dans cette projection, il est possible de leur montrer un diaporama composé de photographies de personnes de tout âge, de sexes différents : seuls, à deux ou en groupe, les individus photographiés prennent plaisir à lire dans un fauteuil, allongés dans l'herbe, à la bibliothèque, à l'école, dans leur baignoire! Ils lisent le journal, un roman, un magazine, une BD, un écran d'ordinateur ou un téléphone portable, des dossiers...

Montrer la diversité des lecteurs, des supports, des lieux de lecture favorise la prise de conscience de l'importance de la lecture dans la vie d'un individu, à tous les âges de sa vie, pour le travail ou les loisirs... L'élève est ainsi conduit à prendre conscience que la lecture n'est pas une activité scolaire mais qu'elle est présente dans la vie quotidienne de chacun d'entre nous, à tout âge, en tous lieux.

L'école est le lieu d'apprentissage qui ouvre les portes sur une vie riche d'aventures, de découvertes et de plaisir... de lire!

Il est aussi possible de demander aux enfants d'observer leur entourage : qui lit? où? quoi? quand?

3. PRIVILÉGIER L'ENTRÉE GRAPHÉMIQUE

L'enseignement d'une nouvelle CGP démarre par la présentation du graphème. Le graphème simple « r », « b », « i », « a », composé d'une seule lettre, ou complexe « ou », « oi », « ch » (graphème composé de plusieurs lettres), est associé au phonème : le son produit lors de sa lecture. Ce graphème est présenté dans les quatre écritures (majuscule et minuscule scriptes et majuscule et minuscule cursives) avant d'être associé au phonème.

1. Les principes clés sont extraits des contenus ministériels :
   - Programme du cycle 2, BOEN n°31 du 30 juillet 2020
   - « Pour enseigner la lecture et l'écriture au CP » (2019) : https://eduscol.education.fr/document/1508/download?attachment

Ensuite, les élèves « font leurs gammes » et s'entrainent à déchiffrer les syllabes, les mots… puis les phrases.

L'enseignement doit être explicite : Enseigner « explicitement » revient à rendre les élèves partenaires de leur apprentissage en leur expliquant ce qui se joue dans l'activité en cours : *Nous allons découvrir aujourd'hui une nouvelle lettre. Elle s'appelle « R ». Elle s'écrit de quatre façons. Lorsque vous lisez un livre, elle est le plus souvent écrite en scripte minuscule* (montrer aux élèves la lettre écrite), *ou majuscule en début de phrase ou pour les noms de personnes, de lieux…* (la montrer). *Lorsque vous l'écrirez, vous utiliserez l'écriture cursive (en attaché) minuscule* (l'écrire lentement devant eux en détaillant le geste : *je monte, je tourne…* pour qu'ils puissent l'observer). *Plus tard, vous apprendrez à tracer les majuscules en lettres cursives pour commencer les phrases et écrire les noms de personnes, de lieux, en particulier, comme votre prénom ou le nom de la ville.*

4. ENSEIGNER EXPLICITEMENT LE PRINCIPE ALPHABÉTIQUE

Découvrir le principe alphabétique revient à comprendre les correspondances entre la chaine orale et chaine écrite. L'écrit code l'oral.

Le principe alphabétique est enseigné dès le cycle 1 par des activités sur la conscience phonologique, notamment des comptines, la connaissance des lettres de l'alphabet, des activités de repérage de sons au début, au milieu ou à la fin du mot, de permutation de syllabes (mo-to, to-mo), de segmentation (parapluie = 3 syllabes : pa-ra-pluie), puis des essais d'écriture (encodage), des dictées à l'adulte.

Les activités portent sur le décodage (de l'écrit vers l'oral : lecture) et sur l'encodage (de l'oral vers l'écrit : écriture). Ces deux types d'activités s'acquièrent simultanément au fil des jours, l'une renforçant systématiquement l'autre.

L'enseignement explicite permet à l'élève de focaliser son attention sur ce qui va lui permettre d'apprendre.

CONSEIL MÉTHODO

Écrire au tableau ou utiliser des étiquettes-lettres pour écrire « ra », en écriture scripte et prononcer chaque lettre en l'écrivant [r] - [a], combiner : [ra]. Faire un geste qui montre qu'elles sont lues ensemble (par exemple, faire une vague avec le doigt sous la syllabe) et lire [ra]. Préciser que le sens de lecture est important. Pour cela il est possible d'inverser les étiquettes en explicitant l'action et de lire [ar].

Cette explicitation doit être reprise très fréquemment.

L'élève est invité plusieurs fois par jour à déchiffrer les syllabes, les mots… C'est ce que l'on appelle « faire ses gammes ». Cet entrainement favorise la mémorisation et l'automatisation.

Le principe alphabétique peut également être désigné dans la littérature pédagogique par les termes « combinatoire » et « leçon sur le code ».

5. PRENDRE APPUI SUR DES TEXTES 100 % DÉCHIFFRABLES

Un texte est dit 100% déchiffrable lorsque chacune des CGP qui le composent a été étudiée. L'enseignant peut utiliser la plateforme Anagraph[1] pour calculer la part déchiffrable d'un texte. Le guide « Pour enseigner la lecture et l'écriture au CP » (cf. doc 4) invite à être vigilant sur l'utilisation des mots-outils que de nombreuses méthodes introduisent peu à peu pour enrichir les phrases et textes proposés aux élèves.

6. ASSOCIER RÉGULIÈREMENT LECTURE ET ÉCRITURE

Faire écrire des syllabes, des mots, plusieurs fois par jour, favorise l'apprentissage de la lecture. Ces activités favorisent l'acquisition des CGP par la prise de conscience des combinaisons possibles.
Écrire des lettres, c'est se les approprier : au-delà de l'encodage, le geste d'écriture en lui-même améliore l'apprentissage de la lecture. « Les sciences cognitives permettent de comprendre que l'apprentissage du geste de l'écriture améliore l'apprentissage de la lecture et le simple tracé de lettres avec les doigts y contribue dès la maternelle. Le geste d'écriture va permettre à l'élève de s'orienter dans l'espace et de comprendre le sens de lecture mais aussi favoriser le déchiffrage de la lecture manuscrite. Les caractères sont ainsi en partie reconnus en reconstituant le geste qui les a engendrés. Le geste répété va également permettre au cerveau de désapprendre la ressemblance des lettres miroirs (b, p, d, q). »[2]
Lecture et écriture sont intimement liées. Écrire des mots, les encoder, permet à l'élève de développer des compétences de lecteur : sens de la lecture et de l'écriture (de gauche à droite), combinaison de graphèmes pour construire des phonèmes (b + a = ba), combinaison de syllabes pour former des mots (pa + pi = papi)... Ces compétences sont à nouveau travaillées lorsqu'il s'agit de décoder les mots : on décompose cette fois le mot en syllabes pour pouvoir le déchiffrer, puis on assemble ces syllabes pour accéder au sens.
De plus, l'écriture de mots déchiffrés permet d'en mémoriser l'orthographe.
Le travail conduit sur les familles de mots multiplie les rencontres avec les préfixes et les suffixes, en lecture comme en écriture. Les élèves vont pouvoir repérer les régularités au niveau :

- de l'orthographe : les mots en « eux » s'écrivent le plus souvent « euse » au féminin ;
- du lexique : sens des affixes, comme « re » (redire, refaire, reconstruire...), qui indique l'idée de faire à nouveau ;
- de la grammaire : accords en genre et en nombre.

Les affixes sont porteurs de sens et participent à la compréhension en lecture.

7. L'ENSEIGNEMENT DE LA LECTURE NE SE LIMITE PAS À L'ACQUISITION DU PRINCIPE ALPHABÉTIQUE

Le but ultime de la lecture est la compréhension, qui fait aussi l'objet d'un enseignement explicite. Cet enseignement s'appuie sur des séances spécifiques au cours desquelles sont enseignées les stratégies de lecture permettant d'accéder à la compréhension. Elles s'appuient sur des textes extraits de la littérature de jeunesse : récits, documentaires, poèmes, pièces de théâtre, écrits fonctionnels... Une « Liste de référence des ouvrages de

1. http://anagraph.ens-lyon.fr/app. php
2. « Pour enseigner la lecture et l'écriture au CP » p. 74.

littérature de jeunesse pour le cycle 2 » est disponible sur Eduscol[1] et guide les enseignants dans le choix des œuvres à étudier.
Des temps de lecture « libre », quotidiens, en classe – quart d'heure lecture ou « Silence, on lit ! » – ainsi que la fréquentation des lieux de lecture tels que les médiathèques, les librairies, les coins-lectures, la BCD (Bibliothèque Centre de Documentation) de l'école favorisent le transfert de ces compétences.

8. ÉVALUER

a) Attendus de fin d'année

Le document publié par Eduscol[2] indique pour le domaine « Lecture et compréhension de l'écrit » les « Attendus de fin d'année CP » :
Identifier des mots de manière de plus en plus aisée
En lien avec l'écriture : décodage associé à l'encodage, l'analyse de la langue et le vocabulaire.
Ce que sait faire l'élève

- Discriminer de manière auditive et savoir analyser les constituants des mots (conscience phonologique). [...]
- Discriminer de manière auditive et connaitre le nom des lettres ainsi que le son qu'elles produisent. [...]
- Établir les correspondances graphophonologiques; combinatoire (produire des syllabes simples et complexes). [...]
- Mémoriser les composantes du code. [...]
- Mémoriser les mots fréquents (notamment en situation scolaire) et irréguliers. »

b) Évaluer les élèves

La lecture est évaluée de façon permanente par les lectures quotidiennes de syllabes, de mots et de phrases que l'élève est invité à lire à voix haute. Mais il est important de prévoir des temps d'observation plus spécifiques pour affiner l'**évaluation**. Elles doivent avoir lieu de façon régulière pour accompagner l'élève au plus près de ses besoins et adapter son enseignement. Pour évaluer les élèves sur des compétences de décodage, il est possible d'organiser une passation individuelle, selon les modalités suivantes : l'élève lit entre 10 et 15 syllabes et puis 10 à 15 mots correspondants aux CGP étudiées. L'enseignant note dans sa grille d'observation les difficultés éventuelles de l'élève comme une confusion de sons ou une incapacité à déchiffrer tel graphème afin d'orienter les futures séances.
Ces évaluations régulières permettent à l'élève de prendre conscience de ses progrès.
Dans un second temps, les élèves sont également évalués sur la lecture de textes.
Il est possible de calculer le nombre de mots lus en une minute (fluence), mais ce critère ne doit pas être prioritaire sur la compréhension. Avoir une lecture fluide permet à l'élève de soulager sa mémoire de travail pour faciliter l'accès à la compréhension. Il convient d'être explicite sur ce point avec les élèves pour ne pas les laisser penser que celui qui lit bien est celui qui lit vite !
Il est encore possible d'évaluer les élèves par des exercices écrits divers tels que « Lis Le mot/la phrase puis dessine ce qui est écrit. »

1. https://cache.media.eduscol.education.fr/file/Litterature/58/0/La_litterature_a_l_ecole_liste_de_reference_C2_110323_171580.pdf
2. https://eduscol.education.fr/137/attendus-de-fin-d-annee-et-reperes-annuels-de-progression-du-cp-la-3e

B - TRAITEMENT DU SUJET

1. LIRE ET ANALYSER LES DOCUMENTS DU CORPUS

Le **document 1** est un support élève. Il s'agit d'une fiche de lecture portant sur la CGP étudiée : « r ». Elle présente le graphème et ses quatre écritures, des syllabes et des mots contenant le graphème étudié, des mots outils puis des phrases.

Le **document 2** est un support élève destiné à être affiché dans la classe. Il présente les quatre écritures du graphème étudié, un mot-référent et son image pour soutenir la mémorisation de l'association du graphème et du phonème. Des mots de la même famille complètent l'affiche : les suffixes sont colorés.

Le **document 3** est une production d'élève. Celle-ci permet de lire la syllabe écrite sous la dictée : « ra » à l'aide des étiquettes associant un alpha (figurine illustrant un mot dont l'initiale correspond au graphème qu'elle représente et au phonème produit) et son graphème. Sur son ardoise, l'élève a transcrit en écriture cursive la syllabe formée par l'association des étiquettes.

Le **document 4** est un outil institutionnel extrait du guide « Pour enseigner la lecture et l'écriture au CP » édité par le ministère de l'Éducation nationale en 2019. Il rappelle aux enseignants, qui sous prétexte de proposer des phrases plus riches introduisent des mots-outils non déchiffrables par les élèves, l'importance à accorder à la déchiffrabilité des écrits proposés aux élèves. Selon ce document, la déchiffrabilité totale garantit l'autonomie des élèves en situation de lecture. Il précise aussi que les mots doivent être catégorisés grammaticalement.

2. RÉDIGER LA FICHE DE PRÉPARATION

<table>
<tr><td colspan="4">SÉANCE : Découverte du graphème « r »</td></tr>
<tr><td colspan="2">DATE : P1 - 4e semaine (fin septembre)</td><td colspan="2">DOMAINE DU SOCLE COMMUN : 1</td></tr>
<tr><td>NIVEAU DE CLASSE :
CP</td><td>NOMBRE D'ÉLÈVES :
20</td><td>SÉANCE N°:
1</td><td>DURÉE :
25 minutes</td></tr>
<tr><td colspan="2">PLACE DE LA SÉANCE DANS LA SÉQUENCE :
Séance 1 - Découverte du graphème « r »
Séance 2 - Écriture de la lettre « r », de syllabes puis de mots qui la contiennent
Séance 3 - Lecture de la fiche « r » en binôme, puis collectivement
Séance 4 - Copie
Séance 5 - Production d'écrits à partir des CGP étudiées et d'une liste de mots déchiffrables, lus en amont
Séance 6 - Lecture des mots placés dans des phrases différentes</td><td colspan="2">INTITULÉ DE LA SÉQUENCE :
Découverte de la CGP « r »</td></tr>
</table>

OBJECTIFS DE LA SÉANCE : Enseignement de la correspondance graphophonologique (CGP) de la lettre « r ».	**PRÉREQUIS :** Connaissance des CGP : *a, e, i, o, u, l* et *m*. Les mots-outils ayant été découverts précédemment : *il y a, un* et *une*.
COMPÉTENCES VISÉES : Savoir déchiffrer les syllabes, les mots puis les phrases composées des CGP étudiées. Savoir écrire des syllabes (CGP étudiées) sous la dictée. Maitriser le sens de lecture et d'écriture.	**MATÉRIEL – SUPPORTS :** Fiche de lecture (doc 1) ; 1 ardoise ; affichage de la classe (doc 2) ; étiquettes du graphème découvert (lettre « r » en script) pour chaque élève et autres étiquettes des CGP étudiées (doc 3) ; étiquettes plus grandes à afficher ou (vidéo-)projeter.

REMARQUE

Cette activité sollicite la mémoire de travail et l'attention des élèves de manière importante. Les séances de lecture doivent donc être courtes et réparties sur l'ensemble de la journée.

PHASE 1
DURÉE PRÉVUE : 4 minutes
MODALITÉ : écrit/collectif

Consigne	Tâche des élèves	Rôle de l'enseignant
<u>Rappel des CGP précédentes sous forme de dictée de syllabes</u> *Nous allons écrire 3 syllabes. Je vais vous les dicter et vous allez les écrire sur votre ardoise. Écoutez bien : « la ». Écrivez « la ». Au signal, levez les ardoises.* Idem avec « il » et « mo ». Après chaque syllabe dictée, on procède à la correction : *Levez vos ardoises !*	Les élèves écoutent, encodent en écrivant en lettres cursives et se corrigent suite à la correction collective. Ils lèvent leur ardoise et observent les différentes productions montrées par l'enseignant. Puis ils corrigent leurs syllabes si nécessaire.	Circuler pour aider les plus fragiles. Choisir 2 ou 3 ardoises, les faire lire à un élève pour faire apparaitre les erreurs : inversions de lettres ou une erreur d'encodage, confusion de son... Montrer une production correcte et faire corriger.

Critères de réussite :
Syllabes correctement encodées, sens de lecture respectée, écriture conventionnelle des lettres tracées.

REMARQUES

Pour aider les élèves, demander : Quel est le son que tu entends en premier ?

Découper oralement la syllabe en faisant « trainer » les sons pour permettre aux élèves de mieux les dissocier. Exemple : Mmmmm, Ooo, mo.

PHASE 2
DURÉE PRÉVUE : 5 minutes
MODALITÉ : oral/collectif

Consigne	**Tâche des élèves**	**Rôle de l'enseignant**
1. <u>Présentation du nouveau graphème : « r » dans les 4 écritures : r, R, 𝓇, ℛ</u> *Nous allons aujourd'hui découvrir une nouvelle lettre* (écrire « r » en minuscule scripte au tableau). *Elle se nomme « r »* (nom de la lettre) et se lit [r].		1. Faire prononcer le son aux élèves en montrant la lettre au tableau.
2. Présenter les 4 écritures. Préciser pour chacune d'elles : *Lorsque nous voyons ces lettres dans les livres, pour les lire, elles sont représentées en minuscule et majuscule scriptes. Lorsque nous écrivons, nous utilisons le plus souvent l'écriture cursive (en attaché).* *Un peu plus tard, vous apprendrez à tracer cette* lettre en *majuscule pour les prénoms, les noms… et les débuts de phrases.*	2. Les élèves mémorisent les 4 écritures de « r ». Ils répètent le son [r] en observant les lettres tracées au tableau pour associer son écriture au son qu'elles produisent.	2. Expliciter les différences d'écriture et leur utilité.
3. <u>Repérage de la lettre « r » sur l'alphabet mural de la classe et sur la fiche élève (doc 1)</u> *Cherchez la lettre « r » dans l'alphabet de la classe.*	3. Les élèves repèrent la lettre « r » dans l'alphabet. Ils observent les 4 écritures.	3. Amener les élèves à observer l'alphabet mural pour en faire un outil d'étayage auquel ils pourront ensuite se référer.

REMARQUES
Corriger si besoin la prononciation.

Noter les éventuelles difficultés : confusions de sons, difficultés pour tracer, etc.

PHASE 3
DURÉE PRÉVUE : 10 minutes
MODALITÉ : oral/collectif

Consigne	**Tâche des élèves**	**Rôle de l'enseignant**
Décodage (doc 1) *Les syllabes* *Nous allons lire chacune de ces syllabes en faisant le « jeu du furet ».*	Chacun à son tour, les élèves lisent une syllabe pointée par l'enseignant.	Vidéo-projeter la fiche pour faciliter le suivi puis faire lire les élèves dans l'ordre de leur place. Valider ou corriger puis passer à la suivante.
Les mots-outils (doc 4) Procéder de la même façon avec les mots-outils. Penser lors de la lecture de chacun d'eux à l'introduire dans une phrase pour lui donner sens. Présenter « il est » : *Vous savez déjà lire le premier mot « il », le suivant se lit « est ».* Proposer quelques phrases : *« Il est grand. », « Il est tard », « Il est venu chez mamie. »*... Bien montrer le mot en disant les phrases.	Idem avec les mots-outils.	Présenter le nouveau mot-outil « il est ».
Les mots Reprendre la même démarche pour la lecture des mots.	Idem avec les mots.	Laisser le temps à l'élève de recomposer le mot si besoin.
Les phrases Selon le temps restant, les phrases peuvent être lues à la suite, si les élèves sont encore disponibles. Proposer aux élèves de lire les phrases, seuls, puis en binômes. Valider par une lecture faite par 3 élèves. Chacun lit une phrase.	Idem avec les phrases.	Circuler pour aider les plus fragiles dans le décodage des mots.

Critères de réussite :
Déchiffrer les syllabes, les mots-outils puis les mots et les phrases.

REMARQUE
L'assemblage syllabique peut être encore fragile au bout d'un mois d'apprentissage.
Pour aider les élèves, découper le mot en syllabes, les faire lire une à une puis reprendre la lecture du mot en associant les syllabes, ensuite relire la phrase pour permettre l'accès au sens. Procéder à un étayage individuel ou en petit groupe.

PHASE 4
DURÉE PRÉVUE : 5 minutes
MODALITÉ : écrit/individuel

Consigne	Tâche des élèves	Rôle de l'enseignant
Encodage (doc 3) Dicter « ra ». *Placez toutes vos étiquettes devant vous, en ligne, pendant que je vous donne la nouvelle étiquette, celle de la lettre « r ». Maintenant à l'aide de vos étiquettes, écrivez « ra ». Écoutez bien : « a »... Puis écrivez-la en attaché sur votre ardoise.*	*Dictée* Les élèves assemblent les étiquettes pour former la syllabe « ra » et la copient en lettres cursives sur l'ardoise.	Distribuer des étiquettes de la lettre « r ». Toutes les étiquettes acquises précédemment sont étalées dans le sens de lecture sur la table.
La correction est faite immédiatement. La syllabe est ensuite écrite au tableau en scripte (grandes étiquettes lettres) et en cursive, au crayon.	*Correction* Les élèves lèvent leur ardoise au signal et échangent sur d'éventuelles erreurs.	Circuler et apporter de l'aide aux élèves qui en ont besoin : accompagnement pour identifier les sons de la syllabe, pour le geste graphique...
Procéder de la même façon pour les syllabes « ir », « ru » et le mot « rame ».		Mot « rame » : bien scinder la diction de chaque syllabe pour faire apparaitre le découpage syllabique.

Critères de réussite :
Écrire les syllabes dictées en utilisant les graphèmes correspondants, en respectant l'écriture normée et le sens de lecture.
Savoir identifier la CGP étudiée.
Repérer les régularités de la langue française.

REMARQUES

Il est important de démarrer chaque séance par un rappel des séances précédentes, permettant de faire le point sur la maitrise des prérequis. Les élèves doivent maitriser les CGP précédemment étudiées.

Le choix d'une dictée de syllabes, lors de la phase de rappel, s'explique : cette modalité oblige la récupération en mémoire des CGP découvertes précédemment, ce qui favorise leur mémorisation et donc la fluence de leur déchiffrage.

Pour la lecture collective des syllabes, la fiche est vidéo-projetée pour permettre aux élèves de suivre la lecture.

PHASE 5
DURÉE PRÉVUE : 1 minute
MODALITÉ : oral/collectif

Consigne	**Tâche des élèves**	**Rôle de l'enseignant**
Clôture de la séance Demander à un élève quelle lettre a été découverte aujourd'hui et comment elle se prononce. *Regardez cette nouvelle affiche (doc 2). Peux-tu me lire le mot écrit ici ?* Le montrer. *C'est bien « rame ». Dans la famille de « rame » nous trouvons le mot « ramer ». C'est l'action d'utiliser des rames pour permettre au bateau d'avancer par exemple ; le mot « rameur » : c'est un garçon qui utilise les rames et le mot « rameuse » si c'est une fille.* *Regardez bien le début de chaque mot. Que remarquez-vous ?*	Les élèves rappellent la CGP découverte au cours de la séance. Ils se rendent compte des régularités de la langue en observant la famille de mots. Les mots commencent tous par les lettres de « rame » et ils parlent tous des rames. C'est une famille de mots.	Interroger les élèves sur ce qui vient d'être étudié. Positionner l'affiche correspondant à la CGP étudiée sur le mur prévu à cet effet.

Critères de réussite :
Identifier la lettre « r » dans les 4 écritures sur l'alphabet mural.

ATTENTION
À cette période de l'année, les élèves ne sont pas conduits à déchiffrer « rameur » et « rameuse ». Ces mots sont lus par l'enseignant pour enrichir le vocabulaire et constituer un répertoire de mots utile pour travailler plus tard sur la morphologie, pour repérer les régularités propices à développer les compétences en lecture du fait de la répétition de la base du mot au sein d'une même famille, et de la fréquence des préfixes (re-, in-, ir-...) et des suffixes (-eur/-euse, -ien/-ienne...) dans les différentes familles de mots; chacune porteuse de sens. Ce travail sur la morphologie favorise ainsi la maitrise de l'orthographe et l'enrichissement du vocabulaire.

3. PRÉPARER L'EXPOSÉ ET L'ENTRETIEN

a) Introduction

Les quatre documents du corpus proposé constituent les supports à la séance de lecture conduite en classe de CP que je vais vous présenter. Cette leçon vise l'appropriation du principe alphabétique et plus particulièrement l'étude de la correspondance graphophonologique « r »/[r]. Le **document 1** correspond à la fiche de lecture élève. Elle se compose de la présentation du graphème étudié : la lettre « r », de syllabes, de mots-outils, de mots et de phrases. Le **document 2** correspond à l'affiche qui sera placée dans la classe pour soutenir la mémoire de cette correspondance. Le **document 3** illustre une activité d'encodage : une dictée de syllabes soutenue par l'usage d'étiquettes-lettres. Enfin le **document 4** est un extrait du guide ministériel « Pour enseigner la lecture et l'écriture au CP » publié en 2019. Il rappelle la vigilance à avoir quant à l'usage des mots-outils dans les méthodes de lecture.
L'observation du nombre de CGP utilisées sur la fiche élève nous permet de constater que le « r » est le 8e graphème étudié après « a », « e », « i », « o », « u », « l » et « m ». À raison de 2 CGP étudiées par semaine, on peut établir que cette séance se déroule sur la 4e semaine de la période 1, fin septembre.
Cette séance constitue la première séance, celle de découverte du graphème, sur une séquence que nous pouvons établir à 6 séances, à raison de 3 séances de lecture par jour. Elle durera 25 minutes.
Les compétences visées sont :

- savoir déchiffrer les syllabes, les mots puis les phrases composées des CGP étudiées,
- savoir écrire des syllabes (CGP étudiées) sous la dictée,
- maitriser le sens de lecture et d'écriture.

Voici le déroulé et les composantes didactiques et pédagogiques de cette séance.

b) Conclusion

La séance que je viens de vous présenter répond aux préconisations institutionnelles du guide « Pour enseigner la lecture et l'écriture au CP » dont les points principaux peuvent être listés ainsi :

- une entrée graphémique ;
- une progression annuelle qui tient compte de la fréquence des CGP dans la langue française, en allant du plus simple au plus complexe ;
- des activités qui conduisent l'élève à identifier les graphèmes, leur prononciation et à étudier leurs combinaisons ;

- la nécessité d'éviter de confronter l'élève au déchiffrage de mots dont les correspondances n'ont pas été étudiées ;
- la liaison explicite entre les activités de lecture et d'écriture.

c) Question du jury

Pourquoi des familles de mots sur la fiche de lecture ?
Cette familiarisation avec la morphologie des mots facilite l'entrée des élèves dans la lecture par la récurrence des affixes qui favorise la mémorisation et donc la lecture par voie directe. L'élève gagne en fluence et donc en accès au sens. De plus, le travail régulier et explicite sur les familles de mots permet la mémorisation de l'orthographe des terminaisons (en *-eux/-euse*, *-ien/-ienne*, *-ier/-ière*, etc.) ainsi que le choix des lettres muettes en fin de mots. La découverte des familles de mots est aussi intéressante pour enrichir le vocabulaire des élèves.

Sur Lea.fr

Retrouvez deux autres questions du jury

Sujet n° 2 : La fluence en CE1 : lecture à voix haute de textes et de mots

DOMAINE DISCIPLINAIRE : Français   NIVEAU : Cycle 2 - CE1
PROGRAMMATION : Période 1 (octobre) - 4e séance de la séquence qui en compte 5.

Les élèves ont été évalués en septembre dans le cadre des évaluations nationales prévues par le ministère de l'Éducation nationale. Les résultats d'une classe de CE1 font apparaître des disparités entre les élèves. Concernant les exercices proposés de lecture à voix haute de mots et de texte, les scores obtenus sont les suivants :

- **6 élèves ont obtenu un score inférieur à 45 mots lus par minute,**
- **10 élèves ont obtenu un score compris entre 55 et 75 mots lus par minute,**
- **8 élèves ont obtenu des scores supérieurs à 95 mots lus par minute,**

Dans le cadre d'une séquence d'enseignement de la lecture, proposez une séance permettant de développer la fluence de lecture de ces élèves en prenant appui sur les documents proposés.

CORPUS DE 3 DOCUMENTS

Document 1. Résultats des évaluations nationales CE1- septembre 2022

4.1.3 CE1 français, résultats 2022

Les exercices les moins réussis sont ceux de lecture à voix haute de texte et de mots (68,2 % et 72 %), de compréhension orale de mots et d'écriture des mots (77,2 % et 74,8 %). Les mieux réussis sont ceux d'écriture de syllabes sous la dictée (85,3 %) et de compréhension de l'écrit (texte 83,2 % et phrases 83,1 %).

FIGURE 4 • Répartition des élèves dans les groupes selon le domaine évalué en français en début de CE1 à la rentrée 2022

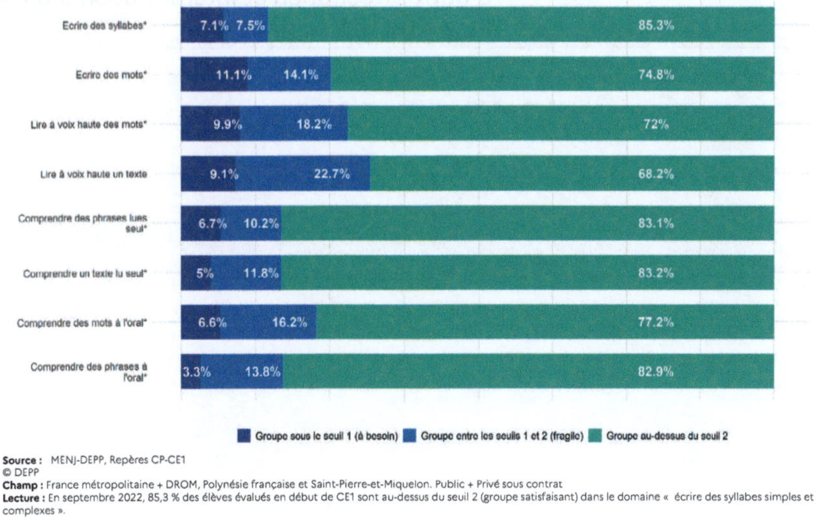

Source : MENJ-DEPP, Repères CP-CE1
© DEPP
Champ : France métropolitaine + DROM, Polynésie française et Saint-Pierre-et-Miquelon. Public + Privé sous contrat
Lecture : En septembre 2022, 85,3 % des élèves évalués en début de CE1 sont au-dessus du seuil 2 (groupe satisfaisant) dans le domaine « écrire des syllabes simples et complexes ».

Document 2. Eduscol, extraits des programmes d'enseignement du cycle des apprentissages fondamentaux (cycle 2), p. 14

Attendus de fin de cycle

- Identifier des mots rapidement : décoder aisément des mots inconnus réguliers, reconnaître des mots fréquents et des mots irréguliers mémorisés.
- Lire et comprendre des textes variés, adaptés à la maturité et à la culture scolaire des élèves.
- Lire à voix haute avec fluidité, après préparation, un texte d'une demi-page (1 400 à 1 500 signes); participer à une lecture dialoguée après préparation.
- Lire au moins cinq à dix œuvres en classe par an.

Lire à voix haute

CONNAISSANCES ET COMPÉTENCES ASSOCIÉES	EXEMPLES DE SITUATIONS, D'ACTIVITÉS ET D'OUTILS POUR L'ÉLÈVE
(lien avec le langage oral) • savoir décoder et comprendre un texte; • identifier les marques de ponctuation et les prendre en compte; • montrer sa compréhension par une lecture expressive.	• séances de travail visant à développer la vitesse et la fluidité de la lecture, à distinguer de celles qui portent sur l'expressivité de la lecture; • situations de lecture à voix haute n'intervenant qu'après une première découverte des textes, collective ou personnelle (selon le moment du cycle et la nature du texte); • entraînement régulier à la lecture à voix haute; • entraînement à deux ou en petit groupe homogène (lire, écouter, aider à améliorer, etc.); • enregistrements (écoute, amélioration de sa lecture); • pratiques nombreuses et fréquentes sur une variété de genres de textes à lire et selon une diversité de modalités de lecture à voix haute (individuellement ou à plusieurs) à partager avec d'autres (récitation et interprétation d'un texte littéraire).

Document 3. Exercice de lecture de mots

Source : Lecture CE1, *Livret d'entrainement à la lecture fluide*, Hatier, 2019, exercice 1 p. 18

SÉANCE 12

Lire sans erreurs

1 Je lis des mots de plus en plus longs.

début	régi	final	parti
débutant	régime	finale	participe
débutante	régiment	finalement	participation
tour	fer	coupe	
tourne	ferme	couper	
tournevis	fermeture	couperet	
heure	jour		
heureuse	journal		
heureusement	journaliste		

A - CONNAISSANCES DIDACTIQUES ET PÉDAGOGIQUES À MOBILISER

1. DÉFINITIONS :

Extraites de : Eduscol, *Pour enseigner la lecture et l'écriture au CP*

Le déchiffrage ou décodage : p. 8

« Le déchiffrage ou décodage est l'association de lettres ou groupes de lettres (les graphèmes) à des sons de la langue (les phonèmes) qui, combinés entre eux, forment des syllabes et des mots, reconnus à partir de leur forme orale. [C'est ce] qu'on appellera la voie graphophonologique puisqu'il s'agit d'apprendre à faire correspondre des graphèmes et des phonèmes. Si la forme sonore de ce mot est déjà connue du lecteur, elle renvoie à son sens, présent dans la mémoire lexicale. Si le mot est inconnu, le lecteur peut le prononcer et devra en rechercher et en apprendre le sens. »

La fluidité ou la fluence de lecture p. 9

« L'identification des mots par le décodage [est] suffisamment automatisée pour permettre d'accéder à la compréhension.

Cette automatisation, qui suppose rapidité et précision, concerne d'abord la lecture des mots isolés. Pour l'évaluer, on mesure un score de fluence, c'est-à-dire le nombre de mots (fréquents ou inventés) lus correctement dans le temps imparti. La fluence concerne également la lecture de mots en contexte. Estimée à partir d'une lecture oralisée, elle est

définie comme la capacité à lire correctement et dans un temps imparti un texte continu, au rythme de la conversation, et avec la prosodie appropriée. Elle suppose à la fois d'identifier les mots à un rythme rapide, en les groupant en unités syntaxiques de sens, et de faire un usage rapide de la ponctuation, tant pour repérer les groupes et relations syntaxiques que pour choisir l'intonation qui convient. C'est la condition pour accéder au sens d'unités plus grandes que le mot (phrase, texte). En effet, la mémoire de travail est limitée à quatre ou cinq unités de traitement : une lecture mot à mot la saturera donc très vite. En revanche, lorsque les mots sont lus ensemble, en tant que groupe syntaxique, ils constituent une seule unité de sens ce qui accroît les capacités de traitement de la mémoire de travail et permet de donner du sens à des phrases plus longues.
Exemple : « Il était une fois/une petite fille de village,/la plus jolie/qu'on eût su voir; / sa mère/en était folle,/et sa mère-grand/plus folle encore. » (Charles Perrault, *Le Petit Chaperon rouge*).
La fluidité de la lecture en contexte indique une automatisation du décodage qui libère des ressources cognitives pour la compréhension.
Elle se développe par un entraînement à la lecture à haute voix, à partir de mots isolés, au moment des premiers apprentissages puis de textes préparés. »

2. LA PONCTUATION

Extrait de : Eduscol, *Pour enseigner la lecture et l'écriture au CE1*, p. 25

« L'intonation dynamise la lecture à voix haute et facilite l'accès à la compréhension du texte lu. Elle se marque, tout d'abord, dans chaque phrase, par le respect des signes de ponctuation. Les élèves qui n'en tiennent pas compte ont souvent de grandes difficultés pour créer les liens nécessaires donnant accès au sens.
Pour s'aider, les élèves peuvent utiliser un codage, avec des flèches par exemple, pour indiquer à quel moment la voix baisse, monte, ou reste en suspens, afin de marquer une pause. Ce travail succède nécessairement à celui de la compréhension. »

3. LIRE SANS ERREUR ET RAPIDEMENT DES MOTS COMPLEXES GRÂCE À UNE IDENTIFICATION MAÎTRISÉE

Extrait de : Eduscol, *Pour enseigner la lecture et l'écriture au CE1*, p. 22

« Certaines activités aident particulièrement les élèves à identifier aisément et rapidement les mots en se détachant progressivement du décodage.
Les listes analogiques de mots comprenant une partie commune qui se prononce et qui s'écrit de la même façon sont des supports intéressants. Ces occurrences graphiques permettent au professeur d'attirer l'attention des élèves sur les régularités du système orthographique et viennent renforcer la mémorisation orthographique des mots. Ces listes constituent alors des modèles d'identification à partir desquels les mots nouveaux, par rapprochement, sont ensuite assimilés.
Pour ce faire, le choix des mots s'appuie nécessairement sur la progression des graphèmes complexes étudiés et propose à la lecture des mots de la même famille (voyager, voyageur, voyageuse) ou des mots qui riment (praline, tartine, sardine).
Des mots de plus en plus longs sont progressivement proposés afin de développer l'empan visuel 5. Ils sont repris ensuite dans différentes phrases afin de favoriser leur lecture en contexte et de conforter leur identification rapide. »

4. LIRE AVEC AISANCE EN RESPECTANT UN RYTHME « NATUREL »

Extrait de : Eduscol, *Pour enseigner la lecture et l'écriture au CE1*, p. 22

« Pour que les élèves parviennent à respecter le rythme de lecture induit par le texte, des séances spécifiques visant le repérage des groupes de sens (ou groupes de souffle) sont à organiser. Elles doivent aider les élèves à relier les mots entre eux, en procédant à un véritable découpage du texte.
Le professeur lit à voix haute le texte écrit au tableau et demande aux élèves de repérer les signes de ponctuation (point, virgule, etc.). Il propose une nouvelle lecture du texte et attire l'attention des élèves sur les pauses qu'induisent ces éléments.
Les élèves s'entraînent ensuite à lire le texte, seuls ou à deux, en tenant compte de cette ponctuation.
Après un temps d'appropriation du texte, on invite les élèves à repérer, pour chaque phrase, les groupes de souffle qui facilitent la compréhension. Des élèves relisent à voix haute les phrases en tenant compte des propositions. La compréhension doit permettre à la classe de les valider ou non. Ces groupes de souffle sont ensuite séparés dans le texte à l'aide d'une barre oblique. Les élèves peuvent s'exercer à lire le texte en respectant les groupes constitués. »

5. ÉVALUER

Extrait de : Eduscol, *Pour enseigner la lecture et l'écriture au CE1*, p. 31

« Pour l'élève, l'évaluation permet une distanciation sur l'acte de lire et offre un retour sur la performance au regard du projet de lecture initial. Qu'elle s'exerce individuellement ou collectivement, l'évaluation doit pouvoir orienter la suite du travail à engager pour répondre aux objectifs attendus. Des régulations systématiques, guidées par le professeur, réalisées en autonomie et à l'aide des pairs, s'avèrent indispensables durant les temps d'entraînement pour aider l'élève à dépasser pas à pas les obstacles identifiés et le faire progresser de façon à le conduire à une restitution de qualité. »

B - TRAITEMENT DU SUJET

1. LECTURE ET ANALYSE DES DOCUMENTS DU CORPUS

Document 1. Résultats des évaluations nationales CE1, septembre 2022

Les évaluations nationales ont pour objectif premier de permettre aux enseignants d'adapter leur pratique aux besoins des élèves.

Elles « sont conçues par la Direction de l'évaluation, de la prospective et de la performance (Depp) en collaboration étroite avec le Conseil scientifique de l'éducation nationale (Csen), l'Inspection générale de l'éducation, du sport et de la recherche (IGESR) et la Direction générale de l'enseignement scolaire (Dgesco). L'implication du Csen permet de bénéficier des dernières avancées de la recherche en vue d'accroître l'efficacité de ces évaluations et ainsi de mieux répondre aux besoins des élèves. »[1]

1. https://eduscol.education.fr/2295/evaluations-des-acquis-et-besoins-des-eleves-au-cp

Ce document institutionnel fait état des premiers résultats, à l'échelle nationale, de l'évaluation en français au CP au mois de septembre 2022.
Chaque barre est divisée en trois tonalités de bleu : la plus à gauche correspond aux élèves dits « à besoins » (sous le seuil 1), la seconde correspond aux élèves dits « fragiles », entre les seuils 1 et 2, la plus à droite correspond aux élèves dont les résultats se situent au-dessus du seuil 2.
Les plus grandes difficultés apparaissent dans les exercices de lecture à voix haute de texte et de mots.
Seuls 68,2 % des élèves parviennent à un score supérieur au seuil 2 pour la lecture de texte et 72 % pour la lecture de mots.
9,1 % des élèves ont des résultats sous le seuil 1 pour la lecture à voix haute de texte et près de 10 % (9,9 %) ont des résultats sous le seuil 1 pour la lecture à voix haute de mots.
Les exercices concernant la compréhension orale de mots et l'écriture des mots sont ensuite les moins réussis.
Les exercices les mieux réussis concernent l'écriture de syllabes sous la dictée et la compréhension de l'écrit (texte et phrases).

Document 2. Extraits des Programmes d'enseignement du cycle des apprentissages fondamentaux (cycle 2) p. 14

Ce document présente un extrait des programmes de français pour le cycle 2. Il s'agit donc d'un document institutionnel que l'enseignant se doit de connaître et dont il doit tenir compte pour concevoir son enseignement, afin de permettre à ses élèves d'atteindre les objectifs fixés.
Il est attendu des élèves qu'ils sachent identifier les mots par le décodage mais aussi qu'ils accèdent à la compréhension du texte par une lecture suffisamment fluide, prenant en compte la ponctuation et le sens des phrases. Cette compréhension sera traduite par l'expressivité de la lecture faite à haute voix.
La pratique de cet entraînement soit être régulière et fréquente.

Document 3. Exercice de lecture de mots

Ce document est extrait d'un fichier d'entraînement à la lecture fluide proposé par les éditions Hatier pour le CE1.
Il s'agit d'un exercice dont l'objectif annoncé est de « Lire sans erreurs ». Il correspond à la douzième séance proposée.
La consigne est « Je lis des mots de plus en plus longs ».
Il s'organise sur trois niveaux correspondant à des degrés de difficulté croissants, matérialisés par les points bleus qui bordent l'exercice : Un rond bleu pour le niveau le plus facile : les trois mots de chaque liste appartiennent à la même famille de mots, ils sont donc reliés par le sens, ce qui en facilite la lecture.
Un rond et demi pour la seconde partie : les trois mots de chaque liste débutent par la même syllabe mais les mots ne sont pas liés par le sens. Ils n'appartiennent pas à la même famille.

Deux ronds bleus pour la dernière partie de l'exercice. Pour la liste « heure, heureuse, heureusement », la difficulté est liée au changement de correspondance entre le graphème « eu » et sa correspondance phonologique. Dans le mot « heure », le graphème « eu » se lit [œ], comme dans « sœur », alors que dans les deux mots suivants, il se lit [ə] comme dans « bleu ».
La liste suivante « jour, journal, journaliste » revient à une régularité de la relation graphème-phonème qui a été perturbée dans la liste précédente, ce qui fait donc appel à une capacité d'inhibition et de flexibilité mentale, par le retour à la « normalité » après la perturbation ayant pu être occasionnée par l'irrégularité de le liste précédente.
Chaque liste de trois mots est bordée d'une flèche verticale allant de haut en bas et qui rappelle à l'élève le sens de lecture attendu.

2. FICHE DE PRÉPARATION

Construire une fiche de séance sur le modèle d'une fiche de préparation. Cette fiche sera le support de votre présentation.

<table>
<tr><td colspan="4">SÉANCE - Lecture à voix haute - fluence</td></tr>
<tr><td colspan="2">DATE : P1</td><td colspan="2">Domaine du socle : 1</td></tr>
<tr><td>NIVEAU DE CLASSE :
CE1</td><td>NOMBRE D'ÉLÈVES :
24</td><td>SÉANCE N° : 4/5</td><td>DURÉE :
30 minutes</td></tr>
<tr><td colspan="2">PLACE DE LA SÉANCE DANS LA SÉQUENCE :
Séance 1 – Lire des mots qui riment
Séance 2 – Lire des mots de la même famille
Séance 3 – Lire des mots qui se ressemblent
Séance 4 – Lire des mots de plus en plus longs
Séance 5 – Lire ces mots étudiés dans des phrases puis dans un texte</td><td colspan="2">INTITULÉ DE LA SÉQUENCE :
Améliorer la fluidité de la lecture des mots</td></tr>
<tr><td colspan="2">OBJECTIFS DE LA SÉANCE :
G1 : Développer l'identification des mots (déchiffrage)
G2 : Développer la fluence dans la lecture de mots
G3 : Développer la fluence dans la lecture de texte.</td><td colspan="2">PRÉREQUIS :
Maîtrise des correspondances graphophonologiques (simples pour le G1)
Utilisation du logiciel Lalilo (G1)
Identification des signes de ponctuation et leur rôle dans le texte (G3)
Savoir coder un texte pour préparer sa lecture à voix haute (repérage des signes de ponctuation et des groupes de souffle/groupes de sens)</td></tr>
<tr><td colspan="2">COMPÉTENCES VISÉES :
• Déchiffrer avec aisance.
• Lire à voix haute des mots et un texte de façon fluide.
• Lire avec expressivité (G3)</td><td colspan="2">MATÉRIEL/SUPPORTS :
• G1 : Logiciel Lalilo (6 tablettes numériques)
• G2 : Diaporama avec 9 diapositives présentant chacune une série de mots. Ces listes sont celles que les élèves retrouveront sur la fiche d'entraînement.</td></tr>
</table>

	• Une fiche d'exercice par élève (Lecture CE1 Ed. 2019 - Livret d'entrainement à la lecture fluide – Hatier p18) • G3 : tapuscrit du texte *La Brouille*, de Claude Boujon avec le nombre de mots précisé au bout des lignes, un crayon de couleur rouge et un crayon à papier.

PHASE 1
DURÉE PRÉVUE : 5 minutes
MODALITÉ : oral/collectif

Consigne	Tâche des élèves	Rôle de l'enseignant
Présentation des ateliers « Nous allons aujourd'hui poursuivre le travail de fluence en lecture. Comme les fois précédentes, nous allons travailler en groupes : Le premier groupe (G1) va poursuivre le travail sur tablette avec le logiciel Lalilo. Qui peut me rappeler quel est l'objectif de ce travail ? Le second groupe va travailler avec moi sur la lecture de mots afin de s'entraîner à les lire de façon de plus en plus aisée. (cf doc 3) Je rappelle que plus on est à l'aise pour déchiffrer les mots, plus il est facile de comprendre le texte. Le troisième groupe va poursuivre son travail à partir du texte de *La Brouille*. Vous allez relire les parties codées. Puis, par 2, vous coderez la dernière partie du texte. Q1 : Qui peut me rappeler le codage que nous utilisons ?	G1 : Réponse attendue : Revoir la correspondance entre les lettres/groupes de lettres et les sons comme ou, oi, an, in… G3 : Q1 : Réponse attendue : Nous repassons sur les points, points d'exclamation, points d'interrogation et les virgules avec le crayon de couleur rouge. Sous les points nous faisons une petite flèche pour indiquer si on doit monter ou baisser le ton. Ensuite, avec le crayon à papier, nous lisons plusieurs fois chaque phrase, nous discutons pour repérer les groupes de souffle et lorsque nous sommes d'accord, nous traçons un trait oblique. Nous relisons ensuite la phrase pour entendre si ces groupes de souffle correspondent aux groupes de sens et permettent la compréhension du texte.	G1 : Le logiciel permet à l'enseignant de voir *a posteriori* les réussites et difficultés rencontrées par les élèves. Le feedback immédiat est fait par le logiciel. En cas d'erreur, la réponse correcte est livrée à l'élève qui a ainsi un feedback immédiat sur son travail, validé ou corrigé. Le mot (ou la syllabe) mal identifié sera reproposé un peu plus tard dans l'exercice.

Q2 : Pourquoi est-il important d'avoir une lecture à voix haute expressive ?	Q2 : La lecture à voix haute est destinée à être partagée avec un auditoire. Une lecture expressive permettra de faire comprendre le texte et de favoriser l'attention et l'intérêt des auditeurs.	

Critère de réussite/évaluation :
Ecoute, attention, participation au questionnement de l'enseignant.

REMARQUES

Travail différencié :
Les groupes sont constitués en fonction de leurs résultats aux évaluations nationales sur ces exercices de fluence de mots et de textes. (cf doc 1)

- *6 élèves ont obtenu un score inférieur à 45 mots lus par minute. C'est le groupe G1 qui travaille le déchiffrage.*
- *10 élèves ont obtenu un score compris entre 55 et 75 mots lus par minute. C'est le groupe G2 qui travaille la lecture de mots à voix haute.*
- *8 élèves ont obtenu des scores supérieurs à 95 mots lus par minute. C'est le groupe G3 qui travaille la lecture de texte à voix haute (ponctuation, groupe de souffle).*

Chaque exercice correspond au développement de compétences spécifiques (déchiffrage, lecture fluide mots, de texte) attendues en lecture à voix haute en fin de cycle 2 (cf doc 2)

PHASE 2
DURÉE PRÉVUE : 20 minutes
MODALITÉ : oral/coll.

Consigne	Tâche des élèves	Rôle de l'enseignant
<u>Mise en ateliers</u> G1 (en autonomie) : Chaque élève est en autonomie sur la tablette.	G1 : Réaliser les exercices de lecture proposés par le logiciel.	L'enseignant s'assure de l'implication des élèves dans la tâche qui leur est proposée (tous les groupes)
G2 (avec l'enseignant)	G2 : Lire les mots de façon de plus en plus aisée. S'appuyer sur les attaques identiques pour faciliter le décodage.	L'enseignant présente chaque diapositive (D) de son diaporama en faisant apparaître les mots dans l'ordre suivant : D 1 : le 1er mot : début D 2 : le 2e mot : débutant D 3 : ces 2 premiers mots : début et débutant, placés l'un sous l'autre. D 4 : le 3e mot : débutante D 5 : Les trois mots placés les uns sous les autres.

		L'observation de cette diapositive permet de mettre en évidence la construction des mots, leurs similarités, les relations de sens qu'ils peuvent avoir ou pas. Chaque diapositive est lue par un ou deux élèves. Puis, la D 5 est relue, x2, de façon collective par l'ensemble du groupe.
	Ce déroulé est identique pour chacune des 4 séries de niveau 1 (1 rond bleu). Les élèves peuvent ensuite s'entraîner à lire ces listes sur leur fiche, à voix haute, seuls puis en binômes.	Si les élèves parviennent à réaliser ce premier niveau. L'enseignant proposera le même travail avec les mots de niveau 2, puis de niveau 3.
G3 (en binômes)	G3 : Les élèves commencent par une lecture individuelle, à voix haute, des 2 premières parties du texte codées en début de semaine (lundi – mardi) et font une première lecture de la dernière partie du texte. Ils se mettent ensuite en binômes, lisent chacun, à voix haute, une partie codée. Ils lisent ensuite chaque phrase de la dernière partie, repassent en rouge sur la ponctuation, échangent sur le sens de la flèche à tracer pour identifier le ton à employer puis dans un dernier temps, ils échangent sur le repérage des groupes de souffle, se mettent d'accord et tracent les traits obliques.	À l'issue de ce travail et pendant que le G2 s'entraine à lire de façon fluide les listes de mots qui ont été travaillées, l'enseignant réunit ce groupe de 8 élèves et demande aux binômes de justifier leur codage. Une correction est apportée sur la base de cette argumentation avec lecture à voix haute des phrases pour vérification. La dernière séance (le lendemain) sera évaluative.

	Respect des règles du travail en groupe. Les élèves codent le texte puis s'entraînent à sa lecture. Les élèves qui le souhaitent peuvent lire à la classe les mots, phrases ou textes qu'ils ont lus au cours de leur atelier.	
Clôture de la séance : Chaque groupe restitue ce qui s'est passé dans son groupe au cours de l'activité : les difficultés rencontrées et les progrès constatés.		
Que retient-on pour la prochaine fois ?	Réponse possible : L'entrainement favorise la fluidité de lecture. Plus je m'entraîne, plus je lis vite !	
Critère de réussite/Evaluation : Les élèves participent aux échanges. G1 : Les élèves s'investissent dans la réalisation des exercices proposés. G2 : Les élèves lisent les listes de mots de façon de plus en plus aisée. G3 : L'enseignant écoute 3 élèves lire le paragraphe du texte étudié. (3 ou 4 élèves chaque jour)		

REMARQUES

G1 : Le logiciel Lalilo (https://lalilo.com) permet à chaque élève, par le recours à une intelligence artificielle de suivre le parcours de lecture de chaque élève. Les exercices qui lui sont proposés varient en fonction de ses résultats à l'évaluation initiale qu'il a réalisée. Le logiciel détermine les CGP et les compétences à travailler. L'enseignant peut aussi concevoir des exercices qui seront proposés à l'élève par le biais de ce logiciel.

G2 : Selon les notions de grammaire et de vocabulaire qui ont pu être abordées au cours des deux premiers mois de l'année, l'observation de la construction des mots sur la diapositive 5 permettra de réactiver en mémoire les notions de famille de mots (suffixes), de genre : masculin, féminin, de nature de mots (nom verbe, adverbe, adjectif...), les lettres muettes...

G3 : Le texte La Brouille *a été étudié en séance de compréhension afin de faciliter la lecture fluide, les ambiguïtés de vocabulaire et les difficultés éventuelles de compréhension ont été levées.*

Séance 3/4 et non pas 12 (cf doc 3) car comme tout outil proposé par les éditeurs, il ne prend pas en compte les particularités de chaque classe. Le fichier est établi pour une année de CE1. Il convient à l'enseignant d'adapter l'outil-support aux besoins de ses élèves.

Prolongement/Réinvestissement :
G1 : Suite à l'observation des résultats des élèves du G1, l'enseignant pourra s'appuyer sur les résultats obtenus dans les exercices Lalilo pour proposer de nouveaux exercices en classe. Ces nouveaux exercices renforceront les compétences insuffisamment maîtrisées par chaque élève.

3. PRÉPARER L'ENTRETIEN

a) Introduction

La séance d'enseignement de lecture à voix haute que je vais vous présenter a pour objectif de développer les compétences identifiées comme insuffisamment maîtrisées par les élèves de cette classe de CE1 au moment de la passation des évaluations nationales au mois de septembre. Les exercices portant sur la lecture de mots et de texte à voix haute sont particulièrement chutés au niveau national. Seuls 68,2 % des élèves parviennent à un score supérieur au seuil 2 pour la lecture de texte et 72 % pour la lecture de mots. 9,1 % des élèves ont des résultats sous le seuil 1 pour la lecture à voix haute de texte et près de 10 % (9,9 %) ont des résultats sous le seuil 1 pour la lecture à voix haute de mots (document 1).
Pour cette classe de 24 élèves de CE1, 6 élèves ont obtenu un score inférieur à 45 mots lus par minute, 10 élèves ont obtenu un score compris entre 55 et 75 mots lus par minute et 8 élèves ont obtenu des scores supérieurs à 95 mots lus par minute.
Il convient donc d'apporter une réponse à ce constat en mettant en place au sein de la classe un dispositif qui favorise la remédiation nécessaire pour que les élèves atteignent les attendus de fin de cycle (document 2) et permettent à ceux qui ne sont considérés ni « fragiles », ni « à besoin » de poursuivre leur parcours de lecteur en développant des compétences d'expressivité. Le guide *Enseigner la lecture et l'écriture au CE1* précise que tous les élèves devraient pouvoir lire au minimum 50 mots en une minute à la fin du CP. Six de nos élèves n'atteignent pas ce score.
On pourra s'appuyer sur le document 3, qui est extrait d'un fichier d'entraînement à la lecture fluide proposé par les éditions Hatier pour le CE1. Il s'agit d'un exercice dont l'objectif annoncé est de « Lire sans erreurs ». Il correspond à la douzième séance proposée. La consigne est « Je lis des mots de plus en plus longs ».
La séance dure 30 minutes, elle se déroule en octobre (période 1). Les élèves sont répartis en 3 groupes. Les six élèves identifiés comme les plus fragiles constituent le groupe 1. Les dix élèves qui se situent entre les seuils 1 et 2 formeront le groupe 2, les autres constituant le groupe 3. Il s'agit donc de différencier le travail proposé pour répondre aux besoins des élèves.
Cette séquence se déroule sur la semaine. La 5e séance permettra d'introduire les mots travaillés au fil des jours, dans des phrases puis dans un texte pour mobiliser l'ensemble des compétences de la fluence : vitesse, précision, expressivité. Le travail proposé aux élèves la semaine suivante découlera de ces résultats. Le premier atelier est en autonomie.

Les élèves travaillent sur tablette, avec le logiciel d'entraînement personnalisé à la lecture Lalilo. Le second atelier sera dirigé par l'enseignant, il vise la lecture fluide de mots et le dernier sera réalisé selon trois modes : individuel, en autonomie et en groupe. Il a pour objectif la lecture expressive d'un texte.

b) Conclusion

Cette séance de lecture à voix haute construite en appui sur les résultats des élèves aux évaluations nationales de septembre illustre l'intérêt de la prise en compte de ces résultats par les enseignants pour conduire leur enseignement et répondre au plus près aux besoins des élèves.
Elle s'inscrit dans la prise en compte de la zone proximale de développement (ZPD) mise en évidence par Vygotski. Il importe de faire en sorte que chaque élève puisse prochainement faire seul ce qu'il réalise, pour l'instant, avec de l'aide.
L'étayage enseignant reste l'un des meilleurs vecteurs de progrès. Les retours qu'il peut faire aux élèves sur leurs points d'amélioration possible guident l'élève sur le chemin parcouru et sur celui qu'il lui reste à parcourir.
L'explicitation de l'intérêt de l'entraînement et de la répétition, s'appuyant sur les travaux en sciences cognitives, favorisera l'engagement de l'élève. Il saura que ses efforts ne sont pas vains.
L'acquisition des compétences en lecture s'inscrit dans un temps long, qui nécessite des entraînements réguliers et fréquents. Il importe que les élèves lisent chaque jour à voix haute, dans toutes les disciplines.
Cette fréquence permet le développement des automatismes nécessaires à l'accès à la compréhension.
Il est important de préciser que le travail sur la fluence de mots est un outil possible pour travailler les compétences de fluence mais il doit rester un outil ponctuel car s'il permet de travailler les compétences de vitesse et précision, essentielles à la fluence, il ne permet pas de travailler l'expressivité, le phrasé, les groupes de sens/groupes de souffle, la prosodie... qui donnent tout son sens à la lecture à voix haute et témoignent de la compréhension du lecteur, but ultime de tout travail d'apprentissage de la lecture.
D'autres modalités de travail pourront être envisagées au fil de l'année pour conserver la motivation et l'engagement dans la tâche. Il est possible de mettre en scène certains textes, de dire de la poésie... Il peut être intéressant d'organiser des soirées théâtre et poésie offertes aux parents, aux familles... On se sera entrainé devant d'autres classes de l'école auparavant pour s'habituer au public. Ces projets sont moteurs et décuplent l'implication des élèves. Il faut alors veiller à ce que chaque élève ait une place qui le valorise.

c) Question du jury

Vous évoquez les sciences cognitives, en quoi nous apportent-elles des éléments sur la fluence en lecture ?
Les guides proposés sur Eduscol, dont celui *Enseigner la lecture et l'écriture au CE1* précisent sur leur couverture : « Guide fondé sur l'état de la recherche ».
Parmi ces études, les résultats de la recherche en sciences cognitives mettent en avant l'importance du développement des automatismes en lecture par l'entrainement et la répétition. Le modèle de Hebb est souvent mentionné. Pour l'expliquer aux élèves, on peut prendre l'image du chemin dans la forêt. Lorsque l'on passe sur un chemin la première fois,

le passage peut être difficile, les herbes hautes, les branchages... rendent la progression difficile. Mais si on emprunte souvent ce même passage et que l'on repasse fréquemment sur ses pas, on trace un chemin. L'accès est facilité et l'on avance bien plus vite.

Il en va de même avec les neurones qu'abrite notre cerveau. Plus les neurones qui reconnaissent les lettres sont mis en interaction avec ceux qui y associent un son, plus les connexions seront rapides. On développe des automatismes. La lecture devient fluide, ce qui libère la mémoire de travail pour lui permettre l'accès à la compréhension.

De nombreux outils sont proposés aux enseignants par des laboratoires de recherche. Parmi eux, l'Inserm (Programme Atole, J.-P. Lachaux) ou le LaPsyDé (*Entrainer le cerveau à résister* G. Borst-O. Houdé, Nathan/Lea) permettent aux élèves de découvrir le fonctionnement de leur cerveau et explicitent comment apprendre.

Sur Lea.fr

Retrouvez deux autres questions du jury

Sujet n° 3 : Comprendre un texte littéraire au cycle 3

À partir du corpus proposé, vous concevrez une séance visant l'acquisition de stratégies pour aider les élèves à comprendre un texte littéraire en classe de CM1. La séance s'inscrit dans une séquence visant le développement de compétences en lecture. Elle se situe en période 1. Vous détaillerez le déroulement de cette séance en prenant soin d'expliciter vos choix didactiques et pédagogiques.

CORPUS DE 3 DOCUMENTS

Document 1. Programmes, Attendus de fin d'année de CM1, Français, Bulletin officiel n° 22 du 29 mai 2019.

Comprendre un texte littéraire et se l'approprier

Ce que sait faire l'élève

- Dans un texte, il repère les informations explicites et pointe les informations qui ne sont pas données.
- Il distingue, par la mise en page, un extrait de théâtre, un poème et un texte narratif.
- Il met en relation le texte lu avec un autre texte étudié en classe.

Exemples de réussite :

- Il répond à des questions en justifiant les réponses par une phrase du texte lorsque le texte le permet.
- Il identifie le narrateur, les personnages (dont le personnage principal).
- Il choisit un titre qui résume l'histoire.
- En se référant à des outils (cahier de littérature, manuels...), il identifie un genre littéraire grâce à des caractéristiques marquantes (« Il était une fois » pour un conte ; des rimes pour un poème...).
- Il argumente sur la base de connaissances et/ou de lectures antérieures.
- Il formule des hypothèses d'interprétation en comparant avec des histoires connues.

Document 2. Manuel *Le nouveau Millefeuille*, © Éditions Nathan, 2019, pp. 14-15.

1 Lire des récits avec des personnages insolites

• Que peuvent bien faire ces deux-là ?

Il faut faire quelque chose !

Max vit dans un appartement avec son vieux chat Mix, qui est aveugle. Partant au travail, il doit pendant de longues heures laisser son fidèle compagnon. Mais celui-ci n'est pas seul : il a rencontré depuis peu un ami original… une souris, Mex. Celle-ci, grimpée sur le rebord de la fenêtre, raconte à Mix ce qu'elle voit dehors.

Mix voulut savoir comment était le ciel, et la rue, et l'herbe du jardin.

– Le ciel est clair, transparent, on ne voit pas un nuage. Dans la rue, il y a beaucoup d'autos et de bicyclettes, de gens qui se saluent et, dans l'herbe, de petites fleurs blanches qui ressemblent à de délicieux flocons de céréales commencent à pousser.

Elle lui raconta aussi que les branches des marronniers étaient couvertes de bourgeons qui deviendraient bientôt des feuilles vertes et que, dans le nid de la pie, on apercevait les têtes de trois oisillons qui, dans quelques semaines, prendraient possession de l'air pour leurs premiers vols. Les heures de la matinée s'écoulèrent très tranquillement, Mix, allongé à sa place favorite, et Mex, debout sur le rebord de la fenêtre, lui décrivant tout ce qui se passait.

Peu avant midi, un bruit de pas qui s'arrêtaient près de la porte fit sursauter les deux amis. Max avait sans doute oublié quelque chose, se dirent-ils tout d'abord,

Je comprends

1. Qui sont Max, Mix et Mex ? À la lecture du texte, que sait-on de chacun d'eux ?
2. Pourquoi le chat demande-t-il à son amie de lui dire ce qu'elle voit ?
3. À quelle saison se passe cette histoire ? Justifie ta réponse.
4. Comment Max reconnaît-il les pas du voleur ?
5. Relève les mots ou les expressions qui montrent l'inquiétude soudaine des deux amis.
6. Que pense la souris d'elle-même ? A-t-elle raison ? Justifie ta réponse.
7. Comment les deux amis veulent-ils empêcher la porte de s'ouvrir ?
8. D'où vient la voix mélodieuse de la femme ?
9. Pourquoi le voleur s'enfuit-il ?
10. De quel livre est extrait ce passage ? Cherche un autre livre de cet auteur dont le titre ressemble à celui-ci.

14

mais Mix dit que ce n'était pas les pas décidés et joyeux de Max. Ils étaient différents, précautionneux, méfiants, et leur émoi grandit en entendant le bruit métallique d'un trousseau de clés.

– Je meurs de peur ! Je suis une souris très trouillarde, la plus trouillarde des souris, je te l'ai dit, cria Mex en cherchant refuge entre les pattes de son ami.

– Qui que ce soit, il est en train d'essayer d'ouvrir la porte. Nous devons faire quelque chose, Mex. Une fois, j'ai entendu parler de gens qui pénètrent dans les maisons et emportent les choses.

– On les appelle des voleurs, dit Mix.

– Parfaitement, c'est un voleur qui veut nous dévaliser ! Je meurs de peur ! Qu'est-ce que nous pouvons faire, nous, un chat aveugle et une souris trouillarde ! dit Mex mais elle suivit son ami jusqu'à la porte alors que le bruit de différentes clés essayant d'entrer dans la serrure leur faisait éprouver un froid très distinct de celui de l'hiver.

– On doit faire quelque chose, Mex, s'écria Mix, et tous deux pesèrent de tout leur poids contre la porte jusqu'au moment où Mex, criant toujours qu'elle avait peur, très peur, courut jusqu'à la table du salon, poussa la télécommande du téléviseur pour la faire tomber et, sans cesser de manifester sa peur, commença à sauter sur le clavier.

À l'instant où un « clic » indiquait que le voleur avait trouvé la bonne clé, la voix mélodieuse d'une femme saluant le début du printemps remplit tous les coins de la maison.

Mix cessa de pousser contre la porte en entendant les pas s'éloigner précipitamment et appela son amie.

– Très bien, Mex ! très bonne idée ! On l'a bien eu. Quand les amis s'unissent, ils ne peuvent pas être vaincus.

Luis Sepulveda, *Histoire du chat et de la souris qui devinrent amis*, Éd. Métailié.

Je lis à haute voix

- Lis le dialogue entre Mix et Mex (lignes 17 à 28). Il faudra montrer la peur de Mex.

débat – Échangeons autour du texte

- À quel autre genre de texte cet extrait peut-il faire penser ? Pourquoi ?

J'ajoute des phrases à l'histoire

- Écris une phrase que Max pourrait dire à son chat à son retour du travail. Que pourrait lui répondre Mix ?

1 • Des récits avec des personnages insolites 15

Document 3. Cécile Bessis, Raphaële Sallantin, « La compréhension en lecture au cycle 3 : des concepts, un outil diagnostique », *Développements* 2012/2 (n° 11), éditions De Boeck, pp. 25-35, DOI : 10.3917/devel.011.0025. URL : https://www.cairn.info/revue-developpements-2012-2-page-25.htm.

2.3.2 – La production d'inférences

Amené à chercher les liens que l'auteur n'a pas explicités, le lecteur complète le contenu propositionnel par des connaissances qui lui sont propres. Ce phénomène a lieu à tous les niveaux du texte. Il peut être très simple et quasiment automatique dans le cas des *inférences « de liaison »* ou *« locales »*. Par exemple dans le cas d'un pronom anaphorique, l'attribution de son antécédent se fait au moyen d'une inférence qui s'appuie sur des déductions d'ordre morphosyntaxique (« elle » se rapporte à l'infirmière puisque l'infirmière est féminin). Ce type d'inférences est considéré comme généralement moins coûteux sur le plan cognitif que le deuxième type d'inférences.

Le deuxième type d'inférences est celui que désigne en général dans les corpus orthophonique et pédagogique le terme d'« inférences » : utilisation d'une culture personnelle pour comprendre le texte. Ces inférences « *globales* » sont, selon le cas, *prédictives, associatives* ou *explicatives*. Elles interviennent lorsque l'information à traiter est *discontinue* avec le contexte situationnel antérieur, c'est-à-dire lorsque le texte n'est pas suffisamment explicite et demande au lecteur une démarche active de production de sens pour intégrer la nouvelle proposition.

Un type particulier de production d'inférences, au niveau lexical, est le *calcul sémantique* (Goigoux, 2002), qui consiste devant un mot nouveau à reconnaître qu'on ignore ce qu'il veut dire et à lui attribuer une signification provisoire, en trouvant dans le mot lui-même la ressource (morphologie), ou en « regardant autour du mot » (contexte).

2.3.3 – La construction d'une représentation mentale

Il s'agit bien de se représenter non le texte directement, mais ce dont il parle. Cette représentation rend possible la mise en mémoire et l'intégration au fur et à mesure des nouveaux éléments qui, eux-mêmes, la feront évoluer. On parle aussi de la construction d'un « modèle de situation » ou « modèle situationnel » multidimensionnel. Certains auteurs estiment aujourd'hui que les différences interindividuelles en compréhension en lecture peuvent s'expliquer par la capacité plus ou moins développée chez le sujet à construire un modèle de situation.

À la lecture d'un texte, le lecteur forme en mémoire une représentation mentale de la situation décrite (Johnson-Laird, 1983; Van Dijk & Kintsch, 1983). Il suit simultanément les différentes dimensions qui participent au processus de compréhension, à savoir les dimensions causale, temporelle et spatiale, ainsi que celle relative aux personnages.

A - CONNAISSANCES DIDACTIQUES ET PÉDAGOGIQUES À MOBILISER

Tout au long de l'école primaire, les élèves vont acquérir des compétences pour comprendre les textes littéraires : il s'agit d'un apprentissage continu et progressif qui commence dès la maternelle.

ATTENTION!

Pour pouvoir traiter le sujet lié au cycle 3, il est nécessaire de maitriser les connaissances didactiques et pédagogiques des cycles 1 et 2, disponibles sur Lea.fr

1. FORMER L'ÉLÈVE LECTEUR

Au cycle 3 est poursuivi l'enseignement explicite de la compréhension afin de donner aux élèves des capacités de lecteurs autonomes en les confrontant à des textes de plus en plus complexes. Les différentes stratégies du lecteur expert sont les suivantes :

- « assigner un but à son activité avant de commencer la lecture en s'interrogeant sur la ou les raisons qui amènent à lire un texte particulier (apprendre, s'informer, etc.)
- s'intéresser aux relations causales ;
- fabriquer une représentation mentale de ce qui est lu ;
- déterminer ce qui est important et le mémoriser ;
- répondre à des questions et savoir s'en poser tout seul ;
- produire des inférences ;
- utiliser ses connaissances antérieures ;
- prévoir la suite ;
- résumer ;
- contrôler et réguler sa compréhension »[2].

L'accent est mis sur l'appropriation du texte littéraire par l'élève, en lien avec son expérience, ses lectures et ses connaissances personnelles. L'élève est amené à effectuer des choix de lectures personnelles afin de stimuler son intérêt et de construire une première culture littéraire et artistique.

2. LIER LA COMPRÉHENSION ET LES AUTRES DOMAINES DU FRANÇAIS

Les activités de lecture sont indissociables des activités d'écriture :

- les écrits qui accompagnent la lecture comme le carnet de lecture ;
- les écrits liés au travail de compréhension (réponse à des questionnaires, résumés, schémas...) ;
- les écrits d'invention prenant appui sur les textes lus.

---

1. Les principes clés sont extraits des contenus ministériels :
   - « J'enseigne au cycle 3 » https://eduscol.education.fr/87/j-enseigne-au-cycle-3
   - « Lecture et compréhension de l'écrit au cycle 3 » : https://eduscol.education.fr/242/francais-cycle-3-lecture-et-comprehension-de-l-ecrit
2. Guide « Les stratégies de compréhension », Eduscol, 2016 et guide « La compréhension au cours moyen », Eduscol, 2022.

De même, lecture et étude de la langue doivent être constamment articulées : travail d'appropriation du lexique, grammaire de phrase et de texte (reprises anaphoriques ; choix des temps verbaux).
La lecture doit ainsi permettre l'observation, l'imitation et le réinvestissement dans l'écriture.

3. ÉVALUER

L'**évaluation** de la compréhension est complexe car l'activité de construction du sens requiert de nombreuses compétences : lire avec fluidité, faire des inférences, interpréter, prélever des informations dans un texte, dégager le thème d'un texte, réguler sa compréhension, déployer des stratégies pour surmonter un problème de compréhension.
Les attendus de fin de cycle sont :

- lire, comprendre et interpréter un texte littéraire adapté à son âge et réagir à sa lecture ;
- lire et comprendre des œuvres de plus en plus longues et de plus en plus complexes :
  - CM1 : 5 ouvrages de littérature de jeunesse et 2 œuvres du patrimoine ;
  - CM2 : 4 ouvrages de littérature de jeunesse et 3 œuvres du patrimoine.

REMARQUE

Pour choisir les œuvres à étudier, l'enseignant peut s'appuyer sur les listes d'œuvres préconisées par le ministère de l'Éducation nationale[1].

1. https://eduscol.education.fr/114/lectures-l-ecole-des-listes-de-reference

B - TRAITEMENT DU SUJET

1. LIRE ET ANALYSER LES DOCUMENTS DU CORPUS

Le **document 1** est un extrait du programme qui présente les attendus de fin de cycle 3 en ce qui concerne la compréhension et l'appropriation d'un texte littéraire. Les compétences à maitriser par les élèves sont suivies par des exemples de réussite plus précis, qui peuvent servir à construire des activités.
Le **document 2** est un extrait du manuel *Le nouveau Millefeuille*, publié par les Éditions Nathan en 2019. L'**objectif** de ces deux pages est d'amener les élèves à lire et comprendre un récit mettant en scène des personnages insolites. Il se compose d'un texte littéraire de Luis Sepulveda, *Histoire du chat et de la souris qui devinrent amis,* suivi d'un dispositif didactique visant la compréhension de l'extrait. Ce dernier comprend plusieurs étapes : des questions de compréhension littérales et fines ; une activité de lecture à voix haute qui met l'accent sur les sentiments d'un des personnages ; un débat autour des genres littéraires sollicitant la culture littéraire des élèves et enfin une production d'écrit, prenant ici la forme d'un dialogue.
Le **document 3** est un article écrit par Cécile Bessis et Raphaële Sallantin, intitulé « La compréhension en lecture au cycle 3 : des concepts, un outil diagnostique », et publié dans la revue *Développements* en 2012. Elles y définissent les inférences en distinguant deux types parmi elles. Elles rappellent également la nécessité de se représenter mentalement une histoire pour en mémoriser les informations principales et la comprendre.

2. RÉDACTION DE LA FICHE DE PRÉPARATION

<table>
<tr><td colspan="4">SÉANCE : Construction d'un outil d'aide à la compréhension : les procédures pour répondre à des questions de compréhension</td></tr>
<tr><td colspan="2">DATE : Octobre</td><td colspan="2">DOMAINE DU SOCLE COMMUN : 1</td></tr>
<tr><td>NIVEAU DE CLASSE :
CM1</td><td>NOMBRE D'ÉLÈVES :
26</td><td>SÉANCE N° :
3</td><td>DURÉE :
55 minutes</td></tr>
<tr><td colspan="2">PLACE DE LA SÉANCE DANS LA SÉQUENCE :
Séance 1 - Construire une représentation mentale
Séance 2 - Entrainement : combler les blancs du texte pour construire progressivement une représentation mentale, extrait de Les Passe-vents de A. Grousset
Séance 3 - Construction d'un outil d'aide à la compréhension : les procédures pour répondre à des questions de compréhension
Séance 4 - Entrainement pour l'appropriation de la procédure avec un autre texte, extrait de Pinocchio de C. Collodi
Séance 5 - Atelier : réaliser des inférences (sur des énoncés courts)</td><td colspan="2">INTITULÉ DE LA SÉQUENCE :
L'enseignement explicite de la compréhension</td></tr>
<tr><td colspan="2">OBJECTIFS DE LA SÉANCE :
Construire un outil d'aide à la compréhension : les différentes procédures pour répondre à des questions de compréhension.</td><td colspan="2">PRÉREQUIS :
Identifier les principales informations dans un texte.
Relever des indices textuels.</td></tr>
<tr><td colspan="2">COMPÉTENCES VISÉES :
Identifier des stratégies utilisées pour répondre à des questions.
Répondre à des questions de compréhension en prenant conscience de la manière de répondre.
Comprendre un texte littéraire (compréhension littérale et fine).</td><td colspan="2">MATÉRIEL – SUPPORTS :
Extrait du texte de L. Sepulveda, Histoire du chat et de la souris qui devinrent amis : une photocopie par élève.</td></tr>
</table>

PHASE 1
DURÉE PRÉVUE : 15 minutes
MODALITÉ : individuel

Consigne	Tâche des élèves	Rôle de l'enseignant
1. Explicitation de l'objectif de la séquence aux élèves *Vous allez apprendre des stratégies pour vous aider à mieux comprendre les textes. Est-ce que quelqu'un sait ce que signifie le mot « stratégie » ?*	1. Les élèves proposent des définitions.	1. Valider ou invalider les réponses, proposer de vérifier la définition dans le dictionnaire.
2. Découverte du texte de Sepulveda *Vous allez lire cet extrait d'un texte littéraire.*	2. Les élèves lisent silencieusement l'extrait.	2. Répondre aux questions concernant le lexique inconnu.
3. Discussion collective autour de la réception du texte *Que pensez-vous de ce texte ? Avez-vous aimé cette histoire ?*	3. Les élèves expriment leur ressenti face à cette œuvre littéraire.	

Différenciation :
Il est possible d'accompagner les élèves dans leur lecture afin qu'ils ne se découragent pas. Pour les élèves en grande difficulté de décodage, l'enseignant peut résumer l'histoire avant la découverte du texte.

REMARQUE
Il est très important d'expliciter l'objectif de la séquence afin que les élèves donnent du sens aux apprentissages.

PHASE 2
DURÉE PRÉVUE : 10 minutes
MODALITÉ : individuel

Consigne	Tâche des élèves	Rôle de l'enseignant
Questionnaire de lecture *Vous allez répondre aux questions 1, 3 et 9 p. 14* (cf. doc 2) et *pour chacune des questions, vous allez souligner dans le texte ce qui vous a permis de répondre.* 1) Qui sont Max, Mix et Mex ? À la lecture du texte, que sait-on de chacun d'eux ? 3) À quelle saison se passe cette histoire ? Justifie ta réponse. 9) Pourquoi le voleur s'enfuit-il ?	Certains élèves reformulent ce qu'ils ont compris des questions.	S'assurer que tous les élèves ont compris le travail à effectuer. Pour la première question, mentionner le portrait physique et moral.

Critères de réussite :
Être capable de répondre précisément à une question.

REMARQUE
Les trois questions de la rubrique « Je comprends » ont été retenues pour répondre à l'objectif visé : l'identification des procédures pour répondre aux questions. Elles font appel à des procédures variées et portent sur les différents éléments narratifs.

PHASE 3
DURÉE PRÉVUE : 10 minutes
MODALITÉ : oral/collectif

Consigne	**Tâche des élèves**	**Rôle de l'enseignant**
Mise en commun des réponses par groupe *En groupe vous allez mettre en commun vos réponses et ce que vous avez souligné. Il faudra que vous expliquiez au reste de la classe comment vous avez fait pour répondre aux questions.*	Les élèves échangent en groupes de 3. Ils désignent un rapporteur pour la phase de correction collective orale.	Passer dans les groupes, repréciser les consignes. Recadrer les échanges si ces derniers s'éloignent de l'objectif visé.

Critères de réussite :
Être capable de participer à un échange : écouter les autres, prendre la parole, défendre une idée.

REMARQUE
L'échange entre pairs autour des stratégies utilisées s'avère fructueux car certains élèves en difficulté peuvent observer comment les autres élèves font pour trouver les réponses.

PHASE 4
DURÉE PRÉVUE : 20 minutes
MODALITÉ : oral/collectif

Consigne	**Tâche des élèves**	**Rôle de l'enseignant**
1. Mise en commun des réponses Identification des différentes stratégies utilisées par les élèves.	1. Un rapporteur par groupe donne la réponse et explique comment celui-ci a procédé pour trouver la réponse. Les autres élèves vérifient ce qu'ils ont surligné dans le texte et complètent si besoin. Les élèves discutent des différentes stratégies.	1. Faire préciser aux élèves les procédures qu'ils ont utilisées pour répondre. Les aider à les formuler si nécessaire.

	Réponses attendues : *1) Max est un homme qui est souvent absent cf. paratexte* « partant au travail »*. Pour répondre j'ai relevé une information écrite dans le texte.* *Mix est un chat aveugle, cf. paratexte* « vieux » « aveugle »*. Mex est une souris peureuse (cf.* « Je suis une souris très trouillarde, la plus trouillarde des souris, je te l'ai dit, cria Mex en cherchant refuge entre les pattes de son ami. » *l. 17-19*; « je meurs de peur » répété l. 17 et 26; *l. 27-28* « une souris trouillarde »*). Pour répondre j'ai mis en relation plusieurs informations relevées dans le texte.* *3) Au printemps. Pour répondre j'ai relevé une information écrite dans le texte* « le début du printemps »*.* *9) Le voleur s'enfuit parce qu'il croit qu'il y a quelqu'un dans l'appartement. Pour répondre, j'ai déduit la réponse à partir des données du texte et de mes connaissances personnelles.*	

2. <u>Réalisation d'une fiche synthétisant les stratégies retenues précédemment, représentées avec des symboles</u> « J'ai répondu à la question en : 1. reformulant un élément relevé dans le texte 🔍 2. réunissant plusieurs informations relevées dans le texte 🔍 🔍 3. ajoutant mes propres connaissances aux informations relevées dans le texte 💡 »	2. Les élèves recopient la fiche.	2. Passer dans les rangs pour regarder la trace écrite recopiée par les élèves.
3. <u>Bilan</u> *Aujourd'hui vous avez identifié plusieurs procédures pour répondre à des questions et comprendre un texte. Lors de la prochaine séance, vous vous entrainerez à utiliser ces procédures pour comprendre un nouveau texte.*	3. Les élèves écoutent le bilan.	3. Récapituler ce que les élèves ont appris pendant la séance.

Critères de réussite :
Être capable de prendre la parole devant le groupe classe.
Pour le rapporteur, être capable de restituer ce qui a été dit dans le groupe.
Être capable d'écouter les réponses des autres groupes et de compléter ses réponses (relevé textuel).

REMARQUES

1. Choix de la mise en commun collective : l'enseignement de stratégies passe par l'explicitation et la prise de conscience de l'élève à travers la verbalisation, la discussion et le débat.
Réponse à la question 3 : au début du texte, la réponse n'est pas écrite : les élèves peuvent inférer et la déduire à partir des indices relevés dans le texte et leurs connaissances personnelles
Réponse à la question 9 : l'élève doit inférer. Il déduit la réponse des éléments du texte et de sa réflexion ; en effet, la souris appuie sur la télécommande, la télévision s'allume et on entend une femme parler : « la voix mélodieuse d'une femme saluant le début du printemps remplit tous les coins de la maison » l. 41-42. Le voleur pense alors que l'appartement est occupé et s'enfuit.

2. Représenter chacune des stratégies par un symbole permet aux élèves de désigner les procédures utilisées plus facilement et rapidement lors des exercices ultérieurs.

3. Pour donner du sens aux apprentissages, il est utile de faire un bilan en fin de séance pour synthétiser ce que les élèves ont appris lors de la séance.

3. PRÉPARER L'EXPOSÉ ET L'ENTRETIEN

a) Introduction

La séance que je vais vous présenter concerne l'enseignement explicite de la compréhension dans une séquence de français en classe de CM1. Elle se déroule au cours de la période 1. Elle aura une durée de 50 minutes. Il s'agit de la troisième séance de la séquence. Lors des deux premières séances, les élèves ont travaillé sur la construction d'une représentation mentale au fil de la lecture d'un texte : il s'agit de les amener à construire le film de l'histoire au fur et à mesure de la lecture. Pour construire cette séance, je me suis appuyé(e) sur le corpus de documents fournis par le dossier. Le **document 1** rappelle les attendus de fin d'année de CM1 dans le domaine de la compréhension. Le **document 2**, extrait du manuel *Le nouveau Millefeuille* publié par les Éditions Nathan en 2019, vise la compréhension d'un texte littéraire, l'*Histoire du chat et de la souris qui devinrent amis* de L. Sepulveda. Cet extrait contient des informations implicites. Pour le comprendre, le lecteur doit se faire une représentation mentale de la scène et des motivations des personnages. Le **document 3** explicite différents types d'inférences et la nécessité d'une construction mentale. L'objectif de cette séance est de construire un outil d'aide à la compréhension comprenant les différentes stratégies pour répondre à des questions de compréhension. Plus précisément, les sous-objectifs de cette séance sont de rendre l'élève capable de :
- identifier des stratégies utilisées pour répondre à des questions ;
- répondre à des questions de compréhension en prenant conscience de la manière de répondre ;
- comprendre un texte littéraire (compréhension littérale et fine).

Voici le déroulé et les composantes didactiques et pédagogiques de cette séance.

b) Conclusion

Dans cette séance, les élèves ont appris à identifier des stratégies pour répondre à des questions visant la compréhension d'un texte littéraire. Dans la séance suivante, les élèves vont s'entrainer à repérer ces procédures pour comprendre un extrait de *Pinocchio* de Collodi. L'enseignant pourra fournir aux élèves un questionnaire renseigné et ils auront à classer les réponses dans les trois procédures mises en lumière dans la séance 1. Par la suite, lors de chaque séance de compréhension, grâce à l'affichage dans la classe, les élèves se référeront aux différentes stratégies. Dans toutes les séances de cette séquence, il s'agit d'amener les élèves à être actifs lors de l'acte de lecture, à adopter une attitude réflexive, en suscitant chez eux un questionnement par rapport au texte et à l'activité de la lecture.

c) Question du jury

Quelles autres stratégies pouvez-vous faire acquérir aux élèves pour les aider à mieux comprendre les textes littéraires ?

Plusieurs stratégies peuvent être envisagées :

- déterminer les informations importantes et les mémoriser ;
- construire des représentations mentales intermédiaires ;
- s'intéresser aux relations logiques (en particulier causales) ;
- apprendre à questionner le texte ;
- contrôler et réguler sa compréhension, par exemple moduler son rythme de lecture.

Sur Lea.fr

Retrouvez deux autres questions du jury

Sujet n° 4 : Lire dans toutes les disciplines au CM2

Vous souhaitez travailler la compréhension des textes documentaires en classe de CM2. Quelle séance de découverte proposeriez-vous en période 5 ? Vous préciserez le déroulement de votre séance, l'activité des élèves et le rôle de l'enseignant.

CORPUS DE 3 DOCUMENTS

Document 1. Programme du cycle 3

Comprendre des textes, des documents et des images et les interpréter
Contrôler sa compréhension et devenir un lecteur autonome

CONNAISSANCES ET COMPÉTENCES ASSOCIÉES	EXEMPLES DE SITUATIONS, D'ACTIVITÉS ET DE RESSOURCES POUR L'ÉLÈVE
• Être capable de s'engager dans une démarche progressive pour accéder au sens. • Être capable de mettre en relation différentes informations. • Être capable d'identifier les différents genres représentés et de repérer leurs caractéristiques majeures.	• Identification de la nature et de la source des documents. • Apprentissage explicite de la mise en relation des informations dans le cas de documents associant plusieurs supports (texte, image, schéma, tableau, graphique...) ou de documents avec des liens hypertextes. • Activités permettant de construire la compréhension : recherche d'informations, mobilisation des connaissances lexicales, écrits de travail (listes, prise de notes) ; repérage de mots de liaison ; réponses à des questions demandant la mise en relation d'informations, explicites ou implicites (inférences), dans un même document ou entre plusieurs documents ; justifications de réponses. **Supports :** textes documentaires simples, documents composites (associant textes, images, schémas, tableaux, graphiques, etc., comme une double-page de manuel), documents iconographiques (tableaux, dessins, photographies), documents numériques (documents avec des liens hypertextes, documents associant texte, images - fixes ou animées -, sons).

Document 2. Manuel *Le nouveau Millefeuille*, © Éditions Nathan, 2019, pp. 36-37.

3 Lire des textes documentaires géographiques

• Quand tu entends le mot « pôle », à quoi penses-tu ?

LES DEUX BOUTS DU MONDE

Aux extrémités nord et sud de la Terre se trouvent de vastes étendues de glace : les régions polaires. Le pôle Nord est situé dans l'océan glacial arctique. La plus grande île arctique est le Groenland. Le pôle Sud se trouve au cœur d'un continent, l'Antarctique. Plus on approche des pôles, plus les jours et les nuits durent longtemps. Il fait très froid, car les rayons du soleil sont rasants et la blancheur du paysage renvoie 90 % de la chaleur. Le blizzard est un vent glacial, qui peut atteindre 200 km/h !

Différents pôles

Notre planète tourne sur elle-même autour d'un axe imaginaire qui la traverse de part en part. Aux extrémités de cet axe se situent le pôle Nord et le pôle Sud géographiques. Les pôles magnétiques sont ceux vers lesquels se dirigent les aiguilles des boussoles.

« Si un jour vous êtes perdu au pôle, sans savoir lequel, il existe un moyen sûr de vous y reconnaître. Vous croisez un ours blanc, c'est le pôle Nord... Vous rencontrez un manchot, c'est le pôle Sud... » disait le commandant Charcot, explorateur et scientifique.

Les frontières de l'Antarctique

La zone antarctique se situe à l'intérieur d'une « ligne de convergence », bande de 30 à 50 km de large recouverte d'épaisses brumes, où les eaux froides de l'océan Austral rencontrent les eaux plus chaudes des océans Pacifique, Indien et Atlantique. Au nord de cette ligne, la faune et la flore se diversifient.

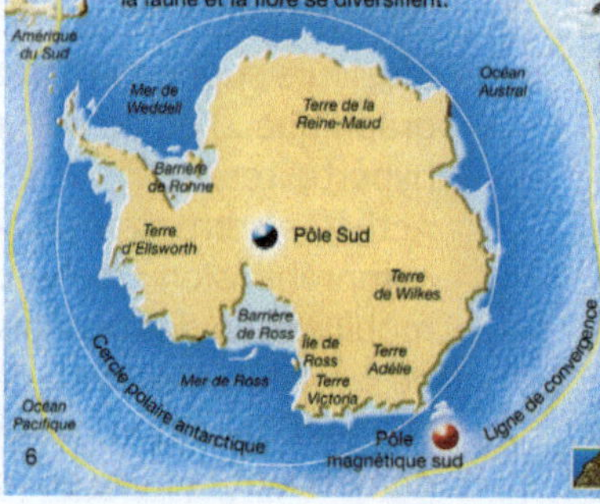

Le poids de la glace

Une couche de glace et de neige, qui atteint par endroits 4 800 m d'épaisseur, recouvre le continent Antarctique. Sous le poids de cette calotte glaciaire, la majeure partie des terres se sont enfoncées en dessous du niveau de la mer. Seuls dépassent quelques sommets montagneux, appelés « nunataks ».

6

Je comprends

1. Quels éléments composent ce document ?
2. Qu'est-ce qui caractérise les régions polaires ?
3. Trouve-t-on des manchots au pôle Nord ?
4. Par quoi sont produites les aurores polaires ?
5. Où se trouve la toundra ? Comment as-tu fait pour répondre ?
6. Pourquoi dit-on « l'océan » Arctique et « le continent » Antarctique ?
7. Quelle est l'épaisseur de la couche de glace au pôle Sud ?
8. Quelles plantes rencontre-t-on dans la taïga ? dans la toundra ?
9. Cherche le nom d'explorateurs des pôles.

36

© Fleurus Éditions, 2005 « Les PÔLES », collection « LA GRANDE IMAGERIE », E. Beaumont, C. Franco, Illustrations de J. Dayan.

Je lis à haute voix

- Lis un paragraphe de ton choix. Entraine-toi à prononcer les noms propres ou les mots rares.

débat **Échangeons autour du texte**

- Aimerais-tu randonner dans un des pôles ? Lequel ? Pourquoi ?

J'ajoute une phrase au documentaire

- Écris une phrase pour dire quels animaux vivent en Antarctique. Tu peux t'aider en consultant d'autres documentaires sur cette partie du monde.

Document 3. Trace écrite élaborée au cours de l'année et complétée au fur et à mesure

> Il existe différents types de textes :
> **Le texte narratif**
> **La finalité** : raconter un événement, une histoire
> **Les indices** : des verbes d'actions, des compléments circonstanciels de temps et de lieu, des verbes au passé simple et à l'imparfait
> **Où le trouve-t-on ?** dans les romans, les albums, les journaux
>
> **Le texte descriptif**
> **La finalité** : donner à voir, représenter un objet, une personne, un paysage
> **Les indices** : des GN contenant des expansions, un champ lexical précis, le lexique des sensations, des verbes au présent ou à l'imparfait, un texte organisé
> **Où le trouve-t-on ?** dans les romans, les albums

A - CONNAISSANCES DIDACTIQUES ET PÉDAGOGIQUES À MOBILISER

Aux cycles 2 et 3, dans l'ensemble des domaines scolaires, les élèves sont amenés à lire et à comprendre différents types de textes et documents (textes informatifs, explicatifs, documentaires, images, schémas, graphiques, tableaux, etc.). Au cycle 2, les élèves travaillent les textes informatifs : « La pratique de ces textes les conduit à élargir le champ de leurs connaissances, à accroître les références et les modèles pour écrire, à multiplier les objets de curiosité ou d'intérêt, à affiner leur pensée. »[2] Au cycle 3, l'apprentissage du texte informatif et documentaire s'intensifie.

REMARQUE

Se reporter aux principes généraux sur la compréhension dans la Partie 1, sujet n° 2 « Comprendre un texte littéraire au cycle 3 ».

1. APPRENDRE UN NOUVEAU MODE DE LECTURE

L'enseignant doit amener les élèves à identifier la nature et la source du document, ainsi qu'à mettre en relation les informations quand le document comporte des supports différents (image, texte…). Les élèves sont davantage habitués aux textes narratifs. Il s'agit d'apprendre aux élèves un nouveau mode de lecture lié aux différents types de

1. Les principes clés sont extraits des contenus ministériels :
   - Programme cycle 2 : https://cache.media.eduscol.education.fr/file/A-Scolarite_obligatoire/24/5/Programme2020_cycle_2_comparatif_1313245.pdf
   - Programme cycle 3 : https://cache.media.eduscol.education.fr/file/A-Scolarite_obligatoire/37/5/Programme2020_cycle_3_comparatif_1313375.pdf
   - Ressources Eduscol : « La compréhension des textes informatifs et documentaires » : https://cache.media.eduscol.education.fr/file/Lecture_Comprehension_ecrit/88/2/RA16_C3_FRA_07_lect_comp_compr_N.D_612882.pdf
   - « Lire et comprendre des documents qui associent textes, images et schémas : Un exemple de séquence » https://cache.media.eduscol.education.fr/file/Lecture_Comprehension_ecrit/90/8/RA16_C3_FRA_19_lect_activ_biod_N.D_612908.pdf
2. Programme du cycle 2, p. 11.

textes et types d'écrits rencontrés. Les textes informatifs et les documentaires composites supposent une lecture non linéaire : les élèves doivent appréhender la globalité de la page en repérant les blocs d'informations (identifier les paragraphes avec leur titre; faire un va-et-vient entre les différents supports qui se complètent, par exemple relier les mots spécialisés et leur définition qui se trouvent dans la page soit sur le côté, soit en note de bas de pages, mettre en relation le texte et les schémas, illustrations...); la **démarche** de compréhension est ainsi rétrospective : les élèves mettent en relation les informations nouvelles avec celles déjà lues.

2. CONNAITRE LES CARACTÉRISTIQUES DU TEXTE INFORMATIF ET DOCUMENTAIRE

Le texte informatif ou documentaire a pour but d'apporter des connaissances et de fournir des explications sur un sujet donné. Il présente les caractéristiques suivantes qu'il convient d'analyser avec les élèves :

- le découpage en paragraphes qui traitent chacun d'une idée principale avec des titres visibles,
- un lexique spécialisé,
- une énonciation objective (absence du « je »),
- des mots clés souvent mis en relief (en gras),
- l'utilisation du présent de l'indicatif,
- la présence de différents éléments visuels qui peuvent faire l'objet d'un classement : voir le tableau[1] ci-après.

LES ÉLÉMENTS VISUELS DU TEXTE INFORMATIF	
FONCTION	**ÉLÉMENTS**
Éléments qui organisent l'information	Chapitres Titres Sous-titres Intertitres
Éléments qui expliquent l'information	Diagrammes Tableaux Graphiques Glossaire
Éléments qui illustrent l'information	Photographies Illustrations
Éléments qui mettent en évidence l'information	Caractères gras Caractères en italique et autres changements de caractères

Pour amener les élèves à identifier ces différentes caractéristiques, l'enseignant propose des activés de tri, de classement, de comparaison de plusieurs documents, de transcodage (c'est-à-dire transformer un support en un autre support, par exemple transformer une illustration en texte).

1. « La compréhension des textes informatifs et documentaires », *op. cit, p. 2.*

3. METTRE EN PLACE DES ACTIVITÉS SPÉCIFIQUES POUR FACILITER LA COMPRÉHENSION DES TEXTES DOCUMENTAIRES

Différentes activités peuvent être proposées aux élèves pour travailler la compréhension, notamment pour identifier et comprendre les différentes informations fournies par le document :

- repérer le thème d'un paragraphe,
- ajouter les connecteurs entre deux paragraphes,
- écrire les mots clés en marge du texte,
- réaliser une carte mentale,
- identifier l'information essentielle (explicite ou implicite) d'un paragraphe,
- écrire un texte informatif.

4. ÉVALUER

Les activités spécifiques pour faciliter la compréhension des textes documentaires peuvent être également utilisées pour évaluer la compréhension des textes documentaires. Les attendus de fin de cycle sont les suivants :

- pour le cycle 2 : lire et comprendre des textes variés, adaptés à la maturité et à la culture scolaire des élèves ;
- pour le cycle 3 : lire et comprendre des textes et des documents (textes, tableaux, graphiques, schémas, diagrammes, images) pour apprendre dans les différentes disciplines.

B - TRAITEMENT DU SUJET

1. LECTURE ET ANALYSE DES DOCUMENTS DU CORPUS

Le **document 1** est un extrait du programme du cycle 3 : ce tableau présente dans la colonne de gauche les compétences visées et dans la colonne de droite des exemples d'activités possibles pour travailler ces compétences. On retiendra notamment l'apprentissage explicite de la mise en relation des différentes informations quand le document est composite et le travail de la compréhension au travers de questions, de relevés d'indices textuels.

Le **document 2** est un extrait du manuel *Nouveau Millefeuille CM2*, publié par les Éditions Nathan en 2019. L'objectif de ces deux pages est d'amener les élèves à lire et comprendre un texte documentaire qui porte sur les régions polaires. Il commence par aborder la notion dans une introduction générale, puis associe différents textes à plusieurs illustrations (photographies, schémas). Cette double page de manuel présente les différentes caractéristiques des textes informatifs : des éléments composites et des textes écrits au présent de l'indicatif, contenant des champs lexicaux précis et des données chiffrées. Le document est suivi d'un dispositif didactique visant la compréhension de l'extrait. Ce dernier comprend plusieurs étapes : des questions de compréhension littérale et fine ; une activité de lecture à voix haute qui met l'accent sur les mots rares ou les noms propres à prononcer correctement ; une discussion sur l'expression d'un choix entre les deux pôles ; enfin la production d'une phrase comme complément au texte documentaire.

Le **document 3** est formé de deux traces écrites rédigées par les élèves de la classe en cours d'année. Elles définissent les types de textes narratif et descriptif en précisant leurs caractéristiques formelles, l'enjeu de communication et les documents dans lesquels on peut les trouver.

2. RÉDACTION DE LA FICHE DE PRÉPARATION

<table>
<tr><td colspan="4">SÉANCE : Découverte et analyse de plusieurs textes informatifs/documentaires</td></tr>
<tr><td colspan="2">DATE : Mai</td><td colspan="2">DOMAINE DU SOCLE COMMUN : 1</td></tr>
<tr><td>NIVEAU DE CLASSE :
CM2</td><td>NOMBRE D'ÉLÈVES :
23</td><td>SÉANCE N° :
1</td><td>DURÉE :
50 minutes</td></tr>
<tr><td colspan="2">PLACE DE LA SÉANCE DANS LA SÉQUENCE :
Séance 1 - Découverte et analyse de plusieurs textes informatifs/ documentaires
Séance 2 - Mise en commun et trace écrite : les caractéristiques du texte informatif/ documentaire
Séance 3 - Écriture d'un texte informatif/ documentaire en groupes : phase de recherche des idées (recherche documentaire)
Séance 4 - Écriture et révision
Séance 5 - Finalisation de l'écrit sous forme d'une affiche (choix des images, tableaux… à ajouter au texte)</td><td colspan="2">INTITULÉ DE LA SÉQUENCE :
Connaitre les textes informatifs et documentaires</td></tr>
<tr><td colspan="2">OBJECTIFS DE LA SÉANCE :
Découvrir les caractéristiques des textes informatifs.</td><td colspan="2">PRÉREQUIS :
Repérer le thème d'un texte.
Identifier les principales informations dans un texte.
Relever des indices textuels.</td></tr>
<tr><td colspan="2">COMPÉTENCES VISÉES :
Être capable de :
• comparer des documents ;
• mettre en relation différentes informations dans le cas de documents associant plusieurs supports : image, texte, carte ;
• comprendre un texte informatif (compréhension littérale et fine).</td><td colspan="2">MATÉRIEL – SUPPORTS :
Corpus de 5 documents composé de trois textes informatifs et de deux textes narratifs[1], dont E. Beaumont, C. Franco, Les Pôles, Fleurus, 2005 (doc 2) ; tableau d'analyse des documents (phase 4).</td></tr>
</table>

1. Suggestion de corpus :
Texte 2 : Extrait de J. London, *Croc-Blanc*, 1906 ;
Texte 3 : « Même pas froid ! Les animaux des pôles », Éléphant junior, aout 2019 ;
Texte 4 : Extrait de C. Solé, *Alika et les Grizzlis*, École des loisirs, 2019 ;
Texte 5 : Extrait de L. Quentin, C. Reisser, *Les Terres de glace*, Éditions Nathan, 2005.

PHASE 1
DURÉE PRÉVUE : 5 minutes
MODALITÉ : individuel

Consigne	Tâche des élèves	Rôle de l'enseignant
Découverte et lecture individuelle des textes *Vous vous rappelez le travail que nous avons fait sur le texte narratif et descriptif. Dans cette nouvelle séquence, nous allons aborder un autre type de texte : le texte informatif/documentaire. Je vous distribue cinq documents. Vous allez en prendre connaissance, c'est-à-dire les observer silencieusement (identifier leur source, leur organisation, les différents éléments qui les composent).*	Les élèves observent les documents en silence.	Répondre aux questions liées au vocabulaire. En profiter pour rappeler la procédure utilisée depuis le début de l'année pour définir un mot que l'on ne connait pas (formation du mot + contexte).

Critères de réussite :
Être capable d'observer des documents de manière fine, d'effectuer une lecture en diagonale pour en repérer les principaux éléments.

REMARQUE
Apprendre aux élèves la lecture sélective ou de « survol » permet de les faire entrer progressivement dans la compréhension du texte.

PHASE 2
DURÉE PRÉVUE : 10 minutes
MODALITÉ : oral/groupes

Consigne	Tâche des élèves	Rôle de l'enseignant
Tri et classement des textes *Vous allez vous mettre par groupes de 5.* *Vous allez trier et classer ces différents textes. Je ne vous donne pas de critère. C'est à vous d'en trouver un.*	Les élèves discutent et argumentent. Ils se mettent d'accord sur un critère de classement.	Passer dans les groupes. Préciser aux élèves qu'une fois leur critère trouvé, ils doivent vérifier s'il permet de classer tous les textes. Si ce n'est pas le cas, ils doivent en trouver un autre.

Critères de réussite :
Être capable de comparer des textes, de trouver des points communs et des différences.

REMARQUE

La classe est répartie en 4 groupes constitués de manière hétérogène afin que les élèves puissent confronter les démarches utilisées et apprendre de leurs pairs.

PHASE 3
DURÉE PRÉVUE : 10 minutes
MODALITÉ : oral/collectif

Consigne	Tâche des élèves	Rôle de l'enseignant
Correction collective *Chaque groupe va expliquer comment il a classé ces 5 textes et quel critère il a retenu.*	Les différents groupes donnent leur réponse. Chaque critère est discuté et validé par la classe. Réponses attendues : • soit documents composés uniquement d'un texte/documents contenant plusieurs supports (image, schéma) ; • soit 2 textes narratifs/3 textes explicatifs.	Noter les différents critères au tableau. Demander aux élèves de justifier leur classement par des indices textuels.

Critères de réussite :

- Être capable de s'exprimer devant le groupe classe pour le rapporteur du groupe.
- Être capable de participer à un échange, d'émettre un avis sur les réponses des autres élèves.

REMARQUE

Il est important de demander aux élèves de justifier leurs réponses par un retour au texte, ce qui permet de travailler la prise d'indices pertinents et donc la compréhension littérale et fine (cf. doc 1). Pour ce type de documents, les élèves préciseront dans quel support ils ont trouvé la réponse (dans le texte, les illustrations, les cartes...).

PHASE 4 DURÉE PRÉVUE : 25 minutes MODALITÉ : écrit/binômes, oral/binômes		
Consigne	**Tâche des élèves**	**Rôle de l'enseignant**
<u>Approfondissement de l'analyse des textes documentaires en comparaison avec les textes narratifs</u> *1. Vous allez maintenant remplir le tableau suivant*[1]*. Nous allons lire les entrées du tableau ensemble. Vous vous en souvenez peut-être ; ce sont les mêmes que pour les textes narratifs et descriptifs que nous avons déjà étudiés :* a) Dans quel but ce document a-t-il été écrit ? b) Quels sont les éléments présents dans le document (texte, image, graphique...) ? c) Quelles sont les caractéristiques du texte (structure, style, lexique) ? d) Où peut-on trouver ce document ? Dans quel type d'ouvrages ? *Nous allons remplir ensemble le tableau pour le texte 1. Relisez d'abord le texte.*	1. Les élèves écoutent l'enseignant expliciter les consignes et certains les reformulent avec leurs propres mots. Les élèves répondent aux questions de l'enseignant correspondant aux entrées du tableau : *a) Il a été écrit pour donner des informations et des explications sur les pôles.* *b) Il comprend des textes, des images, des cartes, de photos, des schémas.* *c) Il y a des verbes au présent, des champs lexicaux spécialisés, des données chiffrées.* *d) On le trouve dans des magazines, des encyclopédies, des manuels.*	Expliciter les consignes. Si besoin, demander aux élèves de retrouver dans leur cahier le même tableau rempli pour les textes narratifs et descriptifs. Revenir en particulier sur l'entrée « Les caractéristiques du texte (structure, style, lexique) » en donnant des exemples (les GN, le temps des verbes, les mots utilisés...) Demander ensuite à plusieurs élèves de reformuler les consignes. Donner à chaque groupe un texte narratif et un texte informatif à analyser.

1. Tableau d'analyse des documents

Documents	Dans quel but ce document a-t-il été écrit ?	Éléments présents dans le document (texte, image, graphique...)	Les caractéristiques du texte (structure, style, lexique)	Où peut-on trouver ce document ? dans quel type d'ouvrages ?
1				
2				
3				
4				
5				

2. *Je vais passer vous donner le numéro des textes que vous aurez à analyser en groupes.* Nous mettrons en commun et corrigerons vos réponses lors de la prochaine séance.	2. Les élèves remplissent ensuite les autres lignes du tableau.	2. Passer dans les groupes pour répondre aux questions éventuelles des élèves. Leur rappeler de chercher les réponses dans les documents.
Critères de réussite : Être capable de prélever des informations dans un texte pour répondre à une question..		
REMARQUE *Reprendre le même tableau que celui utilisé lors de précédentes séquences permet aux élèves de réinvestir leurs connaissances. Il favorise aussi le travail autonome. Pour remplir le tableau, les élèves doivent relire les textes, prélever des indices textuels, mettre en relation les différentes informations relevées (cf. doc 1).*		

3. PRÉPARATION DE L'ENTRETIEN

a) Introduction

La **séance** que je vais vous présenter concerne l'enseignement explicite de la compréhension dans une **séquence** de français en classe de CM2. Elle se déroule au cours de la période 5. Elle a une durée de 50 minutes. Il s'agit de la première séance de la séquence : le groupement de textes proposé aux élèves se compose de deux textes narratifs et de trois textes informatifs et documentaires. Pour construire cette séance, je me suis appuyée sur le corpus de documents fournis par le dossier. Le **document 1** est un extrait du programme du cycle 3 qui décrit les activités utiles à la compréhension des textes informatifs et documentaires. Le **document 2** est un extrait du manuel *Nouveau Millefeuille* publié par les Éditions Nathan en 2019. Il propose un texte documentaire sur les pôles et un dispositif didactique visant sa compréhension. Le **document 3** présente deux traces écrites définissant les caractéristiques des types de textes narratif et descriptif. L'**objectif** de cette séance est d'amener les élèves à découvrir des textes informatifs et documentaires en les comparant à des textes narratifs. Plus précisément, les sous-objectifs de cette séance sont de rendre l'élève capable de :

- mettre en relation différentes informations dans le cas de documents associant plusieurs supports : image, texte, carte ;
- comparer des documents ;
- comprendre un texte informatif (compréhension littérale et fine).

Voici le déroulé et les composantes **didactiques** et **pédagogiques** de cette séance.

b) Conclusion

Dans cette séance, les élèves ont comparé des textes narratifs et documentaires, afin d'observer les différentes caractéristiques du texte informatif et documentaire. Dans la séance suivante aura lieu la correction collective du tableau qui permettra de faire la synthèse des caractéristiques de ce type de texte. À la suite de cette séance, les élèves construiront la trace écrite qui viendra s'ajouter à celles proposées dans le **document 3**. Puis ils seront amenés à réinvestir ces connaissances dans la production écrite d'un texte documentaire.

c) Question du jury

Vous ne proposez pas de différenciation dans votre séance. En quoi pourrait-elle consister ?

L'enseignant pourrait prendre un groupe en charge lors des phases de recherche pour accompagner les élèves à prélever des informations dans le document ; il pourra rappeler aux élèves les procédures à utiliser pour rechercher une information explicite dans un texte, pour faire des inférences (informations implicites), pour dégager le thème d'un paragraphe. Ce groupe d'élèves pourra également ne traiter qu'un seul document (au lieu des deux documents traités par les autres groupes). L'enseignant pourrait également en amont de la séance montrer les documents à quelques élèves, leur résumer les textes afin qu'ils puissent plus rapidement entrer dans la phase de recherche avec les autres élèves lors du travail en groupes.

Sur Lea.fr

Retrouvez deux autres questions du jury

PARTIE 2

DIRE

- **Sujet n° 1 :** CONSCIENCE PHONOLOGIQUE EN GRANDE SECTION
- **Sujet n° 2 :** LANGAGE ORAL EN GRANDE SECTION
- **Sujet n° 3 :** LANGAGE ORAL AU CE1

Sujet n° 1 : Conscience phonologique en Grande Section

Dans le cadre de l'enseignement visant à préparer l'apprentissage de la lecture et de l'écriture à l'école maternelle, proposez une séance visant le développement des compétences liées à la conscience phonologique en classe de Grande Section. La séance s'inscrit dans une séquence portant sur les habiletés phonologiques. Elle se situe en début de période 2. Vous détaillerez le déroulement de cette séance en prenant soin d'expliciter vos choix didactiques et pédagogiques.

CORPUS DE 4 DOCUMENTS

Document 1. Extrait de « Pour préparer l'apprentissage de la lecture et de l'écriture à l'école maternelle », Eduscol, février 2020, pp. 30–31.

Évaluation des habiletés phonologiques

Évaluer régulièrement les habiletés phonologiques des élèves en portant une attention particulière à leurs progrès permet au professeur de réguler son enseignement et de proposer les activités les mieux adaptées aux besoins individuels qu'il identifie.

Attendus de fin de cycle 1 et observables

Objectif(s) visé(s)

Commencer à réfléchir sur la langue et acquérir une conscience phonologique.

Ce qui est attendu des élèves en fin d'école maternelle

- Repérer les régularités dans la langue à l'oral en français. Manipuler des syllabes;
- Discriminer des sons (syllabes, sons voyelles; quelques sons consonnes hors des consonnes occlusives).

L'enseignant observe que l'élève commence à réussir ou réussit régulièrement à...

- synchroniser le débit de la comptine ou jeu de doigts récité avec la gestuelle associée;
- réciter comptines et virelangues en prêtant attention aux assonances, aux allitérations et à l'articulation en jeu;
- scander et dénombrer les syllabes phoniques d'un mot en respectant les variations régionales. Ex : « e » final prononcé dans le sud de la France;
- reconnaître et discriminer une syllabe dans une liste de mots, dans un texte;
- trouver les mots pour produire de nouvelles rimes et assonances;
- pratiquer des opérations sur les syllabes de mots de points : enlever, ajouter, inverser, localiser, substituer (avec augmentation progressive de la longueur des mots à transformer);
- produire des pseudo-mots par combinaison de syllabes;
- isoler et discriminer un phonème dont l'articulation peut être maintenue (voyelles, /s/, /f/, /z/, etc.);
- localiser et coder la place d'un phonème dans le mot (première, deuxième... syllabe / début, milieu ou fin de mot);
- distinguer des sons proches (f/v, s/ch, s/z, ch/f, etc.).

Contexte, circonstances, dispositifs, activités...
Avec les supports suivants :
- comptines ;
- jeux de doigts ;
- virelangue ;
- jeux de langage : mots tordus, etc. ;
- listes de mots ;
- boîtes à mots ;
- images ;
- texte.

Pour les apprentissages suivants...
Réfléchir sur les unités sonores de la langue en se détachant du sens des mots.

Document 2. « Principes pour conduire son enseignement », Eduscol, février 2020

PRINCIPES POUR CONCEVOIR SON ENSEIGNEMENT

Principes généraux

Afin d'installer les conditions d'une écoute active, il s'agit d'éviter les distracteurs potentiels (bruit, affichages trop présents...). Pour cela l'enseignant est vigilant à installer les conditions d'une réelle autonomie des élèves qui ne participent pas à l'atelier de phonologie. Dans les séquences proposées, une organisation prenant en compte cette nécessité est suggérée.

Principe 1 : Un enseignement progressif au cycle 1

Les éléments ci-dessous permettent d'envisager une progressivité de cet apprentissage :
- La taille des unités phonologiques (mot puis syllabe puis phonème)
- La position de l'unité (début, fin, milieu pour les syllabes, rime, attaque, milieu du mot pour les phonèmes)
- Le degré de conscience de l'analyse : d'une sensibilité à... (manipulation sans intention particulière) vers une conscience de... (manipulation intentionnelle)
- Les opérations réalisées, certaines sont plus complexes que d'autres : comptage, manipulation (suppression, ajout, substitution, inversion...)

Principe 2 : Des modalités d'enseignement spécifiques

L'enseignement de la conscience phonologique est fondé sur des *activités courtes, fréquentes*, durant lesquelles l'enseignant mobilise fortement l'attention des élèves *dans une écoute active*. Cela nécessite
- Une sensibilisation grâce à des comptines, en amont d'une séance d'apprentissage pourra concerner l'ensemble des élèves.
- L'organisation *de petits groupes d'élèves* aux compétences assez homogènes lors *des activités guidées.*
- Les tâches de consolidation peuvent être réalisées sous forme de jeux, de manière autonome pour favoriser la répétition sous forme ludique. La création d'un espace dédié au sein de la classe favorise cette mise en œuvre.

Principe 3 : Des gestes professionnels à privilégier

Au début de chaque séance, il est nécessaire de rappeler ce qui a été appris précédemment afin de permettre aux élèves d'avoir une idée claire de ce qu'ils doivent activer pour réaliser le nouvel apprentissage ou l'entraînement demandé. En fin de séance un temps court de verbalisation de ce qui a été appris (et non de ce qui a été fait) facilitera la remobilisation durant la séance suivante.

Lorsque des supports imagés sont utilisés, s'assurer que les mots représentés sur les images sont connus des élèves et bien prononcés, ce point est encore plus crucial dans les activités autonomes.
Il est nécessaire de faire comprendre aux élèves que l'activité vise la forme sonore des mots mais pas leur sens (au contraire des activités de compréhension). Ils doivent donc se concentrer sur ce qu'ils vont entendre. L'enseignant veillera à bien articuler les mots pour faciliter cette analyse.
Point de vigilance : les syllabes traitées sont des syllabes orales, il faut donc veiller à ne pas prononcer les E en fin de mot (ex : girafe comprend deux syllabes orales : GI et RAF).

Principe 4 : Des obstacles potentiels pour les élèves

- La place des unités phonologiques à analyser (début, fin ou milieu du mot), ainsi que la longueur des mots peuvent être sources de difficultés chez certains élèves. Ces éléments constituent des variables de différenciation.
- Une des difficultés pour un jeune enfant est la capacité à se décentrer du sens du mot pour se concentrer sur sa forme sonore (exemple, analyser OURS comme un mot d'une syllabe et non pas comme un animal).
- L'écoute active reste difficile à obtenir chez certains élèves, la fréquence et la courte durée des activités phonologiques permettent un entraînement progressif de cette capacité. Les activités d'écoute musicale peuvent contribuer à l'améliorer.

Document 3. Activité pour dénombrer les syllabes

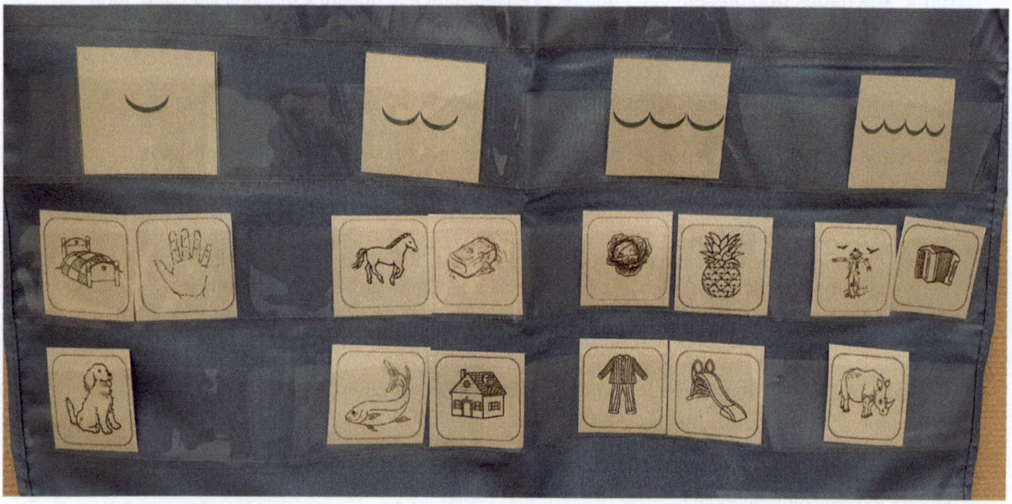

Document 4. Fiche jeu (d'après http//laclassedelaurene.blogspot.fr)

<table>
<tr><th colspan="5">Fiche jeu : La bataille des syllabes</th></tr>
<tr><td colspan="2" rowspan="3">Domaine : Mobiliser le langage dans toutes ses dimensions
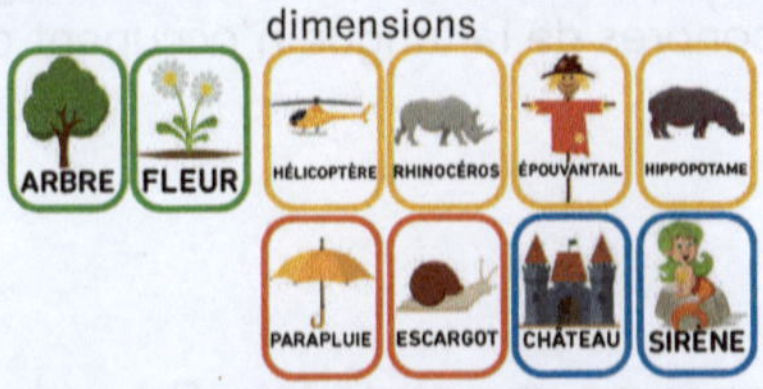
</td><td colspan="3">(Commencer à réfléchir sur la langue et acquérir une conscience phonologique)</td></tr>
<tr><td colspan="3">Compétences :
Savoir dénombrer les syllabes dans un mot</td></tr>
<tr><td colspan="3">Objectif : Gagner les batailles jusqu'à avoir récupéré toutes les cartes</td></tr>
<tr><th>Titre / n°</th><th>Déroulement</th><th>Enseignant/ATSEM</th><th>Matériel</th><th>Temps</th></tr>
<tr><td>1
Présentation du jeu</td><td>L'enseignant présente le jeu : chacun retourne la première carte de son paquet. Le mot qui comporte le + de syllabes l'emporte.</td><td>L'adulte questionne les enfants sur les illustrations utilisées pour vérifier que tout est clair et connu.</td><td>Cartes</td><td>25 min</td></tr>
<tr><td>2
Jeu dirigé</td><td>Note : cartes vertes / mots 1 syllabe
Cartes bleues / 2 syllabes
Cartes oranges / 3 syllabes
Cartes jaunes / 4 syllabes</td><td>L'enseignant valide avec le comptage des syllabes.</td><td></td><td>25 min</td></tr>
<tr><td>3
Autonomie</td><td>Lorsque la règle est bien assimilée, les enfants peuvent jouer au jeu en atelier autonome.</td><td></td><td></td><td>25 min</td></tr>
</table>

A - CONNAISSANCES DIDACTIQUES ET PÉDAGOGIQUES À MOBILISER

1. FAIRE LE LIEN AVEC LES PROGRAMMES : L'ACQUISITION ET LE DÉVELOPPEMENT DE LA CONSCIENCE PHONOLOGIQUE

« Pour pouvoir lire et écrire, les enfants devront réaliser deux grandes acquisitions :

- identifier les unités sonores que l'on emploie lorsqu'on parle français (conscience phonologique)
- comprendre que l'écriture du français est un code au moyen duquel on transcrit des sons (principe alphabétique).

Au cycle 1, les élèves apprennent à manipuler les sons de manière consciente, à les identifier, les dissocier, les observer pour les comparer. L'attention est portée sur les unités sonores du mot (syllabes, phonèmes) et non plus sur son sens.

L'enseignement suit une **progression** en démarrant par le plus simple : les syllabes et les sons voyelles, plus facilement identifiables. Les sons consonnes, parmi les plus accessibles, sont ensuite abordés.

1. Les principes clés sont extraits des guides ministériels « Pour enseigner le vocabulaire à l'école maternelle » et « Pour préparer l'apprentissage de la lecture et de l'écriture à l'école maternelle » https://eduscol.education.fr/124/deux-guides-pour-les-apprentissages-en-maternelle

Pour développer la conscience phonologique, l'enseignant privilégie le travail en petits groupes. Il conduit les enfants à décomposer volontairement ce qu'ils entendent en syllabes orales : en utilisant le frappé d'une suite sonore, en “découpant” oralement des mots connus en syllabes, en repérant une syllabe identique dans des mots à deux syllabes, puis en intervertissant des syllabes, toujours sans support matériel, ni écrit ni imagé. Ces jeux et activités structurées sur les constituants sonores de la langue n'occupent qu'une part des activités langagières. »[1]

2. LEXIQUE À MAITRISER SUR LE SUJET

Les termes à maitriser sont :

- **La syllabe** : unité de la langue qui se prononce en une seule fois. On parle ici de syllabe orale : phonème ou combinaison de phonèmes dont le noyau est une voyelle prononcée, parfois entourée d'une ou plusieurs consonnes. Exemple : « é-lé-phant » compte 3 syllabes.
- **Le phonème** : la plus petite unité sonore du langage oral représentée par une lettre ou un groupe de lettres. Exemple : la lettre « f » correspond au phonème [f], qui se prononce « fffff ». Il existe 36 phonèmes qui permettent de prononcer l'ensemble des mots de la langue française.
- **Le graphème** : lettre ou groupe de lettres qui transcrit un phonème.
- **Le principe alphabétique** : système selon lequel les mots écrits sont composés de lettres qui marquent les unités linguistiques, les phonèmes.
- **La conscience phonologique** : capacité à percevoir, à découper et à manipuler de façon intentionnelle les unités sonores d'un mot (syllabe, phonème).

3. DÉCOUVRIR LES SONS DE LA LANGUE

Avant l'apprentissage du principe alphabétique, les élèves n'ont pas conscience que les mots oraux peuvent être décrits comme des séquences de phonèmes. Par exemple, ils ne sont pas en capacité d'indiquer qu'il y a quatre phonèmes dans le mot « papa » car ils ont des difficultés à se représenter mentalement le /p/ et le /a/ du son [pa] comme deux entités distinctes. Les connaissances phonologiques dont ils disposent leur permettent au mieux de différencier des mots mais elles sont insuffisantes pour qu'ils puissent décomposer une syllabe en unités phonémiques. Toutefois, avant la prise de conscience des phonèmes, l'élève est capable d'opérer une analyse phonologique du langage oral indépendamment du sens des mots : il est capable par exemple de reconnaitre que deux mots se ressemblent sur le plan sonore parce qu'ils riment, ou de segmenter un mot oral en syllabes. Ces capacités, qui existent à l'âge de trois ans, reposent sur une sensibilité phonologique (être sensible aux sons qui composent un mot) et sur une conscience syllabique. La conscience phonémique relève d'un apprentissage systématique.

4. IDENTIFIER LES PHONÈMES

Il ne suffit pas de maitriser le langage oral pour accéder directement à la conscience phonémique. Le phonème étant la plus petite unité de la langue orale, il est plus complexe à isoler que la syllabe. En effet :

1. Programme d'enseignement de l'école maternelle, Arrêté du 18 février 2015, BOEN spécial n°2 du 26 mars 2015.

- les voyelles se prononcent isolément en raison de leurs caractéristiques articulatoires puisque, d'un seul geste phonatoire, ces phonèmes s'insèrent dans le nom de la lettre (sauf le Y) : ce sont des phonèmes vocaliques. Le « a » se prononce [a], le « i » se prononce [i]... Les voyelles sont à la fois des sons autonomes et des phonèmes. En français, les phonèmes vocaliques correspondent aussi à des syllabes (de type voyelle) et même à des mots (à, eux, y, eau, eut, ou, un, on);
- les consonnes ne sont pas des sons qu'on peut isoler; ce sont des phonèmes encodés de manière complexe dans un son, appelés phonèmes consonantiques. Il est plus difficile de se les représenter. Les consonnes ne se prononcent qu'en coarticulation avec une voyelle. Les phonèmes fricatifs (/f/, /s/, /v/, /z/, etc.) sont toutefois plus faciles à isoler car leur représentation peut être facilitée en prolongeant leur son (/ssss/). La représentation des phonèmes occlusifs est plus difficile car pour prononcer un phonème tel que /b/, /p/, /d/, /t/, /k/, ou /g/, il faut nécessairement lui associer un phonème vocalique.

5. PRÉPARER L'ENTRÉE DANS LA LECTURE

Lorsque l'enseignant amorce avec les élèves le développement de la conscience phonémique, les voyelles et les consonnes constrictives sont à privilégier car elles peuvent être plus facilement perçues et prolongées.
Grâce à l'apprentissage du système alphabétique, l'élève prend conscience des phonèmes. La prise de conscience des phonèmes consonantiques (au nombre de 17 parmi les 20 consonnes de l'alphabet) est facilitée par la présentation des lettres qui leur sont associées. Les capacités précoces d'analyse phonémique permettent de pronostiquer le futur niveau de lecture des enfants, même quand leur niveau de pré-lecture est pris en compte (vocabulaire, conscience syllabique, concepts sur l'écrit, etc.). Des corrélations élevées ont été mises en évidence entre les capacités d'analyse phonémique précoces et le niveau ultérieur de lecture, ce qui fournit un puissant argument en faveur de l'importance de ces capacités dans l'acquisition de la lecture.

6. CONSCIENTISER, FAIRE MANIPULER LES UNITÉS DE LA LANGUE

La prise de conscience des unités de la langue n'est pas spontanée. Il est nécessaire de mettre en place un enseignement spécifique, continu, structuré, progressif pour que l'élève, tout au long de l'école maternelle, puisse développer les différentes **compétences** dans le domaine de la phonologie : écouter, discriminer et manipuler les unités de langue.
Les **activités** de manipulation des unités de la langue doivent être diversifiées pour développer chez les élèves des opérations intellectuelles qui leur permettent d'acquérir et de mobiliser des procédures (fusion, suppression, substitution, localisation).

7. ADAPTER LES MODALITÉS D'ORGANISATION

Les modalités d'organisation sont variées et s'adaptent en fonction des besoins repérés chez les élèves et de leur avancée dans l'apprentissage.
Les activités dirigées peuvent être menées en grand groupe ou en petit groupe :
- du grand groupe vers le petit groupe : l'enseignant mène l'activité avec les élèves qui en ont le plus besoin;
- du petit groupe vers le grand groupe : à partir d'un nouvel apprentissage introduit en petit groupe, proposer des entrainements collectifs qui tiennent compte également de groupes de besoin.

Le petit groupe est à privilégier pour débuter un nouvel apprentissage ou pour les élèves les plus fragiles.

8. ÉVALUER

a) Attendus de fin de cycle 1

Les attendus en fin d'école maternelle sont :

- dire de mémoire et de manière expressive plusieurs comptines et poésies;
- repérer des régularités dans la langue à l'oral en français (éventuellement dans une autre langue);
- manipuler des syllabes;
- discriminer des sons (syllabes, sons-voyelles; quelques sons-consonnes hors des consonnes occlusives).

b) L'évaluation des acquis des élèves

Le suivi des acquis permet aux élèves de constater leur évolution. Cette évaluation s'effectue régulièrement en situation d'apprentissage, au cours des activités. L'enseignant conserve des traces de ces progrès dans le carnet de suivi des apprentissages.

c) Évaluer les progrès des élèves : conscience phonologique

L'enseignant définit les critères d'évaluation au moment de la conception de ses séances. Il se fixe des objectifs à atteindre et les critères qu'il utilise pour évaluer les élèves. En fonction de ces choix, il met en place les activités leur permettant de développer les compétences visées. Il leur explique ce sur quoi ils vont être évalués et dans quel but.
L'évaluation porte aussi sur la capacité de l'élève à transférer ces compétences. Par exemple :

- observer si les élèves sont capables de réaliser une segmentation syllabique pour pouvoir écrire un mot dans une situation d'encodage,
- observer si les élèves peuvent effectuer une épellation phonémique : [m][o][t][o] pour écrire « moto ». C'est le but des activités de conscience phonologique en maternelle.

B - TRAITEMENT DU SUJET

1. LECTURE ET ANALYSE DES DOCUMENTS DU CORPUS

Le document 1 est un outil institutionnel extrait du guide « Pour préparer l'apprentissage de la lecture et de l'écriture à l'école maternelle », édité par le ministère de l'Éducation nationale en février 2020. Il s'agit d'un focus sur l'évaluation des habiletés phonologiques.
Le document 2 est extrait des ressources Eduscol et s'intitule : « Principes pour concevoir son enseignement ». Après avoir présenté les principes généraux visant à favoriser l'écoute et l'implication des élèves, il présente les quatre principes clés à prendre en compte dans une séance de conscience phonologique : la progressivité de l'apprentissage tout au long du cycle, des modalités de travail spécifiques, des gestes professionnels à mettre en œuvre, des obstacles potentiels à connaitre.
Le document 3 est une photographie présentant le résultat d'une activité de tri de syllabes conduite en classe. Les élèves ont positionné les images en fonction du nombre de syllabes qui composent le mot illustré. Les mots choisis contiennent entre une et quatre syllabes.

Le document 4 est un outil enseignant issu du site Internet « http://laclassedelaurene.blogspot.fr ». Il présente la séquence de travail autour du jeu « La bataille des syllabes ». La compétence visée est de savoir dénombrer les syllabes d'un mot. La fiche présente la règle du jeu, le déroulement de la séquence en trois temps de 25 minutes chacun : présentation, jeu dirigé et atelier autonome. Il précise également le matériel nécessaire et le rôle des adultes : enseignant et Atsem.

2 - RÉDACTION DE LA FICHE DE PRÉPARATION

<table>
<tr><td colspan="4">SÉANCE : Localiser une syllabe dans le mot</td></tr>
<tr><td colspan="2">DATE : Novembre</td><td colspan="2">DOMAINE DU SOCLE COMMUN : 1</td></tr>
<tr><td>NIVEAU DE CLASSE :
Grande Section</td><td>NOMBRE D'ÉLÈVES :
19 (2 groupes de 6 + 1 groupe de 7)</td><td>SÉANCE N° :
4</td><td>DURÉE :
25 minutes</td></tr>
<tr><td colspan="2">PLACE DE LA SÉANCE DANS LA SÉQUENCE :
Séance 1 - Apprendre à frapper et à dénombrer le nombre de syllabes orales d'un mot. Découverte du symbole de la vague représentant une syllabe
Séance 2 - Apprendre à identifier une syllabe orale en début de mot
Séance 3 - Apprendre à identifier une syllabe orale en fin de mot
Séance 4 - Localiser une syllabe dans le mot
Séance 5 - Apprendre à transformer un mot en ajoutant une syllabe
Séance 6 - Apprendre à transformer un mot en supprimant une syllabe
Séance 7 - Apprendre à transformer un mot en remplaçant une syllabe
Séance 8 - Évaluation</td><td colspan="2">INTITULÉ DE LA SÉQUENCE :
Manipuler des syllabes</td></tr>
<tr><td colspan="2">OBJECTIFS DE LA SÉANCE :
Groupes en autonomie : apprendre à dénombrer les syllabes d'un mot. Renforcement de la notion découverte en séance 1.
Groupe dirigé : apprendre à dénombrer les syllabes orales d'un mot et à localiser une syllabe à l'intérieur du mot.</td><td colspan="2">PRÉREQUIS :
Identifier les syllabes d'un mot.</td></tr>
</table>

COMPÉTENCES VISÉES :	MATÉRIEL – SUPPORTS :
Être capable de : • dénombrer les syllabes orales qui composent un mot, • comparer le nombre de syllabes pour classer des mots, • identifier une syllabe orale en début de mot, • identifier une syllabe orale en fin de mot, • identifier une syllabe orale à l'intérieur du mot.	2 ateliers autonomes : 1 jeu de « La bataille des syllabes » par trinôme. 1 atelier dirigé : 1 ardoise et 1 feutre par élève ; étiquettes-images et étiquettes vagues ; tableau d'affichage mural à poches.

PHASE 1
DURÉE PRÉVUE : 2 minutes
MODALITÉ : oral/collectif

Consigne	Tâche des élèves	Rôle de l'enseignant
<u>Rappel des séances précédentes</u> *Qui peut rappeler comment on compte le nombre de syllabes d'un mot ?*	Réponse attendue : *On dit le mot et on lève un doigt à chaque syllabe prononcée. Le nombre de doigts levés correspond au nombre de syllabes dans le mot.*	Réguler les échanges, faire préciser, reformuler, solliciter la parole.

Critères de réussite :
Être capable d'expliquer comment dénombrer des syllabes orales à l'aide des doigts.

PHASE 2
DURÉE PRÉVUE : 5 minutes
MODALITÉ : oral/collectif

Consigne	Tâche des élèves	Rôle de l'enseignant
Passation des consignes *Les groupes 1 et 2, vous vous mettrez par 3 pour jouer au jeu de « La bataille des syllabes. » Qui peut nous expliquer les règles ?* (cf. doc 2) *Ces jeux vont vous permettre de vous entrainer à compter les syllabes. Cet entrainement vous prépare à l'apprentissage de la lecture que vous ferez au CP. Pour lire, on lit chaque syllabe du mot. Deux élèves joueront et le troisième sera l'arbitre, il vérifiera que le nombre de syllabes annoncé est correct. Il jouera ensuite contre le gagnant et le perdant deviendra arbitre à son tour. Enfin, c'est celui qui n'aura pas été arbitre qui le sera. Le groupe 3 va travailler avec moi, nous allons compter les syllabes et apprendre à situer une syllabe dans un mot.*	Réponse attendue : *On retourne une carte en même temps, chacun dit le mot et compte les syllabes. Celui qui a le plus de syllabes gagne les deux cartes. À la fin de la partie, c'est celui qui a le plus de cartes qui a gagné.*	Présenter chaque atelier en précisant l'objectif et les modalités de travail. Rappeler les règles du travail en groupe : parler doucement, participer, attendre son tour, écouter celui qui parle…

REMARQUE

Expliciter les objectifs et les compétences visées. Expliquer aux élèves pourquoi il leur est demandé de pratiquer telle activité. Cela favorise leur implication dans la tâche et guide leur attention sur l'objectif fixé (cf. doc 2).

PHASE 3
DURÉE PRÉVUE : 13 minutes
MODALITÉ : oral /groupes

Consigne	**Tâche des élèves**	**Rôle de l'enseignant**
Mise en ateliers • Groupes 1 et 2, en autonomie (cf. doc 4) • Groupe 3 avec l'enseignant (cf. doc 3) Les élèves sont assis en cercle sur un banc, face au tableau d'affichage mural à poches. *Aujourd'hui, nous allons revoir comment compter les syllabes qui composent un mot et nous apprendrons ensuite à trouver la place d'une syllabe que je vous dirai dans les mots.* 1. *Tout d'abord, combien de syllabes y a-t-il dans votre prénom ?*	Les élèves en autonomie se mettent en activité avec l'aide de l'Atsem, si nécessaire. 1. Chacun à leur tour, les élèves disent leur prénom en levant les doigts pour chaque syllabe prononcée.	Avoir préparé (ou fait préparer par l'Atsem) les espaces en amont. 1. Écouter, valider, demander de recommencer si besoin, faire valider par les pairs.
2. *Nous allons maintenant classer les cartes – images en fonction du nombre de syllabes dans le mot. Vous vous souvenez des vagues* (les montrer) *qui représentent les syllabes : 1 vague pour les mots d'une syllabe, 2 vagues pour les mots de 2 syllabes, etc.*	2. Les vagues sont placées dans le tableau à poches. Les élèves viennent tour à tour placer une carte image sous le symbole qui correspond à leur mot (cf. doc 3).	2. Demander à chaque élève de dire le mot à voix haute, d'annoncer le nombre de syllabes et de placer la carte sous le symbole qui convient, puis de vérifier sur ses doigts. Faire ensuite valider par le groupe.

3. *Maintenant, vous allez prendre votre ardoise et votre feutre. Je vais dire des mots et vous dessinerez une vague pour chaque syllabe.* Écoutez bien : « riz ». Recommencer de la même façon avec « rideau », « ordinateur », « rôti », « chameau », « parapluie », « gâteau ».	3. Les élèves écoutent le mot et dessinent les vagues correspondant au nombre de syllabes du mot : *riz* = 1 syllabe = 1 vague.	3. Dire le mot, laisser un temps de réflexion aux élèves et un temps pour tracer les vagues puis demander de montrer les ardoises. Valider ou faire valider par les pairs. Demander ensuite à un élève de lever les doigts pour valider : l'élève dit *riz*, il a levé un doigt et annonce : *Une syllabe.*
4. *C'est bien, nous allons maintenant apprendre à chercher la place d'une syllabe dans le mot. Vous allez d'abord dessiner les vagues, comme vous venez de le faire. Je dis le mot « mamie ».* Après que les élèves ont dessiné les vagues et s'être assuré que chacun a bien dessiné 2 vagues, ajouter : *Vous allez maintenant faire une croix dans la vague qui représente la syllabe « mi ».* Après validation, recommencer avec les mots suivants : « midi », « endormi », « demi », « mimer », « emmitoufler », « timide » et « minuit ».	4. Les élèves dessinent les vagues qui correspondent au nombre de syllabes dans le mot. Exemple pour « mamie » :  	4. Faire justifier par un élève et montrer chaque vague en prononçant les syllabes de façon distincte, afin que les élèves perçoivent aisément la place de « mi ».

Critères de réussite :
Être capable de :
- segmenter un mot en syllabes,
- dénombrer les syllabes d'un mot,
- localiser une syllabe dans un mot.

REMARQUE
« Évaluer régulièrement les habiletés phonologiques des élèves en portant une attention particulière à leurs progrès permet au professeur de réguler son enseignement et de proposer les activités les mieux adaptées aux besoins individuels qu'il identifie. » (cf. doc 1)

PHASE 4 DURÉE PRÉVUE : 5 minutes MODALITÉ : oral/ collectif		
Consigne	**Tâche des élèves**	**Rôle de l'enseignant**
Bilan de la séance en regroupement *Qu'avez-vous appris au cours de cette séance ?*	Un élève de chaque groupe présente l'activité réalisée.	Faire préciser par les élèves ce que cette activité leur a permis d'apprendre.

3 - PRÉPARATION DE L'ENTRETIEN

a) Introduction

Je vais vous présenter une séance de conscience phonologique qui a lieu en novembre dans une classe de Grande Section comptant 19 élèves. Cette séance est la 4e d'une séquence qui vise à apprendre à manipuler les syllabes d'un mot. Les élèves vont pouvoir s'entrainer à dénombrer des syllabes et vont aussi apprendre à situer une syllabe-cible dans le mot.
Pour concevoir cette séance, je me suis appuyé(e) sur les 4 documents du corpus proposé :
Le **document 1** est extrait du guide « Pour préparer l'apprentissage de la lecture et de l'écriture à l'école maternelle », publié par le ministère de l'Éducation nationale en février 2020. Il s'agit d'un focus sur l'évaluation des habiletés phonologiques.
Le **document 2** est extrait du site ministériel Eduscol. Il pose les principes pour concevoir son enseignement. En effet, l'enseignement de la conscience phonologique au cycle 1 prépare les élèves à l'apprentissage de la lecture qui se fera au CP. Les élèves de Grande Section doivent prendre conscience de l'importance de ce travail dans la progression de leurs apprentissages. Le **document 3** est la photographie d'une activité que je vais vous présenter dans le cadre d'un atelier dirigé. Elle a pour objectif de comparer le nombre de syllabes pour classer des mots. Le **document 4** est extrait d'un site Internet et présente la progression dans la découverte d'un jeu : « La bataille des syllabes ». Après une phase de présentation et de découverte en atelier dirigé, les élèves sont désormais capables de jouer à ce jeu en autonomie.
La séance dure 25 minutes et vise les compétences suivantes :

- dénombrer les syllabes orales qui composent un mot,
- comparer le nombre de syllabes pour classer des mots,
- identifier une syllabe orale en début de mot,
- identifier une syllabe orale en fin de mot,
- identifier une syllabe orale à l'intérieur du mot.

Dans cette séance, 2 groupes de 6 élèves seront en autonomie. Il y aura donc 4 groupes de 3 qui joueront à « La bataille des syllabes ». Les sept élèves restants travailleront avec l'enseignant dans le cadre d'un atelier dirigé.
Voici le déroulé et les composantes didactiques et pédagogiques de cette séance.

b) Conclusion

Cette séance a permis aux élèves de réfléchir sur la langue, sur les mots. Le côté ludique du jeu de « La bataille des syllabes » favorise l'implication des élèves et leur focalisation sur l'objectif fixé, à savoir dénombrer des syllabes.

Les mots utilisés par l'enseignant dans l'atelier dirigé ont été choisis avec soin. Ils correspondent à des mots sans « e » muet en fin de mot pour éviter tout dilemme entre syllabe orale et syllabe écrite. La séance se situe effectivement en début de période 2 et il m'a semblé important de ne pas proposer de mots qui soient source de difficultés. Il pourra être intéressant, plus tard dans l'année, d'expliciter cette différence entre syllabe orale et syllabe écrite. Par exemple, le mot « jupe » compte une syllabe orale, /jup/, et 2 syllabes écrites, /ju/ - /pe/.
La syllabe s'organise en effet autour de la voyelle : le « e » final des mots est souvent muet à l'oral. Il n'y a donc pas de nouvelle syllabe, alors qu'à l'écrit cette voyelle est visible, elle forme donc une nouvelle syllabe avec la consonne qui la précède.
Ce travail sur la conscience phonologique complète le travail conduit dans l'ensemble des activités portant sur l'oral et l'écrit. Il est un tremplin vers la lecture.

c) Questions du jury

Quel(s) lien(s) faites-vous entre conscience phonologique et principe alphabétique ?
Le principe alphabétique est le système selon lequel les mots écrits sont composés de lettres qui marquent les unités linguistiques, les phonèmes.
La conscience phonologique est la capacité à percevoir, à découper et à manipuler de façon intentionnelle les unités sonores d'un mot (syllabe, phonème).
Principe alphabétique et conscience phonologique sont deux des cinq piliers de la lecture mis en évidence en 2000 par le *National Reading Panel*[1]. Ces piliers sont la conscience phonologique, le principe alphabétique et la fluence qui permettent l'identification des mots écrits. À ces trois piliers, on ajoute le vocabulaire et la compréhension orale qui conditionnent la compréhension de l'écrit.
Chacune de ces compétences doit faire l'objet d'un apprentissage systématique et explicite. Le travail conduit en maternelle sur la connaissance des lettres et la conscience phonologique facilite l'entrée des élèves dans le principe alphabétique. L'apprentissage de ce principe alphabétique renforce à son tour la prise de conscience des phonèmes. Il a été montré que le recours à ce lien oral-écrit (sons-lettres par exemple) rend l'enseignement plus efficace que l'utilisation seule de l'oral ou de supports imagés.

Sur Lea.fr
Retrouvez deux autres questions du jury

1. https://www.treaq.ca/wp-content/uploads/2019/05/Resume_rapport_National_ReadingPanel.pdf

Sujet n° 2 : Langage oral en Grande Section

En vous appuyant sur les documents fournis, proposez une séance visant le développement du langage oral en production en classe de Grande section. La séance s'inscrit dans une séquence ayant pour objectif la compréhension d'un texte littéraire en maternelle. Elle se situe en période 5. Vous détaillerez le déroulement de cette séance en prenant soin d'expliciter vos choix didactiques et pédagogiques.

CORPUS DE 3 DOCUMENTS

Document 1. Lecture de l'album *Un peu beaucoup,* Olivier Tallec, École des loisirs, 2020 : https://www.youtube.com/watch?v=fEy3-rUMyK8[1]

Document 2. Retranscription d'un rappel de récit de l'album *Un peu beaucoup* d'Olivier Tallec en classe de Grande Section, lors d'un atelier de langage avec 5 élèves

Enseignant : *Vous allez essayer de me raconter l'histoire que je viens de vous lire. C'est l'histoire de...*
Élève 1 : *D'un arbre.*
Élève 2 : *Dans une forêt... et...*
Élève 3 : *Dans un arbre, avec des animaux.*
Enseignant : *Oui, que se passe-t-il dans cette forêt ? Élève 4, tu n'as rien dit ? tu veux nous dire ce qui se passe dans cette histoire ?*
Élève 4 : *Y'a un écureuil... un...*
Élève 1 : *L'écureuil, y mange tout !*
Enseignant : *Il mange tout, c'est-à-dire ? Vous pouvez me dire ce que mange l'écureuil ?*
Élève 2 : *Des noisettes !*
Élève 1 : *Nan, i mange pas des noisettes : il mange l'arbre.*
Élève 3 : *Oui mais il dit y faut en prendre soin.*
Enseignant : *Très bien, c'est très bien. Et comment se termine cette histoire ? que se passe-t-il à la fin ?*
Élève 1 : *L'écureuil, il est tout seul.*
Élève 3 : *Non y a des enfants à la fin...*
Enseignant : *Et où est l'arbre ?*
Élève 2 : *Chais pas...*
Élève 3 : *Il est parti.*

1. Dans le cadre de l'épreuve sera fourni le texte l'album et éventuellement une ou deux illustrations.

Document 3. Liste de critères de réussite élaborée par un enseignant pour évaluer le rappel de récit en Grande Section

L'élève a réussi :
- à se souvenir des principales actions du récit
- à restituer les principales actions du récit
- à faire des phrases compréhensibles
- à utiliser un vocabulaire précis
- à participer à l'échange
- à compléter les réponses de ses camarades

A - CONNAISSANCES DIDACTIQUES ET PÉDAGOGIQUES À MOBILISER

1. STIMULER ET STRUCTURER LE LANGAGE ORAL

À l'école maternelle, l'enfant découvre les caractéristiques de la langue française ; il s'approprie le langage au contact des adultes qui deviennent des référents. Les élèves apprennent à utiliser le langage en interaction, en réception et en production pour communiquer, apprendre, comprendre, interagir. Pour ce faire, l'enseignant doit solliciter et stimuler les élèves dans toutes les activités de la classe. Il vise l'enrichissement lexical et syntaxique du langage oral des élèves. Afin de déterminer les différents objectifs d'apprentissage selon les niveaux (PS, MS, GS), il se réfère aux différents tableaux d'indicateurs (de vigilance, de repères de développement du langage et de progrès)[2].

2. FAIRE DÉCOUVRIR DEUX FORMES DE LANGAGE

L'élève apprend à distinguer deux formes de langage :
- Le langage en situation : il correspond au langage produit en accompagnement de ce que l'on est en train de faire ou de vivre. Le langage oral est alors limité car d'autres facteurs entrent en jeu dans la compréhension des échanges, notamment la communication non verbale. Par exemple, pour demander un crayon, le locuteur n'est pas obligé de dire le mot et peut seulement montrer l'objet qu'il souhaite obtenir.
- Le langage d'évocation : c'est un langage décontextualisé, c'est-à-dire du « dit » qui est décroché du « faire ». Il s'utilise *a posteriori* pour décrire, raconter, informer, argumenter, rendre compte… mais aussi *a priori* pour formuler des hypothèses, prévoir, imaginer, se projeter dans un avenir proche. Les interlocuteurs en présence ne partagent pas nécessairement les mêmes références. En cela, le langage d'évocation relève du langage écrit. Il se veut précis, cohérent et intelligible.

---

1. Les principes clés sont extraits des contenus ministériels :
   - « L'école maternelle, école du langage », recommandations pédagogiques du B.O. n°22 du 29 mai 2019 : https://www.education.gouv.fr/bo/19/Hebdo22/MENE1915456N.htm?cid_bo=142293
   - Ressources maternelle « Mobiliser le langage dans toutes ses dimensions » : https://eduscol.education.fr/105/mobiliser-le-langage-dans-toutes-ses-dimensions

2. Ressources maternelle « Mobiliser le langage dans toutes ses dimensions. Partie I - L'oral - Tableaux d'indicateurs » :
https://cache.media.eduscol.education.fr/file/Langage/41/3/Ress_c1_langage_oral_tableaux_456413.pdf

3. VISER PLUSIEURS OBJECTIFS

Les objectifs du langage en maternelle sont :

- Entrer en communication : l'enfant apprend à faire des efforts pour communiquer avec les autres, afin qu'ils comprennent ce qu'il veut dire.
- Comprendre et apprendre : les moments d'écoute active (langage en réception) sont de réels temps d'apprentissage langagier pour les élèves qui sont amenés à construire des outils cognitifs comme catégoriser, rapprocher des informations, construire des représentations mentales, etc.
- Échanger et réfléchir avec les autres. À l'école maternelle, les temps d'échange entre élèves sont nombreux : ils permettent aux élèves de se questionner, d'argumenter, de montrer un intérêt pour ce que pensent les autres.

4. DISTINGUER DEUX PÉDAGOGIES DU LANGAGE

On distingue deux approches pédagogiques :

- Une approche intégrée qui renvoie à tous les moments où le langage est travaillé sans être le but d'un apprentissage spécifique. Les enfants mobilisent le langage oral dans toutes les activités scolaires et extrascolaires. Le langage est ainsi sollicité dans les autres domaines d'apprentissage où sont convoqués un lexique et des types de discours spécifiques (expliquer, décrire…).
- Des moments structurés qui ciblent des objectifs langagiers spécifiques. Pour ce faire, l'enseignant peut mettre en place des activités ritualisées. Par exemple, pour la description, il met en place des jeux de devinettes. Pour travailler la narration, l'enseignant propose aux élèves des supports comme des marottes, des décors, des maquettes pour les aider à raconter une histoire qui a été travaillée au préalable.

5. ACCOMPAGNER LES ÉLÈVES

Le rôle de l'enseignant est essentiel. Il doit mettre en place :

- Un climat propice et sécurisant afin que tous les élèves osent prendre la parole. Il accorde un grand intérêt à chaque parole prononcée par les enfants. Il varie les dispositifs pour favoriser la parole de tous (relation duelle, groupes limités, variation des sujets de l'échange, alternance des rôles joués par les élèves au sein du groupe).
- Un **étayage** permanent : l'enseignant régule et dynamise les échanges, il veille à ce que tous les élèves s'expriment, il annonce systématiquement l'objectif de l'activité (par exemple : *Je vais vous lire une histoire et quand j'aurai terminé, vous me direz si elle vous a plu.*), il valide ou corrige les formulations des élèves (cf. Partie 2 sujet n° 3 « Langage oral au CE1 »).
- Un travail associant les parents. L'enseignant engage les parents à prêter attention au langage dans les situations usuelles : bain, repas, sorties, et à solliciter leur enfant afin qu'il s'exprime.

6. L'ÉVALUATION

L'enseignant met en place une **évaluation** quotidienne, positive et directe des élèves dans des situations variées (les temps informels de changements d'activité ou de jeux sont propices à cette observation des **compétences** communicationnelles des élèves). Il peut se référer à des indicateurs de réussite.

INDICATEURS DE RÉUSSITE	
L'élève ose parler.	Il ne le fait que quand il est sollicité : • dans un cercle restreint, voire seulement en tête-en-tête ; • dans le groupe classe rassemblé. Il engage lui-même la conversation avec un pair. Il engage la conversation avec un adulte.
L'élève parle de plus en plus et dans des situations variées. Il sait répondre aux sollicitations de l'adulte.	Il respecte le sujet de conversation. Il peut tenir un échange au-delà de la première réponse. Il s'adapte à des enjeux divers (narrer ce qui s'est passé, expliquer, reformuler, etc.). Il utilise spontanément les formules de politesse usuelles pour saluer, remercier, s'excuser, demander.
L'élève régule sa prise de parole.	Il le fait de manière réactive et adaptée à la situation de communication et au contenu du discours pertinente. Il ne coupe pas la parole. Il articule son propos avec des propos antérieurs pour dire son accord ou son désaccord, pour apporter un exemple ou une contradiction, pour compléter ; il sait dire *Je n'ai pas compris*.
L'élève accepte et respecte les règles posées pour les échanges.	Il accepte le temps de parole des autres et respecte les hésitations. Il sait dire ce qui ne marche pas dans un échange. Il peut piloter un moment d'échange (type conseil d'élèves, à partir de la Grande Section).

Les attendus de fin de cycle sont les suivants :

- communiquer avec les adultes et avec les autres enfants par le langage, en se faisant comprendre ;
- s'exprimer dans un langage oral syntaxiquement correct et précis ;
- utiliser le lexique appris en classe de façon appropriée ;
- reformuler son propos pour se faire mieux comprendre ;
- reformuler le propos d'autrui ;
- pratiquer divers usages de la langue orale : raconter, décrire, évoquer, expliquer, questionner, proposer des solutions, discuter un point de vue ;
- dire de mémoire et de manière expressive plusieurs comptines et poésies.

B - TRAITEMENT DU SUJET

1. LECTURE ET ANALYSE DES DOCUMENTS DU CORPUS

Le document 1 est un album de littérature de jeunesse : *Un peu beaucoup* d'Olivier Tallec, publié par l'École des loisirs en 2020. Cet ouvrage présente de nombreux intérêts littéraires : une fin ouverte, qui laisse la place à plusieurs interprétations ; la thématique de l'environnement (l'impact des comportements humains sur l'environnement) ; une structure répétitive (la phrase : « C'est fragile un arbre, il faut en prendre soin » et la répétition des actions de l'écureuil : il mange toutes les pommes de pin, puis toutes les aiguilles, puis toutes les branches) ; la mauvaise foi du personnage qui trouve de nombreuses excuses pour justifier sa gourmandise et ne se rend pas compte qu'il est en train de provoquer sa propre perte ; l'humour dans le texte et dans les illustrations. Ces différentes caractéristiques peuvent générer chez des élèves de Grande Section des obstacles à la compréhension : il peut être difficile pour certains de comprendre le décalage entre le discours de l'écureuil et ses actions (entre le texte et les illustrations), de comprendre que, sur l'avant-dernière image (après une ellipse narrative), le tronc sur lequel est posée la petite maison de l'écureuil correspond à l'arbre du début de l'histoire, que l'écureuil a fini par détruire presque totalement.

Le **document 2** est la retranscription d'une **séance** d'atelier de langage en Grande Section. Les élèves y manifestent plusieurs compétences : ils parviennent à restituer les personnages et quelques actions du récit ; ils participent à l'échange (sauf un élève qui ne dit rien) ; ils prennent en compte les réponses de leurs camarades. Cependant on peut remarquer qu'ils ont des difficultés à faire des liens entre les différentes actions du récit (liens de causalité notamment) et qu'ils détaillent peu leurs réponses.

Le **document 3** est une grille d'indicateurs de réussite pour évaluer le rappel de récit en Grande Section. Elle porte à la fois sur des compétences narratives et des compétences communicationnelles. Une telle grille peut être utilisée pour évaluer les différents rappels de récit effectués par les élèves tout au long de l'année afin de mesurer les progrès de chaque élève.

2. RÉDACTION DE LA FICHE DE PRÉPARATION

<table>
<tr><td colspan="4">SÉANCE : Le rappel de récit en atelier de langage dirigé</td></tr>
<tr><td colspan="2">DATE : Mai</td><td colspan="2">DOMAINE DU SOCLE COMMUN : 1</td></tr>
<tr><td>NIVEAU DE CLASSE :
Grande Section</td><td>NOMBRE D'ÉLÈVES :
19 élèves
(5 élèves en atelier dirigé et 7 dans 2 autres groupes)</td><td>SÉANCE N° :
3</td><td>DURÉE :
40 minutes</td></tr>
<tr><td colspan="2">PLACE DE LA SÉANCE DANS LA SÉQUENCE :
Séance 1 - Lecture et découverte de l'album
Séance 2 - Les éléments du récit (personnages, lieu, objets)
Séance 3 - Le rappel de récit en atelier de langage dirigé
Séance 4 - Discussion sur le respect de l'environnement et de la nature</td><td colspan="2">INTITULÉ DE LA SÉQUENCE :
Comprendre un album</td></tr>
<tr><td colspan="2">OBJECTIFS DE LA SÉANCE :
Groupes en autonomie : réinvestir le vocabulaire vu précédemment (champ lexical de la nature).
Groupe dirigé : être capable de raconter une histoire à l'oral.</td><td colspan="2">PRÉREQUIS :
Oser prendre la parole.
Avoir compris globalement l'histoire entendue.</td></tr>
</table>

COMPÉTENCES VISÉES :	**MATÉRIEL – SUPPORTS :**
Rappeler une histoire avec ses propres mots. Respecter l'ordre chronologique d'une histoire. Formuler des phrases correctes et compréhensibles. Utiliser un vocabulaire précis.	L'album *Un peu beaucoup* d'O. Tallec ; 1 arbre sous forme de jeu démontable et 1 écureuil en peluche (différenciation) ; 5 illustrations de l'histoire sous forme d'étiquettes ; 2 jeux de memory sur le thème de la nature (arbre, pomme de pin, aiguille, branche, écureuil, tronc, racine...).

PHASE 1
DURÉE PRÉVUE : 10 minutes
MODALITÉ : en grand groupe

Consigne	Tâche des élèves	Rôle de l'enseignant
Rappel de la séance précédente *Vous vous rappelez la dernière fois : nous avons lu l'album* Un peu beaucoup *d'Olivier Tallec.* *Que se passe-t-il dans cette histoire ?* *Nous allons relire l'album pour vous aider à vous souvenir.*	Les élèves disent ce dont ils se rappellent de l'histoire.	Montrer l'album aux élèves. Accueillir toutes les réponses des élèves sans chercher à reconstituer l'ordre chronologique. Revenir sur les réponses erronées. Relire l'album.

Critères de réussite :
Être capable de se souvenir d'une histoire entendue.

PHASE 2
DURÉE PRÉVUE : 5 minutes
MODALITÉ : en grand groupe

Consigne	Tâche des élèves	Rôle de l'enseignant
Passation des consignes pour les ateliers *Les groupes 2 et 3, vous allez jouer au jeu du memory. Vous le connaissez bien maintenant : qui peut nous rappeler les règles ?* *Le groupe 1 va travailler avec moi : nous allons raconter l'histoire de l'album* Un peu beaucoup.	Réponse attendue : *On doit nommer l'image qu'on retourne et trouver où se trouve la deuxième image. Celui qui a le plus de cartes a gagné.*	Constituer des groupes homogènes. Expliciter les consignes des différents ateliers.

REMARQUE

La constitution de groupes homogènes pour les ateliers de langage (c'est-à-dire faire des groupes de « petits », « moyens » ou « grands parleurs ») est importante afin de ne pas reproduire la situation du groupe classe et permettre à chaque élève de pouvoir s'exprimer à son rythme.
Les cartes du memory seront en lien avec la thématique de l'album, c'est-à-dire sur le thème de la nature. Préparer avec l'Atsem le matériel nécessaire pour chaque atelier avant la séance.

PHASE 3
DURÉE PRÉVUE : 20 minutes
MODALITÉ : en groupes

Consigne	Tâche des élèves	Rôle de l'enseignant
Mise en ateliers 1. Groupes 2 et 3, en autonomie. 2. Groupe 1 avec l'enseignant. a) *Vous allez raconter l'histoire de l'album mais avant je vous distribue des étiquettes qui représentent des images de l'album.* *Vous allez dire chacun votre tour ce que vous voyez sur votre étiquette.* *Maintenant nous allons tous ensemble remettre ces étiquettes dans le bon ordre. D'après vous, quelle est la première image de l'histoire ?* b) *Maintenant que nous avons mis toutes les images dans le bon ordre, vous pouvez raconter l'histoire.* *Qui veut commencer ?* *Je vais répéter tout ce que vous avez dit. [...] Êtes-vous d'accord ?*	1. Les élèves en autonomie se mettent en activité, avec l'aide de l'Atsem si nécessaire. 2. a) Les élèves s'installent sur le banc en face du tableau (pour pouvoir afficher les illustrations de l'album). Chaque élève décrit son étiquette. Les élèves discutent, réfléchissent à l'ordre des images. b) Les élèves prennent la parole à tour de rôle pour raconter l'histoire à partir des étiquettes affichées au tableau.	2. Veiller à ce que les élèves utilisent un vocabulaire précis. Les encourager afin qu'ils osent prendre la parole. Leur demander de justifier l'ordre qu'ils proposent. Afficher les étiquettes au tableau. Désigner l'élève qui doit s'exprimer. Noter ce que disent les élèves pour leur restituer ensuite. Demander des précisions chaque fois que nécessaire. Amener les élèves à lier leurs idées, à établir des relations causales entre les différentes actions (cf. doc 2). Évaluer chaque élève avec une grille d'indicateurs de réussite (cf. doc 3).

Critères de réussite : Être capable de : • décrire une illustration en utilisant un vocabulaire précis, • se rappeler l'ordre des événements d'une histoire entendue, • prendre la parole devant ses camarades, • restituer une action, • établir des liens entre les différentes actions du récit.
Différenciation : L'enseignant peut utiliser un arbre sous forme de jeu démontable et un écureuil en peluche pour mimer les actions et aider les élèves à se souvenir de l'histoire.
REMARQUES *Pour les activités de langage, il est important de prévoir un support sur lequel les élèves pourront prendre appui pour s'exprimer (objets, étiquettes, maquettes...). L'activité de rappel de récit est une activité complexe qui nécessite que les élèves mémorisent, sélectionnent et organisent les éléments essentiels du récit. Elle requiert ainsi un fort étayage de l'enseignant.*

PHASE 4
DURÉE PRÉVUE : 5 minutes
MODALITÉ : écrit/binômes, oral/binômes

Consigne	Tâche des élèves	Rôle de l'enseignant
Bilan de la séance en regroupement *Qu'avez-vous appris au cours de cette séance ?*	Un élève de chaque groupe répond à la question, les autres élèves du groupe apportent des précisions si besoin.	Aider les élèves à verbaliser ce qu'ils ont appris.

3. PRÉPARATION DE L'ENTRETIEN

a) Introduction

La séance que je vais vous présenter concerne le langage en production dans une classe de Grande Section. Elle s'inscrit dans une séquence visant la compréhension d'un album de littérature de jeunesse : *Un peu beaucoup* d'Olivier Tallec, publié par l'École des loisirs en 2020. Elle se déroule au cours de la période 5. Elle aura une durée de 40 minutes. Il s'agit de la troisième séance de la séquence. Lors des deux premières séances, les élèves ont découvert l'album et répondu à des questions de compréhension globale. Ils ont également travaillé sur les différents éléments de l'histoire : le lieu, les personnages, les objets.
Pour construire cette séance, je me suis appuyé(e) sur le corpus de documents fournis par le dossier. Le **document 1** est un album de littérature de jeunesse : *Un peu beaucoup* d'O. Tallec qui présente plusieurs intérêts littéraires qui constituent autant de difficultés pour des élèves de Grande Section (le décalage entre le texte et les illustrations, entre le discours du personnage et ses actions; la thématique de la protection de l'environnement...). Le **document 2** est la retranscription d'une séance de rappel de récit concernant cet album en Grande Section. Le **document 3** est une grille d'indicateurs de réussite pour l'activité de rappel de récit comprenant à la fois des compétences narratives et communicationnelles.

L'objectif de cette séance est de rendre les élèves capables de raconter une histoire à l'oral. Plus précisément, les sous-objectifs de cette séance sont de rendre l'élève capable de :

- rappeler une histoire avec ses propres mots,
- respecter l'ordre chronologique d'une histoire,
- formuler des phrases correctes et compréhensibles,
- utiliser un vocabulaire précis.

Voici le déroulé et les composantes didactiques et pédagogiques de cette séance.

b) Conclusion

Pendant cet atelier de langage, les élèves ont été amenés à travailler la conduite discursive narrative correspondant à l'un des attendus de fin de cycle : « Pratiquer divers usages de la langue orale : raconter, décrire, évoquer, expliquer, questionner, proposer des solutions, discuter un point de vue ». Quand tous les groupes auront réalisé l'atelier de langage, l'enseignant relira l'album à toute la classe. La dernière séance de la séquence est consacrée à une discussion sur le respect de l'environnement et de la nature. Pour démarrer la discussion, l'enseignant reprendra la première phrase de l'album : « C'est fragile un arbre, il faut en prendre bien soin. » et posera la question suivante : *D'après vous, comment peut-on prendre bien soin de la nature ?* Tout au long de la discussion, l'enseignant amènera les élèves à s'appuyer sur les lectures faites en classe (*L'arbre roux* de J.-P. Idatte, *Voyage à poubelle plage* d'E. Brami, B. Jeunet ; *Un peu beaucoup* d'O. Tallec).

c) Question du jury

Quel est le rôle de l'enseignant dans les ateliers de langage ? Soyez précis.

L'étayage de l'enseignant est particulièrement important dans les ateliers de langage : il incite les élèves à participer aux échanges verbaux en créant un climat bienveillant. Il accorde une grande attention à toutes les paroles prononcées par les élèves. Il accompagne progressivement les élèves dans leurs prises de parole : il les encourage, reformule les propos, les synthétise, demande des précisions, corrige les formulations erronées. Il favorise les interactions verbales entre les élèves.

Sur Lea.fr

Retrouvez deux autres questions du jury

Sujet n° 3 : Langage oral au CE1

À partir des documents proposés dans ce corpus, vous concevrez une séance visant à développer les compétences langagières d'élèves de CE1. La classe compte 24 élèves et la séance se déroule au début de la deuxième période. Ces élèves ont construit la grille du conteur à partir de séances réalisées au cours de la période 1. Vous détaillerez le déroulement de cette séance en explicitant vos choix didactiques et pédagogiques.

CORPUS DE 4 DOCUMENTS

Document 1. La grille du conteur

Grille simplifiée construite avec les élèves au cours de la période 1

conte :			date : __/__/__
La grille du conteur			
Nom du conteur : ______	Nom du maître conteur : ______		
Si la consigne est respectée, mettre une croix :	*maître conteur*	*auditeurs*	*annotations éventuelles de l'enseignante*
Met le ton pour rendre l'histoire vivante.			
Ne pas parle trop vite, articule.			
Raconte les différents moments de l'histoire dans l'ordre.			
Fait les voix des personnages.			

Grille enrichie par l'enseignant avec des contraintes lexicales

conte : *Le loup et les sept chevreaux*	date : __/__/__		
La grille du conteur			
Nom du conteur : ________	Nom du maître conteur : ________		
Si la consigne est respectée, mettre une croix : Le conteur....	*maître conteur*	*auditeurs*	*annotations éventuelles de l'enseignante*
Met le ton pour rendre l'histoire vivante.			
Ne parle pas trop vite, articule.			
Raconte les différents moments de l'histoire dans l'ordre.			
Utilise **les mots des émotions** pour dire : ce que ressentent les chevreaux quand le loup entre dans la maison.			
ce que ressent la chèvre quand elle retrouve sa maison vide.			
ce que ressentent les chevreaux et leur mère à la fin de l'histoire.			

Document 2. Jakob et Wilhelm Grimm, Claudine Routiaux, *Le Loup et les Sept Chevreaux*, collection « Les Petits Cailloux », © Éditions Nathan, 2011.

Étayage : l'album est le support utilisé par l'enseignant lors de la phase de découverte de l'histoire, en amont de la contée. Ce document imagé a pour fonction de soutenir la mémoire de travail de l'élève conteur.

Document 3. Présentation du dispositif des « contées »

Dispositif des « contées »

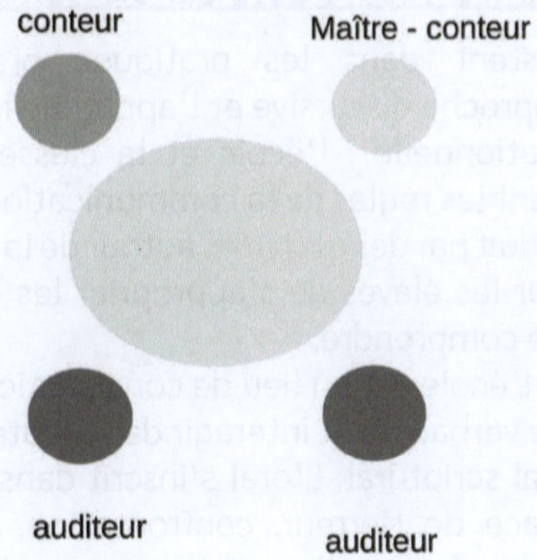

Rôle de chaque membre du groupe :

- Le **conteur** conte l'histoire lue ou entendue au préalable

- Le **maître-conteur** évalue le respect des critères définis par le groupe classe et l'enseignant. Lors de la mise en commun, il est le rapporteur de son groupe.

- Les **auditeurs** écoutent la narration puis dans le temps d'échange qui suit la contée, ils valident ou invalident l'évaluation faite par le maître-conteur.

Document 4. Affichage permanent dans la classe, Eduscol, « Organiser l'enseignement de l'oral », 2018.

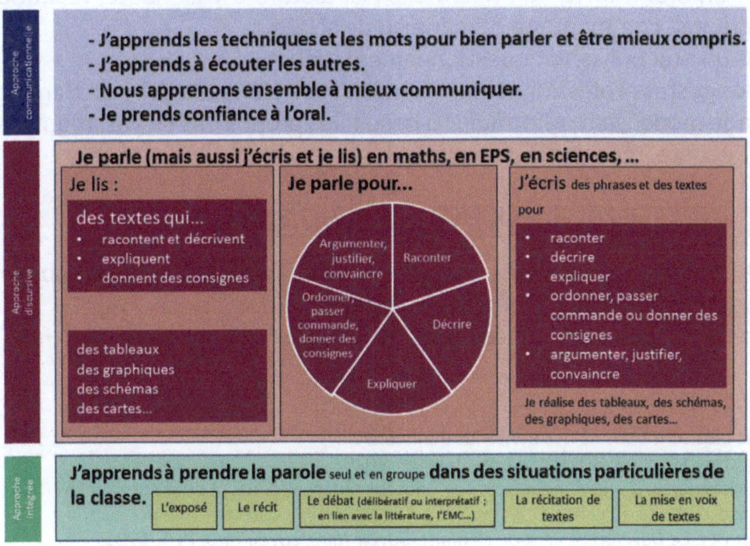

A - CONNAISSANCES DIDACTIQUES ET PÉDAGOGIQUES À MOBILISER

1. TRAVAILLER L'ORAL EN CLASSE AVEC 3 ENTRÉES DIDACTIQUES

Trois approches co-existent dans les pratiques orales en classe : l'approche communicationnelle, l'approche discursive et l'approche intégrée :

- Approche communicationnelle : l'école et la classe sont des micro-sociétés dans lesquelles s'apprennent les règles de la communication en réception et en production. Cette approche se traduit par des **activités** autour de la vie collective : conseils d'élèves, projets... Il s'agit pour les élèves de s'approprier les enjeux de la communication et d'apprendre à se faire comprendre.
- Approche discursive : l'école est un lieu de construction des savoirs où l'oral sert pour apprendre. Il s'agit de verbaliser et interagir dans toutes les disciplines, de passer d'un oral pratique à un oral scriptural. L'oral s'inscrit dans la construction des **séquences** d'apprentissage : place de l'erreur, confrontation, **institutionnalisation** (mise en commun, retour sur ce qui vient d'être fait pour construire les savoirs). Les conduites discursives sont : raconter, décrire, expliquer, justifier, argumenter. Les mini-conduites langagières sont : catégoriser, caractériser, exposer, rapprocher, décomposer...
- Approche intégrée : l'oral est un objet d'apprentissage qui permet un travail sur le langage et les discours. Cette approche aborde différents genres dont les règles sont explicitées aux élèves : débat littéraire, débat en EMC, délibération, démonstration, exposé, récit oral (compte-rendu de visite, par exemple), dialogue, interview, enquête...

2. PRENDRE EN CONSIDÉRATION 3 NIVEAUX DE GESTES PROFESSIONNELS

Les gestes professionnels sont à considérer à 3 échelles différentes :

- Macro, des gestes professionnels à « grande échelle » : **programmation** de l'oral par période, par année scolaire, voire par cycle ;
- Méso, des gestes professionnels à « échelle moyenne » : programmation à la semaine. L'enseignant intègre l'oral dans la construction de ses **séances** et se questionne sur la place de l'oral dans la séquence, dans la séance. Il identifie les genres oraux travaillés :
  - › dans un oral monogéré : micro exposé, lecture à voix haute, récitation, compte-rendu oral, commentaire d'image ou de schéma ;
  - › dans un oral polygéré : questionnement, débat.
- Micro, des gestes professionnels à « échelle fine » : le savoir-faire de l'enseignant (avoir un langage modélisant, reformuler si besoin les propos des élèves, réguler les prises de parole, l'écoute, recentrer sur le sujet...).

3. ENSEIGNER : LES 6 FONCTIONS D'ÉTAYAGE DE BRUNER

Jérôme S. Bruner accorde un rôle majeur à l'enseignant, médiateur des apprentissages. Il parle d'interaction de tutelle. Il définit six fonctions d'**étayage**[2] :

- L'enrôlement : engager l'adhésion de l'enfant aux exigences de la **tâche**.

---

1. Les principes clés sont extraits des contenus ministériels :
   - Programme Cycle 2, BOEN n° 31 du 30 juillet 2020
   - « Français cycle 2 - Le langage oral », Eduscol : https://eduscol.education.fr/152/francais-cycle-2-le-langage-oral
2. Jérome S. Bruner, *Le Développement de l'enfant, Savoir faire, savoir dire*, PUF, 1981.

- La réduction des degrés de liberté : simplifier la tâche en réduisant la difficulté du processus de résolution. L'enseignant décompose l'objectif principal de la tâche en sous-buts que l'enfant parviendra aisément à atteindre.
- Le maintien de l'orientation : faire en sorte que l'enfant ne s'écarte pas de l'objectif à atteindre durant la résolution de la tâche, qu'il conserve le but initialement fixé. Il doit aussi maintenir l'intérêt et la motivation de l'élève de manière qu'il poursuive l'objectif défini.
- La signalisation des caractéristiques dominantes : signaler ou souligner par de multiples moyens les caractéristiques de la tâche qui sont pertinentes pour son exécution.
- Le contrôle de la frustration : éviter que les erreurs de l'élève ne se transforment en sentiment d'échec, voire en résignation. Essayer de maintenir l'intérêt et la motivation de l'élève en utilisant divers moyens pour contrôler l'ennui, le découragement, la prise de risque...
- La démonstration ou présentation des modèles de solution : présenter un modèle, un essai de solution que l'élève peut imiter pour accomplir sa tâche.

4. LES COMPÉTENCES ORALES

Les compétences mobilisées à l'oral sont nombreuses :

- Les compétences instrumentales qui portent sur la voix, la prononciation : articuler, moduler l'intonation, adapter le volume de la voix...
- Les compétences textuelles :
  - au niveau de la syntaxe : choix des pronoms, temps des verbes, concordance des temps, etc. ;
  - au niveau du sens ;
  - au niveau du lexique : avoir un vocabulaire précis, adapté à la situation de communication.
- Les compétences communicationnelles : prendre part à un dialogue, une conversation, participer à un débat, argumenter, justifier, rester dans le propos, écouter, répondre et même utiliser des formes de discours variées : poème, récit...

5. ÉVALUER

L'évaluation de l'oral nécessite une organisation anticipée. En effet, il est impossible d'évaluer tous les élèves d'une même classe simultanément. L'enseignant peut choisir d'évaluer quelques élèves à chaque séance avec une grille de critères définis au préalable[1]. Le nombre de critères doit être restreint car en plus d'évaluer ces élèves, il doit rester disponible pour conduire la séance : gérer le temps, veiller au respect des règles, être attentif aux échanges...

1. « Langage oral - Le débat réglé » : https://cache.media.eduscol.education.fr/file/Francais/78/6/EV16_C2_Francais_Langage_oral_debat-regle_839786.pdf

GRILLE D'ÉVALUATION DES ÉLÈVES EN LANGAGE ORAL AU CYCLE 2	
CRITÈRES	**NOM DE L'ÉLÈVE**
PRISE DE PAROLE	
Demande la parole en silence	
Attend son tour de parole	
Manifeste par son attitude une écoute attentive et respectueuse des autres	
EXPRESSION : exprimer une opinion et tenir compte de l'objet du propos et des interlocuteurs	
Manifeste son écoute en posant une question pour demander une précision, en faisant part de son incompréhension	
Exprime son point de vue en tenant compte de l'objet du propos	
Exprime son point de vue par rapport à ses interlocuteurs	
Respecte la pluralité des opinions	
Prend en compte les récepteurs ou interlocuteurs	
Participe avec pertinence à un échange	
EXPRESSION : énoncés audibles, moyens langagiers de l'expression et formes de discours	
Intervient avec clarté et de manière audible	
Mobilise des techniques pour être écouté	
Organise son propos	
Emploie un vocabulaire en adéquation avec l'idée exprimée	
Organisation syntaxique correcte	
Utilise quelques connecteurs pour marquer les enchaînements	
Utilise de manière pertinente les temps du discours	
Utilise un registre langagier adapté à la situation de classe.	
ARGUMENTATION	
L'élève s'appuie sur des exemples précis pour exprimer sa pensée.	
Le raisonnement est logique.	

B - TRAITEMENT DU SUJET

1. LIRE ET ANALYSER LES DOCUMENTS DU CORPUS

Le **document 1** présente deux grilles de critères permettant l'évaluation de la production orale du conteur par le maitre-conteur et par les auditeurs. La première grille a été construite avec les élèves au cours de la période 1. L'enseignant peut y ajouter des remarques. La seconde grille reprend les trois premiers critères de la précédente auxquels l'enseignant a ajouté 3 nouveaux critères visant l'utilisation du vocabulaire des émotions et des sentiments. Elle est un outil de **différenciation** car elle s'adapte aux différents niveaux de compétences langagières.

Le **document 2** est un support-élève. Il permet de soutenir la mémoire de travail de l'élève conteur. Les images sont extraites de l'album du conte des frères Grimm, illustré par Claudine Routiaux, *Le Loup et les sept chevreaux*, paru aux Éditions Nathan en 2011. Cet album est le support utilisé par l'enseignant lors de la **phase** de découverte de l'histoire, en amont de la contée.

Le **document 3** est un support-enseignant. Il précise le dispositif de contée et le rôle de chacun des élèves au sein du groupe : le conteur, le maitre-conteur qui est en charge de l'évaluation de la contée à l'aide de la grille critériée et les auditeurs qui interviennent dans un second temps dans l'évaluation de la contée.

Le **document 4** est un outil officiel proposé par Eduscol, site du ministère de l'Éducation nationale, qui a pour vocation d'informer et d'accompagner les enseignants dans la mise en place des programmes. Ce document reprend les trois entrées **didactiques** de l'enseignement de l'oral : l'approche communicationnelle, l'approche discursive et l'approche intégrée. Cet affichage favorise l'explicitation des compétences travaillées.

2. RÉDIGER LA FICHE DE PRÉPARATION

<table>
<tr><th colspan="4">SÉANCE - ORAL : Contée</th></tr>
<tr><td colspan="2">DATE : Novembre</td><td colspan="2">DOMAINE DU SOCLE COMMUN : 1</td></tr>
<tr><td>NIVEAU DE CLASSE :
CE1</td><td>NOMBRE D'ÉLÈVES :
24 élèves (6 groupes de 4)</td><td>SÉANCE N° :
3</td><td>DURÉE :
30 minutes</td></tr>
<tr><td colspan="2">PLACE DE LA SÉANCE DANS LA SÉQUENCE :
Séance 1 - Écouter l'histoire La Chèvre et les 7 Chevreaux (seulement les conteurs)
Séance 2 - S'entrainer à conter l'histoire, avoir une écoute active
Séance 3 - Contée
Séance 4 - Analyse des contées</td><td colspan="2">INTITULÉ DE LA SÉQUENCE :
Contées</td></tr>
<tr><td colspan="2">OBJECTIFS DE LA SÉANCE :
Raconter une histoire.
Écouter celui qui raconte.
Évaluer une pratique orale.</td><td colspan="2">PRÉREQUIS :
Avoir lu ou entendu l'histoire.
S'être entrainé à la conter.
Connaitre les critères d'évaluation.</td></tr>
</table>

COMPÉTENCES VISÉES :	**MATÉRIEL – SUPPORTS :**
Pour les auditeurs : • écouter, maintenir son attention ; • repérer et mémoriser des informations importantes. Les relier entre elles pour leur donner du sens : comprendre. Pour le maitre-conteur : • écouter, maintenir son attention ; • évaluer le respect des critères définis. Pour le conteur : • raconter : restituer un récit en respectant la chronologie et les moments clés ; • s'exprimer distinctement : poser sa voix, articuler ; • produire des phrases orales syntaxiquement correctes ; • utiliser le vocabulaire appris en classe.	Grille du conteur (doc 1), 1 crayon à papier, le support images pour les élèves les plus fragiles (doc 2).

PHASE 1
DURÉE PRÉVUE : 7 minutes
MODALITÉ : oral/collectif

Consigne	Tâche des élèves	Rôle de l'enseignant
<u>Rappel des séances précédentes</u> *Nous allons faire une nouvelle contée. Qui peut nous rappeler comment se déroulent les contées ? Quels sont les critères que nous avons inscrits dans la grille du conteur pour qu'une contée soit réussie ? Je rappelle les règles du travail en groupe : on écoute celui qui parle, seul le conteur peut s'exprimer à voix haute et ne pas hésiter à lever la voix pour mettre le ton et on respecte les tours de parole.*	Rappel du déroulement : 1) narration par le conteur ; 2) évaluation par le maitre-conteur ; 3) temps d'échange à partir de la grille du conteur. Les auditeurs valident ou invalident l'évaluation du maitre-conteur ; 4) bilan en groupe classe : chaque maitre-conteur explique ce qui s'est passé dans son groupe.	Constituer en amont 6 groupes de 4 élèves (cf. doc 3). Conserver la même organisation spatiale de la classe pour chaque contée : les groupes sont le plus éloignés possible les uns des autres pour ne pas que les conteurs soient gênés par un groupe trop proche. Préciser, compléter les propos des élèves. Rappeler ou faire préciser la signification de chacun des critères en faisant appel au vécu des séances précédentes.

Critères de réussite :
Être capable de :
- expliciter chacun des critères,
- rappeler les différentes phases de la séance.

REMARQUE

Les différents temps de la séance engagent différents types de pratiques langagières (cf. doc 4) :

- *narration : restitution de récit par le conteur (approche discursive : l'oral pour apprendre);*
- *argumentation : évaluation par les pairs en fonction des critères prédéfinis. Le maitre-conteur et les auditeurs doivent justifier leur évaluation pour chacun des critères (approche intégrée : l'oral à apprendre, oral = objet d'apprentissage);*
- *les règles de communication au sein du groupe doivent être respectées (approche communicationnelle; efficience de la situation de communication, responsabilisation des élèves, respect des règles de communication conversationnelles).*

Les élèves sont amenés à changer de rôle à chaque contée pour travailler chacune des compétences qui leur est associée.

PHASE 2
DURÉE PRÉVUE : 8 minutes
MODALITÉ : oral/groupe

Consigne	Tâche des élèves	Rôle de l'enseignant
La contée *Voilà, les auditeurs, vous écoutez attentivement le conteur en essayant de comprendre l'histoire contée. Les conteurs peuvent être debout, faire des gestes, théâtraliser leur récit. N'oubliez pas les critères à respecter. C'est à vous!*	Le conteur restitue le récit qu'il a lu ou qui lui a été lu (pour les élèves les plus fragiles en lecture.) Le maitre-conteur et les auditeurs écoutent le récit et tentent de le comprendre, en se « faisant un film dans la tête. » Le maitre-conteur est particulièrement vigilant sur le respect des critères de narration. Chacun est invité à s'exprimer et doit prendre la parole.	Circuler dans les groupes. Au besoin, réguler le niveau sonore. Faire respecter les règles du travail en groupe. Éventuellement apporter de l'aide à un conteur « bloqué » ou « perdu » dans son récit.

Critères de réussite :
Les critères de la « grille du conteur » sont respectés (cf. doc 1).
Les auditeurs et le maitre-conteur écoutent et comprennent le récit fait par leur pair.

Différenciation :
Il est possible de proposer un support imagé du conte (cf. doc 2) pour soutenir la mémoire de travail de l'élève. Cette activité de restitution de récit sollicite en effet une attention et une prise en compte de différents critères qui peut rendre difficile la restitution du récit.
Un autre étayage peut être envisagé : donner la grille de critères simplifiée (cf. doc 1) aux élèves qui se retrouveraient en surcharge cognitive par la contrainte d'utiliser le vocabulaire des émotions pour décrire ce que ressentent les personnages dans les différentes étapes du récit.

PHASE 3
DURÉE PRÉVUE : 7 minutes
MODALITÉ : écrit/individuel puis oral /groupes

Consigne	Tâche des élèves	Rôle de l'enseignant
La grille du conteur Évaluation par le maitre-conteur, puis échanges au sein du groupe : les auditeurs donnent leur avis, en accord ou désaccord avec le maitre-conteur.	Le maitre-conteur remplit « la grille du conteur » en cochant les critères respectés et en justifiant ses choix.	Circuler pour aider à la compréhension des critères et faire respecter les prises de parole. Inviter les élèves à préciser leurs propos, à argumenter, justifier… Noter des remarques lors du passage dans les groupes ou *a posteriori* pour accompagner au plus près cet élève lors de sa prochaine prestation.

Critères de réussite :
Être capable de :
- donner son avis, le justifier, argumenter ;
- accepter la « critique » positive ou négative, si elle est justifiée par une argumentation.

REMARQUES
La grille du conteur constitue une trace pour l'enseignant.
Féliciter le conteur à chaque contée permet de favoriser sa confiance en lui.

PHASE 4 **DURÉE PRÉVUE :** 8 minutes **MODALITÉ :** oral/ collectif		
Consigne	**Tâche des élèves**	**Rôle de l'enseignant**
Bilan *Nous allons maintenant écouter les maitres-conteurs qui vont nous rapporter ce qui vient de se passer dans leur groupe. Vous allez nous dire ce que les conteurs ont bien réussi à faire parmi les critères de la grille et les points auxquels ils devront faire attention la prochaine fois. Ensuite, le conteur prendra la parole pour éventuellement expliquer ses difficultés ou ce qui lui a permis de réussir à valider les critères.*	Le maitre-conteur, puis le conteur s'expriment.	Gérer les prises de parole de chaque groupe, établir des liens entre les différentes expériences de chaque groupe. Solliciter les auditeurs pour compléter les propos, notamment en cas de désaccord avec le maitre-conteur ou le conteur. Féliciter à chaque fois le conteur de chaque groupe pour un ou plusieurs indicateurs de progrès ou réussites.

3. PRÉPARER L'EXPOSÉ ET L'ENTRETIEN

a) Introduction

La séance que je vais vous présenter concerne l'enseignement de l'oral dans une séquence de français en classe de CE1. Elle se déroule au début de la période 2. Pour la construire, je me suis appuyé(e) sur le corpus de documents fournis par le dossier. Le **document 1** présente les grilles utilisées par les élèves lors de séances dites « de contées ». Lors de ces séances, l'élève « conteur » restitue une histoire lue ou entendue en amont. La première grille a été construite avec les élèves au fil des contées. Ils ont défini des critères à respecter pour réussir une contée. La seconde a été complétée par l'enseignant. Celui-ci, en plus des critères déjà définis, ajoute une contrainte lexicale qui vise le réemploi de mots liés aux émotions qui ont été travaillés en amont. Le **document 2** présente une aide à la narration par un support imagé qui reprend des illustrations des moments clés de l'album étudié : *Le Loup et les Sept Chevreaux*, un conte des frères Grimm, illustré par Claudine Routiaux, paru chez les Éditions Nathan en 2011. Le **document 3** décrit l'organisation de la contée et le rôle de chacun : les élèves sont répartis par groupes de 4. Chacun a un rôle défini : il y a le conteur, le maitre-conteur qui vérifie le respect des critères définis et deux auditeurs. Le **document 4** est extrait des ressources ministérielles Eduscol. Il rappelle les différentes approches de l'oral à travailler en classe et les différents types de pratiques orales qui y sont associés.

La séance que je vous présente aura une durée de 30 minutes.

Les objectifs de cette séance sont :

- raconter une histoire,
- écouter celui qui raconte,

- évaluer une pratique orale.

Voici le déroulé et les composantes didactiques et pédagogiques de cette séance.

b) Conclusion

Cette séance d'oral en CE1 a la particularité de travailler les différentes approches de pratiques langagières : discursive, intégrée et communicationnelle.
Chacune de ces approches doit faire l'objet d'un enseignement explicite. Comme nous l'avons vu, l'enseignant rappelle les règles du travail en groupe. Ceci implique que des séances spécifiques aient été conduites sur ces compétences particulières. Chacune des compétences qui apparait dans cette séance doit faire l'objet d'un travail spécifique : l'élève connait l'objectif d'apprentissage fixé par l'enseignant. Ceci lui permet de focaliser son attention sur cet objectif ; les compétences phonatoires (liées à la prononciation), textuelles (liées à la syntaxe, au lexique) ou communicationnelles (raconter, exposer une idée, écouter, utiliser un registre adapté, participer à une conversation, rapporter des arguments...).

c) Questions du jury

Certains élèves s'expriment peu lors du travail en groupe, d'autres monopolisent la parole. Que proposez-vous pour réguler les prises de parole dans le travail en groupe ?

Oser prendre la parole comme laisser un espace de parole à ses pairs sont des compétences qui doivent être enseignées explicitement.
Pour un « petit parleur », la prise de parole devant le groupe peut être difficile. Pour faciliter celle-ci, plusieurs leviers sont possibles pour l'enseignant :

- Ne jamais forcer l'élève à s'exprimer. S'il refuse de prendre la parole devant le groupe, lui proposer de restituer le récit en individuel. Au fil du temps, il pourra prendre une part de plus en plus active au sein du groupe. Il est important de laisser le temps de prendre confiance en l'incitant à participer sur des prises de parole plus courtes, au moment de l'analyse ou lorsque l'enseignant circule dans les groupes.
- Travailler en amont de la séance avec un groupe de « petits parleurs » au moment des activités pédagogiques complémentaires (APC) ou sur des temps distincts pour les préparer au travail en groupes de contée. Choisir des élèves avec lesquels l'élève se sent en confiance.
- Proposer un étayage renforcé : support images (doc 3), grille de critères allégée (doc 1, grille simplifiée).
- Accompagner l'élève pour se « lancer » : la plus grande difficulté est souvent le démarrage du récit.

Pour ceux qui ont tendance à monopoliser la parole, des activités spécifiques permettent de leur faire prendre conscience de leur difficulté à attendre leur tour de parole. Par exemple, lors d'un travail en groupe au cours duquel chacun est amené à s'exprimer, donner un jeton à chaque élève. À chaque prise de parole, chacun avance son jeton vers le centre de la table et il faut attendre que tous aient pris la parole pour pouvoir récupérer son jeton et prendre à nouveau la parole. Cette pratique doit être transitoire (une à deux séances) car elle freine la spontanéité et la fluidité des échanges.

Sur Lea.fr

Retrouvez deux autres questions du jury

PARTIE 3

ÉCRIRE

- Sujet n° 1 : RECONNAISSANCE DES LETTRES PARMI LES LETTRES EN GS
- Sujet n° 2 : ÉCRITURE ET GESTE GRAPHIQUE AU CP
- Sujet n° 3 : LES ÉCRITS COURTS EN CE2
- Sujet n° 4 : ÉCRIRE AU CM2

Sujet n° 1 : Reconnaissance des lettres parmi les lettres en GS

DOMAINE DISCIPLINAIRE : Mobiliser le langage dans toutes ses dimensions - De l'oral vers l'écrit - Vers la découverte du principe alphabétique
NIVEAU : Cycle 1 - GS
PROGRAMMATION : Période 5 (6e séance de la séquence)
Les élèves ont progressivement découvert les trois écritures (scripte majuscule et minuscule et cursive minuscule) des lettres de l'alphabet. Cette séquence vise à développer la capacité des élèves à distinguer les lettres b, d, p, q.

Dans le cadre d'une séquence d'enseignement de l'écrit en classe de GS, proposez une séance permettant de construire le principe alphabétique en vous appuyant si besoin sur les documents proposés.

CORPUS DE 3 DOCUMENTS

Document 1. Extrait du guide « Pour préparer l'apprentissage de la lecture et de l'écriture en maternelle ». pp. 36-37 – Eduscol*
*source : https://www.education.gouv.fr/evaluations-2022-reperes-cp-ce1-premiers-resultats-343393

Pourquoi est-il si important d'apprendre les lettres ?

La connaissance des lettres est un prédicteur précoce de la réussite en lecture-écriture. Des études de type corrélationnel mettent en évidence le lien existant entre les deux. D'autres travaux de type causal montrent qu'une stimulation de la connaissance des lettres (nom et/ou son) chez les jeunes élèves avant l'enseignement formel du code contribue à faciliter l'accès au principe alphabétique et à sa compréhension. Il s'agit ici de présenter des travaux illustrant l'importance de l'apprentissage précoce des lettres et de leur utilisation dans leurs différentes dimensions pour aider le jeune élève à accéder au principe alphabétique, base de l'apprentissage de la lecture-écriture. Dans cet apprentissage, doivent être distinguées la connaissance du nom des lettres, celle de leur valeur phonémique et enfin celle relative à leur forme graphique. Dans ce dernier cas, la connaissance de la forme s'appuie sur deux modalités qui tiennent compte de la composante visuelle (reconnaître que telle forme graphique est une lettre ou pas) et de la composante motrice (l'élève peut la reproduire, ce qui relève de la production écrite).

« L'une des conditions pour apprendre à lire et à écrire est d'avoir découvert le principe alphabétique selon lequel l'écrit code en grande partie, non pas directement le sens, mais l'oral (la sonorité) de ce qu'on dit. Durant les trois années de l'école maternelle, les enfants vont découvrir ce principe (c'est-à-dire comprendre la relation entre lettres et sons) et commencer à le mettre en œuvre ».

Programme d'enseignement de l'école maternelle, Bulletin officiel spécial n° 2 du 26 mars 2015.

Document 2. Extrait des résultats des évaluations Nationales CP, septembre 2022

4.1.1 CP français, résultats 2022

Les deux exercices les moins bien réussis sont celui de « reconnaissance des lettres parmi des lettres » et celui de « compréhension de mots lus par l'enseignant » (respectivement 69,3 % et 71,8 %). Pour ce dernier, les difficultés de maitrise du vocabulaire se confirment donc. Les mieux réussis sont les exercices de compréhension orale de phrases et de textes (respectivement 84,8 % et 85,2 %).

FIGURE 2 • Répartition des élèves dans les groupes selon le domaine évalué en français en début de CP à la rentrée 2022

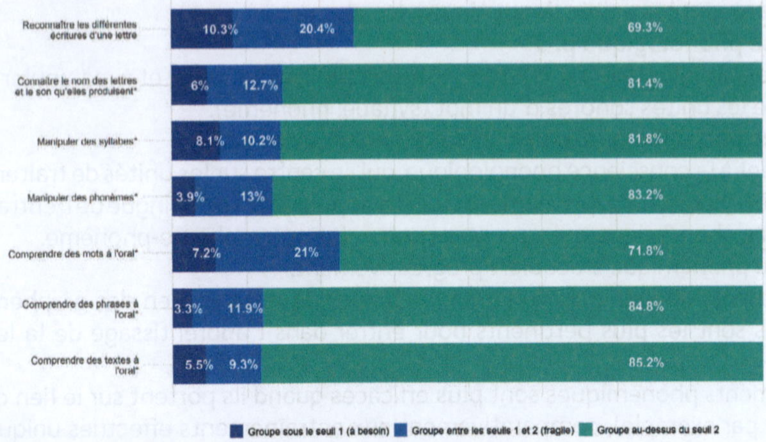

Source : MENJ-DEPP, Repères CP-CE1
© DEPP
Champ : France métropolitaine + DROM, Polynésie française et Saint-Pierre-et-Miquelon. Public + Privé sous contrat
Lecture : En septembre 2022, 69,3 % des élèves évalués en début de CP sont au-dessus du seuil 2 (groupe satisfaisant) dans le domaine « reconnaitre les différentes écritures d'une lettre ».

Document 3. Support de jeu Loto des lettres.

A - CONNAISSANCES DIDACTIQUES ET PÉDAGOGIQUES À MOBILISER

1. DÉFINITIONS

Extraits de : Eduscol - Pour préparer l'apprentissage de la lecture et de l'écriture en maternelle

Le principe alphabétique p. 3
Le principe alphabétique est le système selon lequel les mots écrits sont composés de lettres qui marquent les unités linguistiques, les phonèmes.
La conscience phonologique p. 3
La conscience phonologique est la capacité à percevoir, à découper et à manipuler de façon intentionnelle les unités sonores d'un mot (syllabe, phonème).
La conscience phonologique/conscience phonémique p. 34
L'entraînement à la conscience phonologique, qui se centre sur les unités de traitement des sons de parole (syllabe, rime, phonème) et leur manipulation, se distingue de l'entraînement à la conscience phonémique qui se centre sur la relation graphème-phonème.
La conscience phonémique s'acquiert progressivement.
Les entraînements de manipulation phonémique et de mise en lien des graphèmes avec les phonèmes sont les plus pertinents pour entrer dans l'apprentissage de la lecture et l'écriture.
Les entraînements phonémiques sont plus efficaces quand ils portent sur le lien oral-écrit (lettres-sons, par exemple), comparativement aux entraînements effectués uniquement à l'oral ou avec des supports visuels comme des images.
La manipulation de phonèmes sans support écrit est un exercice très difficile : les lecteurs ont tendance à mobiliser leurs connaissances de l'écrit pour réaliser des exercices de conscience phonémique.

2. LA CONNAISSANCE DU NOM DES LETTRES, UN PRÉDICTEUR IMPORTANT DE LA CAPACITÉ À ENTRER DANS LA LECTURE ÉCRITURE

De nombreuses études font apparaître la forte relation entre la connaissance du nom des lettres et les capacités des élèves à entrer plus aisément dans la lecture-écriture.
Pour exemple, un article de Nathalie Prévost et Marie-France Morin intitulé « Quel rôle joue la connaissance des lettres dans l'acquisition de l'écriture en maternelle ?[2], décrit la nécessité d'une appropriation des lettres mettant en relation leur nom, leur tracé et le son qu'elles produisent. Cet article s'appuie sur de nombreuses recherches menées sur différentes langues, notamment en français et en anglais, qui montrent la corrélation entre la connaissance du nom des lettres développée avant l'entrée au CP et l'apprentissage de la lecture et de l'écriture. « Plus précisément, la connaissance du nom des lettres contribue à la fois à l'apprentissage du son des lettres, au développement de la conscience phonémique et à l'établissement des relations lettres-sons qui est au cœur des activités de lecture et d'écriture. » (p. 36)

1. Les principes clés sont extraits des contenus ministériels :
   - Programme Cycle 2, BOEN n° 31 du 30 juillet 2020
   - « Français cycle 2 - Le langage oral », Eduscol : https://eduscol.education.fr/152/francais-cycle-2-le-langage-oral
2. Paru en 2015 dans *Le Français aujourd'hui* (pages 35 à 50) aux éditions Armand Colin

L'article conclut que si cet apprentissage ne suffit pas à être garant de la réussite des élèves en lecture – écriture, il apparaît que les élèves qui ont bénéficié d'un entraînement favorisant une « exploration visuo-haptique et haptique (tactilo-kinesthésique) de lettres « obtiennent des performances significativement plus importantes en première année en décodage de pseudomots, que les enfants associés au groupe-contrôle. ».
Nous en retirons l'idée qu'il importe de multiplier les modalités de travail autour des lettres de l'alphabet en associant leur nom à leur tracé et au son qu'elles produisent.

3. ECLAIRAGE SUR LA CAUSE DES FRÉQUENTES CONFUSIONS ENTRE LES LETTRES EN MIROIR

Stanislas Dehaene, dans son ouvrage *Apprendre à lire – Des sciences cognitives à la salle de classe*[1], explique les difficultés rencontrées par les élèves à identifier les lettres telles que b, d, p,et q. La naissance de l'écriture étant récente à l'échelle de l'humanité, environ 5 000 ans seulement, elle ne nous permet pas d'avoir de zone du cerveau dédié à la lecture, ni à l'écriture. Notre cerveau reconnaît un animal ou un objet quel que soit l'angle sous lequel nous le percevons. Malheureusement, il procède de la même façon pour les lettres symétriques ou en miroir. Il nous faut donc l'éduquer pour qu'il apprenne à les distinguer et ne plus les confondre. « Tous les enfants, et pas seulement les dyslexiques, confondent transitoirement les lettres en miroir. » (p. 44)

4. ÉVALUER

Les attendus de fin de cycle mentionnés sur Eduscol indiquent que l'élève sera capable de :

- Discriminer des sons (syllabes, sons-voyelles ; quelques sons-consonnes hors des consonnes occlusives) dans des mots ou dans des syllabes.
- Reconnaître les lettres de l'alphabet, connaître leur nom, savoir que le nom d'une lettre peut être différent du son qu'elle transcrit.
- Connaître les correspondances entre les trois manières d'écrire les lettres : cursive, script, capitales d'imprimerie, et commencer à faire le lien avec le son qu'elles codent. Copier à l'aide d'un clavier.
- Reconnaître son prénom écrit en lettres capitales, en script ou en cursive. Connaître le nom des lettres qui le composent.
- Copier en cursive un mot ou une très courte phrase dont le sens est connu.
- Écrire son prénom en écriture cursive, sans modèle.
- Écrire seul un mot en utilisant des lettres ou groupes de lettres empruntés aux mots connus.

B - TRAITEMENT DU SUJET

1. LECTURE ET ANALYSE DES DOCUMENTS DU CORPUS

Document 1. Extrait du guide « Pour préparer l'apprentissage de la lecture et de l'écriture en maternelle ». pp. 36-37 – Eduscol

Comme tout document Eduscol, cet extrait constitue un document institutionnel qui reprend les préconisations du ministère de l'éducation nationale. Il s'appuie sur des travaux récents de la Recherche. Il correspond donc à un outil sur lequel il convient de s'appuyer.

1. Odile Jacob, 2011.

Ces guides institutionnels constituent des outils qui accompagnent les programmes et qui guident les enseignants dans leur pratique en les formant et les informant des pratiques qu'il convient de mettre en place dans leur classe en explicitant les objectifs et processus cognitifs et métacognitifs en jeu.
Plusieurs recherches en éducation font apparaître l'importance d'enseigner le nom des lettres aux élèves de cycle 1 afin de préparer au mieux leur entrée dans la lecture-écriture. Trois dimensions sont à prendre en considération : le nom de la lettre, le son qui lui est associé et sa forme graphique. Les élèves pourront identifier les lettres et distinguer leur forme des autres signes ou symboles. Ils seront aussi conduits à les reproduire dans le cadre de la production écrite.

Document 2. Extrait des résultats des évaluations Nationales CP, septembre 2022

Ce document, lui aussi institutionnel, issu du site education.gouv.fr, fait apparaître la nécessité pour les enseignants de Cycle 1 de développer cette compétence d'identification des lettres de l'alphabet. Cet item a été l'un des plus chuté aux évaluations nationales de CP en septembre 2022.
Les enseignants de cycle 1 se doivent de prendre connaissance des résultats de leurs élèves à l'issue de ces évaluations afin de les analyser pour faire évoluer leur pratique. Ils pourront chercher à comprendre et à identifier les difficultés qu'ont pu rencontrer leurs anciens élèves.
Ces évaluations ont lieu au cours des premiers jours du CP. Les élèves mobilisent alors les connaissances et compétences acquises au cours du cycle 1, après la pause estivale.
Outre la reconnaissance des lettres, la compréhension des mots lus par l'enseignant est le deuxième item le plus chuté. Il conviendra donc à l'enseignant de CP mais aussi à celui de GS de mettre en place dans sa classe un enseignement accru du lexique.
Le métier d'enseignant implique la nécessité de savoir travailler en équipe. Les conseils des maîtres permettent ces temps d'harmonisation et d'échanges, au sein d'un même cycle ou entre les cycles, en faveur de la réussite des élèves dont ils ont la charge. Une collaboration étroite entre les enseignants de cycle 1 et de cycle 2 est nécessaire pour harmoniser leurs pratiques et favoriser la continuité pédagogique au service des élèves. Cette continuité permet une plus grande cohérence dans les pratiques et ainsi une visibilité accrue par les élèves des attendus de leurs enseignants.

Document 3. Support de jeu Loto des lettres.

Ce jeu est un support d'apprentissage, visiblement construit par l'enseignant(e). Il se compose de grilles de 6 cases vides. Chaque grille est d'une couleur différente. À ces grilles s'ajoutent des cartes-lettres. Chaque écriture correspond à un fond de couleur différent qui permet implicitement de catégoriser les lettres en majuscules scriptes (fond bleu), les lettres en minuscules scriptes (fond jaune) et les lettres en minuscules cursives (fond vert). Cette catégorisation devra être explicitée aux élèves.
À noter que les cartes sont judicieusement ornées d'une ombre en haut à droite afin de donner un repère aux élèves et d'éviter les confusions entre les lettres symétriques ou visuellement proches telles que b et d, p et q, n et u... Cette ombre permet d'éviter d'avoir recours au trait placé souvent sous les lettres ou les chiffres pour éviter les confusions (ex : , b, p, ...6-9). Ce trait pourrait ici avoir pour inconvénient d'entraîner une perturbation dans l'identification des lettres. L'ombrage est plus discret et n'altère en rien le tracé de la lettre.

La règle du jeu peut être la suivante : l'enseignant(e) ou un élève « maître du jeu » retourne une carte parmi l'ensemble des cartes d'une couleur ou parmi une sélection de ces cartes. Ici, on peut supposer que l'enseignant(e) a sélectionné les cartes b, d, p et q pour qu'elles apparaissent au cours de la partie.
Chaque élève dispose d'une grille et de 6 cartes de fond jaune.
Le but du jeu est d'écouter la lettre en majuscule scripte annoncée et de lui faire correspondre la carte en écriture scripte minuscule
Ce support créé par l'enseignant(e) offre la possibilité de décliner le jeu sous plusieurs formes :
Jeu de Memory s'il est imprimé en double exemplaire.
Jeu de Mistigri si une paire est incomplète : les élèves se défaussent des paires qu'ils parviennent à réaliser (même lettre dans deux écritures distinctes) en demandant une carte aux autres joueurs ou à défaut, en ayant recours à la pioche, ce qui permet de varier les modalités de jeu avec une économie de supports.

2. FICHE DE PRÉPARATION

Construire une fiche de séance sur le modèle d'une fiche de préparation. Cette fiche sera le support de votre présentation.

<table>
<tr><th colspan="4">SÉANCE - L'écrit – Principe alphabétique</th></tr>
<tr><td colspan="2">DATE : P5</td><td colspan="2">DOMAINE DU SOCLE : Le langage dans toutes ses dimensions</td></tr>
<tr><td>NIVEAU DE CLASSE :
GS</td><td>NOMBRE D'ÉLÈVES :
23</td><td>SÉANCE N° : 4/5</td><td>DURÉE :
30 minutes</td></tr>
<tr><td colspan="2">PLACE DE LA SÉANCE DANS LA SÉQUENCE :
Séance 1 – identification de la lettre b
Séance 2 – identification de la lettre d
Séance 3 et 4 – discrimination visuelle des lettres b et d
Séance 5 – identification de la lettre p
Séance 6 – identification de la lettre q
Séance 7et 8 : discrimination visuelle des lettres b, d, p, q
Séance 9 : évaluation formative</td><td colspan="2">INTITULÉ DE LA SÉQUENCE :
Distinguer des graphèmes proches : b, d, p, q</td></tr>
<tr><td colspan="2">OBJECTIFS DE LA SÉANCE :
Lever les confusions entre les lettres en miroir b/d/p/q</td><td colspan="2">PRÉREQUIS :
Connaissance du nom des lettres de l'alphabet
Connaissance du clavier d'ordinateur (Cet apprentissage ne doit pas être totalement nouveau pour que l'élève soit relativement autonome sur son utilisation)</td></tr>
</table>

COMPÉTENCES VISÉES :	**MATÉRIEL/SUPPORTS :**
• Connaître le nom des lettres de l'alphabet • Savoir distinguer les lettres b/d/p/q • Distinguer le nom de ces lettres et le son qu'elles produisent	• flashcards avec les lettres de l'alphabet • lettres en relief (type Montessori) • une ardoise (+ feutre, + chiffon) • jeu de loto (chaque lettre de l'alphabet est disponible dans les 3 écritures (scripte majuscule et minuscule et cursive minuscule) • Alphabet mural dans les 3 écritures • Alphabet individuel dans les 3 écritures

PHASE 1
DURÉE PRÉVUE : 5 min
MODALITÉ : oral/collectif

Consigne	**Tâche des élèves**	**Rôle de l'enseignant**
Rappel du nom des lettres Au coin regroupement. 1) « Nous allons ensemble réciter l'alphabet. Vous suivez ma baguette qui vous montre chaque lettre dans l'ordre sur l'alphabet de la classe. »	• Réciter l'alphabet • Nommer les lettres montrées par l'enseignant(e) dans l'ordre, collectivement.	L'enseignant montre chaque lettre dans l'ordre alphabétique sur l'alphabet mural de la classe.
2) « Je vais vous montrer une lettre. Vous levez la main pour me dire le nom de cette lettre. »	Les élèves sollicitent la parole en levant la main pour nommer la lettre montrée par l'enseignant. (Lettres dans le désordre)	L'enseignant montre une carte et interroge un élève afin qu'il nomme la lettre montrée.
3) Nous avons travaillé au cours des séances précédentes autour de lettres qui se ressemblent et que nous devons apprendre à distinguer. Qui peut me rappeler le nom de ces quatre lettres ?	Les élèves nomment les lettres découvertes au cours des 6 séances de cette séquence : b/d/p/q	L'enseignant sollicite les élèves pour les inviter à se remémorer les lettres étudiées au cours de la séquence.

REMARQUE

Rappel du nom des lettres pour favoriser la mémorisation de l'alphabet dans l'ordre puis le désordre.

PHASE 2 **DURÉE PRÉVUE :** 20 min **MODALITÉ :** oral/coll.		
Consigne	**Tâche des élèves**	**Rôle de l'enseignant**
Mise en ateliers * Nous allons aujourd'hui entraîner notre cerveau à ne pas confondre ces 4 lettres qui se ressemblent beaucoup. Pour cela nous allons faire 4 ateliers : * Le 1er groupe sera avec l'Atsem pour s'entrainer à tracer ces lettres en passant leur doigt sur les lettres rugueuses en nommant les lettres qu'ils tracent ainsi. Il est important de dire le nom de la lettre en même temps que vous l'écrirez. Vous pourrez ensuite dire le son qu'elle produit. Ensuite, vous vous entraînerez à l'écrire sur votre ardoise, toujours en disant le nom de la lettre que vous écrirez et le son qu'elle produit quand on la lit. Si vous tracez le « p ». Vous pourrez dire : « C'est la lettre « p », elle se prononce [p] ».	Au cours des ateliers les élèves réalisent l'activité demandée et peuvent si besoin solliciter leur pair ou un adulte pour les aider.	
* Le 2e groupe sera en autonomie et travaillera sur cette fiche. Regardez bien, vous pouvez voir 4 colonnes : Quelle lettre est écrite en haut de la première colonne ? De la deuxième ? De la troisième ? et enfin de la quatrième ?	Les élèves nomment les lettres écrites en haut des colonnes : b, d, p et q Ils rappellent aussi le son produit par chaque lettre : [b], [d], [p], [k]. *réponse attendue : dans la colonne « b »	

Vous découperez les images et les collerez dans chaque colonne correspondant au son contenu dans le mot. Par exemple, « le bateau » devra être collé dans quelle colonne ? Vous pouvez vous aider de votre alphabet pour le réciter dans l'ordre et retrouver le nom de la lettre que vous cherchez. Que représentent ces images ?			
* Le 3e groupe sera lui aussi en autonomie, il saisira à l'ordinateur la série de lettres écrites en lettres cursives minuscules visibles sur cette fiche (la montrer). Pour réussir cette activité, vous devrez faire correspondre la lettre écrite en cursive minuscule avec les lettres des touches du clavier sur lesquelles les lettres sont en scripte majuscule. Vous verrez alors apparaître les lettres en minuscules scriptes. Vous aurez ainsi entrainé votre cerveau à associer les 3 écritures d'une même lettre.		* Amener les élèves à observer l'alphabet mural pour en faire un outil d'étayage auquel les élèves pourront ensuite se référer. Leur indiquer qu'ils peuvent aussi utiliser leur propre alphabet pour pouvoir suivre chaque lettre nommée avec son doigt. L'enseignant montre la fiche avec une série de lettres telle que : b, d, d, p, p, q, b.	
* Le 4e groupe sera avec moi pour jouer au jeu du loto. Chaque joueur dispose d'une grille et de 6 cartes lettres, écrites en scripte minuscule. Je montrerai une carte avec des lettres en scripte majuscule, vous nommerez cette lettre et chercherez si elle se trouve parmi vos cartes. Si c'est le cas, vous pourrez la poser sur votre grille après l'avoir			

nommée et avoir exprimé le son qu'elle produit : « le « b » se prononce [b] ». Le premier joueur à avoir complété sa grille aura gagné. **Clôture de la séance :** Chaque groupe restitue ce qui s'est passé dans son groupe au cours de l'activité, en nommant les lettres et en montrant le travail réalisé.		

REMARQUE

L'Atsem veillera au respect du sens du tracé.
(Chaque groupe compte 6 élèves)
Le son n'est pas nécessairement en début de mot.
Le travail sur ordinateur offre la possibilité à l'enseignant d'observer la trace laissée par l'élève du travail qu'il a accompli.
L'atelier dirigé par le professeur regroupe des élèves plus fragiles pour qui le feedback immédiat est nécessaire et pour qui la verbalisation a besoin d'être soutenue.

3. PRÉPARER L'ENTRETIEN

a) Introduction

La séance d'enseignement du principe alphabétique que je vais vous présenter a pour objectif d'entraîner les élèves à identifier les lettres symétriques b, d, p et q. Stanislas Dehaene s'appuie sur les résultats des recherches en sciences cognitives pour expliquer les confusions qu'elles occasionnent et les difficultés liées à l'identification de ces lettres en miroir. Il convient d'éduquer le cerveau des élèves en variant les modalités de travail pour favoriser leur identification nécessaire en situation de lecture-écriture. Pour cela, les élèves vont devoir associer de façon répétée le nom de la lettre, son tracé et le son qu'elle produit (**document 1**). Les résultats aux évaluations nationales de septembre 2022 font apparaître les difficultés rencontrées par les élèves de CP dans la reconnaissance des lettres. Cet item est le plus chuté (**document 2**). Il convient donc de se pencher sur une réponse à apporter pour y remédier. Le **document 3** propose un jeu du loto : ce support d'apprentissage, visiblement construit par l'enseignant(e), se compose de grilles de 6 cases vides et de cartes-lettres. Chaque écriture correspond à un fond de couleur différent qui permet implicitement de catégoriser les lettres en majuscules scriptes (fond bleu), les lettres en minuscules scriptes (fond jaune) et les lettres en minuscules cursives (fond vert). La séance que je vous présente dure 30 minutes, elle se déroule en période 5 après un long cheminement qui a permis à ces élèves de GS de découvrir peu à peu l'ensemble des lettres de l'alphabet. L'entraînement à l'association des 3 écritures (scripte minuscule et majuscule et cursive minuscule) se poursuit. Cette séquence a débuté par une séance spécifique accordée à chacune de ces quatre lettres b, d, p et q puis à; suivent deux séances les opposant deux à deux : une séance pour mettre en évidence l'opposition b/d,

une autre sur l'opposition p/q. La séance d'aujourd'hui réunit ces quatre lettres. Elle se poursuivra par une dernière séance d'évaluation formative destinée à orienter le travail qui sera conduit jusqu'à la fin de l'année par chacun des 24 élèves que compte cette classe.
Le dispositif retenu est celui des ateliers. Deux ateliers sont proposés en autonomie, un troisième est conduit sous la surveillance de l'Atsem pour guider le tracé des lettres et valider l'association du nom de la lettre au son produit par sa lecture, enfin, le quatrième est dirigé par l'enseignant(e) avec des élèves plus fragiles, ayant besoin d'un étayage renforcé.
Je propose de partager avec vous le déroulé et les composantes didactiques et pédagogiques de cette séance.

b) Conclusion

Cette séance de préparation à l'entrée dans la lecture et l'écriture répond à un besoin mis en évidence par les évaluations nationales et les résultats des recherches en sciences cognitives qui expliquent la cause des difficultés que peuvent rencontrer les élèves.
La prise de connaissance par les enseignants de cycle 1 des résultats des évaluations nationales conduites dans les classes de primaire permet de guider leur action au profit de la réussite des élèves. Le cœur du métier d'enseignant s'appuie sur le partage et le travail en équipe.
Les guides institutionnels construits à partir des résultats de nombreuses recherches favorisent la mise en place de démarches efficaces qui peuvent être explicitées aux élèves et à leur famille.
La conscience phonémique et *a fortiori* le travail sur ces paires de lettres en miroir nécessitent un temps long d'apprentissage. Il conviendra de poursuivre ce travail de manière continue, en multipliant les modalités liant le touché (lettres rugueuses par exemple), le tracé (kinesthésique) et le son produit pour permettre aux élèves d'automatiser leur reconnaissance et leur identification en situation de lecture et d'écriture. La fluence en lecture et donc la compréhension des textes lus en dépendent.

c) Question du jury

Le numérique peut-il apporter une plus-value dans l'apprentissage de la connaissance des lettres ?
L'un des ateliers proposés montre comment l'usage du clavier permet de travailler la correspondance entre les trois écritures du fait de la possibilité offerte d'utiliser un modèle d'écriture à saisir, les majuscules scriptes du clavier et l'écriture qui apparaît à l'écran (police de caractère qui elle, peut être choisie par l'enseignant).
Il existe de nombreux logiciels et applications qui permettent de développer les différentes compétences à mobiliser : tracé, son et nom de la lettre. Les outils numériques engagent souvent les élèves dans l'activité. L'élève n'hésite pas à recommencer plusieurs fois si nécessaire pour accéder au niveau ou à l'exercice suivant.
L'enseignant devra choisir parmi l'offre pléthorique d'outils proposés en libre accès sur des sites privés ou des supports numériques payants. Pour le guider dans ce choix, il pourra se faire aider des conseillers pédagogiques en charge du numérique ou par ses collègues qui auront pu expérimenter certains d'entre eux.
L'enseignant doit être conscient que l'outil numérique en lui-même ne garantit pas l'accès au savoir de l'élève, ni le développement des compétences visées. Il lui reste à définir les modalités de travail à mettre en place dans l'usage de cet outil comme de tout support dans sa classe.

Il reste nécessaire pour l'élève de bénéficier d'un feedback (rétroaction) sur son activité. Les interactions avec l'enseignant sont importantes pour conduire à la conscientisation des processus en jeu, à la construction de sa conscience phonologique et phonémique.
Voici quelques applications utiles : par exemple Zoum est proposé par le GAR (Le Gestionnaire d'Accès aux Ressources Numériques) qui se déploient dans les TNE (Territoires Numériques Educatifs) dans certains départements pour lutter contre la fracture numérique. De nombreuses applications permettent le tracé de lettres sur tablettes (exemple : ABC-lettres-liées).

Sur Lea.fr

Retrouvez deux autres questions du jury

Sujet n° 2 : Écriture et geste graphique au CP

Dans le cadre de l'enseignement de l'écriture au cycle 2, proposez une séance inscrite dans une séquence sur le geste graphique au CP. Elle se situe en début de période 1. Vous détaillerez le déroulement de cette séance en prenant soin d'expliciter vos choix didactiques et pédagogiques.

CORPUS DE 4 DOCUMENTS

Document 1. Extrait de « Français cycle 2 – Écriture », novembre 2020. https://eduscol.education.fr/149/francais-cycle-2-ecriture

La posture

CONSTAT	RAISONS POSSIBLES	EFFETS SUR L'APPRENTISSAGE	AIDES POSSIBLES	
La posture n'est pas correcte	• Le tonus et la stabilité du tronc sont sans doute insuffisants. • L'enfant a besoin de mouvement. • La chaise et la table ne sont pas à bonne hauteur. • L'enfant n'a pas de bons appuis au sol. • Le buste ne prend pas appui sur l'avant-bras de la main libre.	• Tendance à bouger, à s'affaisser sur son bureau ou à tenir sa tête avec son bras ce qui nuit à sa concentration, à l'exécution de ses gestes et à la persévérance. • Inconfort physique, qui entraîne une sensation de fatigue.	• Montrer, expliquer et faire verbaliser la bonne position. • Rappeler cette position avant et pendant chaque séance d'écriture. • Régler la hauteur des tables et des chaises pour que l'élève puisse poser ses pieds au sol (on pourra prévoir un marchepied). • Mettre les élèves en condition à travers des exercices corporels pour centrer l'élève sur la tâche d'écriture.	 • Les pieds sont posés au sol. • Les fesses sont au fond de la chaise. • Le dos est appuyé sur le dossier ou légèrement penché en avant. • La chaise est proche de la table.

La tenue et le maniement du crayon

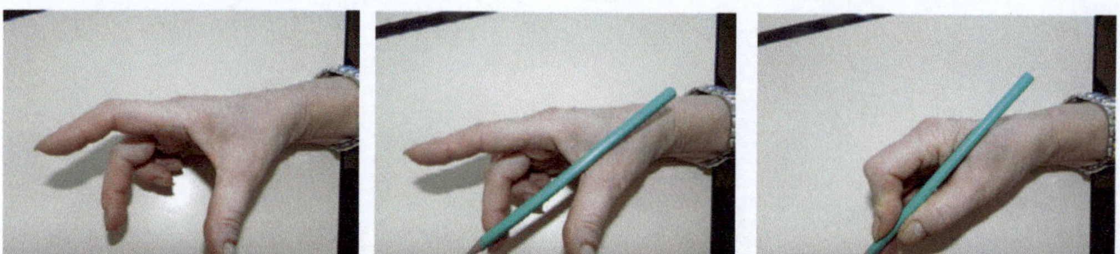

Pincer le crayon entre **le pouce** et **le majeur**.
Observation d'élèves de CP et CE1 pour écrire un mot ou une leçon copiés au tableau

Le positionnement du support

Pour un meilleur confort, le cahier doit être légèrement incliné vers la gauche pour le droitier, vers la droite pour le gaucher. En effet, lorsque le cahier est incliné, il est plus ou moins dans l'axe de l'avant-bras ce qui permet de placer la main tout naturellement dans le prolongement de l'avant-bras. Les muscles du bras sont alors en position de repos. Le coude doit être dégagé afin de pouvoir aller de gauche à droite sans s'arrêter.

La main qui n'écrit pas se place sur la page à gauche de la zone d'écriture pour assurer à la fois la fixation de la feuille et l'équilibre du corps.

Document 2. Captures d'écran de la vidéo « Finger eyes » (https://www.youtube.com/watch?v=Oe4iDhx16zc)

> Un exercice pour préparer la tenue correcte du crayon : le canard. Bouger les 3 doigts : pouce, index, majeur réunis d'avant en arrière, plusieurs fois.

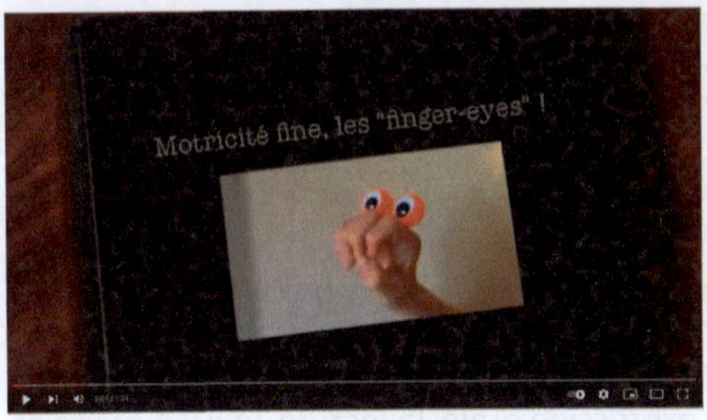

Document 3. Production d'élève : activité d'écriture

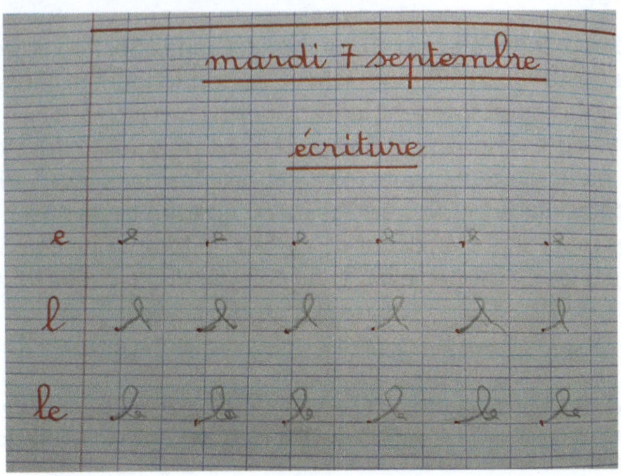

Document 4. Étayage différencié : le lignage

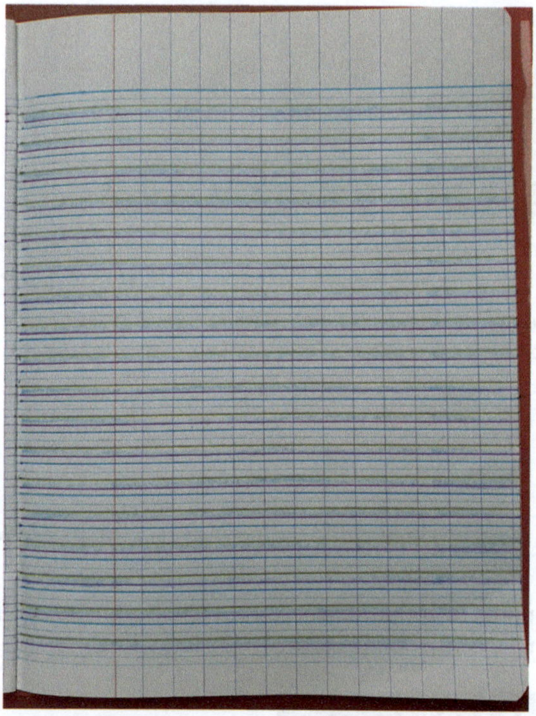

A - CONNAISSANCES DIDACTIQUES ET PÉDAGOGIQUES À MOBILISER

1. ACCOMPAGNER LES ÉLÈVES DANS L'APPRENTISSAGE DE L'ÉCRITURE

Par un enseignement structuré, explicite, progressif, et en relation avec toutes les autres composantes de l'enseignement de français, l'expression orale, la lecture, la grammaire et le vocabulaire, les élèves acquièrent les moyens d'une écriture relativement aisée.

a) Apprendre à copier

Ayant commencé à apprendre à écrire en cursive en Grande Section, les élèves complètent l'apprentissage du geste d'écriture non achevé et perfectionnent leurs acquis (sureté et vitesse), automatisant progressivement le tracé normé des lettres.
Quel que soit le niveau d'enseignement, la fréquence, la régularité des situations d'écriture et la quantité des écrits produits sont gages de progrès dans leur variété. Les activités de copie visent à entrainer les élèves aux gestes d'écriture et favorisent la mémorisation orthographique des mots écrits. Au début du cycle 2, le temps que demande toute activité d'écriture pour de jeunes élèves non experts ne doit pas dissuader de lui accorder du temps chaque jour.

1. Les principes clés sont extraits des contenus ministériels :
   - « Français cycle 2 – Écriture » https://eduscol.education.fr/149/francais-cycle-2-ecriture
   - « Programmes et horaires à l'école élémentaire » : https://www.education.gouv.fr/programmes-et-horaires-l-ecole-elementaire-9011

b) L'usage du clavier

Les élèves apprennent à utiliser les fonctions simples d'un traitement de texte, ils manipulent le clavier.

c) Des supports variés

De façon manuscrite ou numérique, les élèves apprennent à copier ou transcrire sans erreur, depuis des supports variés (livre, tableau, affiche, etc.) en veillant à la mise en page. Les exigences qui s'appliquent à la copie sont justifiées par l'usage réel qui sera fait des messages ou des textes copiés.

2. DÉVELOPPER LES COMPÉTENCES ET CONNAISSANCES ASSOCIÉES

D'autres compétences ou connaissances sont à développer en lien avec l'activité de copie :

- maitriser des gestes de l'écriture cursive exécutés avec une vitesse et une sureté croissantes ;
- transcrire un texte avec les correspondances entre diverses écritures des lettres (scripte/cursive) ;
- utiliser des stratégies de copie pour dépasser la copie lettre à lettre : prise d'indices, mémorisation de mots ou groupes de mots ;
- respecter la mise en page des textes proposés (demandes ou informations adressées aux parents, synthèses d'activités, outils de référence, résumés de leçons, poèmes et chansons à mémoriser, anthologie personnelle de textes, etc.) ;
- relire pour vérifier la conformité orthographique ;
- manier le traitement de texte pour la mise en page de courts textes.

3. AMÉLIORER LA MAITRISE DU GESTE GRAPHIQUE

Savoir écrire nécessite aussi une maitrise du geste graphique, c'est-à-dire une capacité à former correctement les lettres en écriture cursive et à enchainer leur tracé de manière suffisamment fluide et rapide. Cette maitrise suppose d'avoir appris à tenir de manière adéquate crayon ou stylo et à tracer les lettres en respectant un certain sens et une disposition spatiale, mais aussi que le geste graphique ait été suffisamment répété pour acquérir régularité, vitesse et fluidité, et développer ainsi des automatismes. C'est la condition pour libérer les ressources de mémoire et d'attention nécessaires à la rédaction. L'écriture avec le clavier, qui doit faire l'objet d'un apprentissage spécifique, ne peut remplacer l'écriture manuelle. La production manuscrite des lettres permet en effet une meilleure mémorisation des mots écrits et une meilleure reconnaissance en lecture, car la mémoire sensorimotrice vient assister la mémoire visuelle. Il est donc important de pratiquer suffisamment l'écriture manuscrite pour que des difficultés, ou une lenteur dans le geste graphique, ne nuisent pas aux autres composantes de l'écriture, et en particulier à celles mises en jeu par la rédaction d'un texte.

4. ÉVALUER

En écriture, les attendus de fin de cycle publiés par Eduscol[1] indiquent que l'élève sera capable de :

- « Copier ou transcrire, dans une écriture lisible, un texte d'une dizaine de lignes en respectant la mise en page, la ponctuation, l'orthographe et en soignant la présentation.
- Rédiger un texte d'environ une demi-page, cohérent, organisé, ponctué, pertinent par rapport à la visée et au destinataire.
- Améliorer un texte, notamment son orthographe, en tenant compte d'indications. »

Dans le domaine de la copie, en fin de cycle 2, les élèves doivent pouvoir copier un texte d'à peu près 80 mots dans un laps de temps compris entre 10 et 15 minutes.
Les critères de lisibilité sont :

- La liaison des lettres se fait en un mouvement continu, sans rupture.
- Les lettres sont bien formées en écriture cursive :
  - › on distingue aisément des lettres proches telles que : *a/o, l/b, h/k, m/n, n/u*,
  - › les points sont positionnés sur le « i » et le « j »,
  - › la barre du « t » est présente.
- La hauteur des lettres est respectée.

B - TRAITEMENT DU SUJET

1. LECTURE ET ANALYSE DES DOCUMENTS DU CORPUS

Le **document 1** est un outil officiel proposé par Eduscol, site du ministère de l'Éducation nationale. Il présente les points de vigilance à ne pas négliger lors des **séances** d'écriture, à savoir : la posture de l'élève, la tenue du crayon et la position du support.
Le **document 2** représente deux images extraites d'une vidéo disponible sur Youtube qui présente des activités de « gymnastique des doigts ». Ici il s'agit de positionner ses doigts de façon à reproduire le bec du canard. Cette activité préparatoire à la séance d'écriture a pour **objectif** de préparer la bonne tenue du crayon : bouger les 3 doigts, pouce, index, majeur, réunis d'avant en arrière, plusieurs fois.
Le **document 3** présente le cahier de l'élève qui dès les premiers jours suivant la rentrée scolaire, le 7 septembre, a écrit les lettres « e », « l » et le mot « le ».
Le **document 4** est un support-élève. Il s'agit d'une feuille dont le lignage est mis en couleur afin de faciliter l'écriture sur la ligne (en violet), le respect de l'interligne (entre la ligne violette et la ligne verte) ainsi que la hauteur des lettres (ligne bleue). Elle constitue un outil de **différenciation**.

1. https://cache.media.eduscol.education.fr/file/30/62/2/ensel169_annexe1_985622.pdf

2. FICHE DE PRÉPARATION

<table>
<tr><td colspan="4">SÉANCE : Tenue du crayon et graphie des lettres « e », « l » et du mot « le »</td></tr>
<tr><td colspan="2">DATE : Début septembre</td><td colspan="2">DOMAINE DU SOCLE : 1</td></tr>
<tr><td>NIVEAU DE CLASSE :
CP</td><td>NOMBRE D'ÉLÈVES :
20</td><td>SÉANCE N° :
4</td><td>DURÉE :
25 minutes</td></tr>
<tr><td colspan="2">PLACE DE LA SÉANCE DANS LA SÉQUENCE :
Séance 1 - Tenue du crayon, posture et position du cahier
Séance 2 - Tenue du crayon et repérage du lignage
Séance 3 - Tenue du crayon et boucles
Séance 4 - Tenue du crayon et graphie des lettres « e », « l » et du mot « le »
Séance 5 - Tenue du crayon et écriture de « e », « l », « le » et « elle »
Séance 6 - Tenue du crayon et écriture de « le » et « elle »</td><td colspan="2">INTITULÉ DE LA SÉQUENCE :
Les boucles, les lettres « e » et « l »</td></tr>
<tr><td colspan="2">OBJECTIFS DE LA SÉANCE :
Tracer les lettres « e » et « l ».
Écrire le mot « le ».</td><td colspan="2">PRÉREQUIS :
Savoir tenir son crayon.
Savoir être correctement assis pour écrire.
Savoir se repérer dans la page et le lignage du cahier.</td></tr>
<tr><td colspan="2">COMPÉTENCE(S) VISÉE(S) :
Tenir son crayon correctement et être bien assis.
Tracer les lettres « e » et « l ».
Enchainer l'écriture de 2 lettres pour former le mot « le ».</td><td colspan="2">MATÉRIEL – SUPPORTS :
Ardoise et feutre fin ; crayon à papier ; cahier d'écriture ; lignage au TNI (ou tableau) identique à celui du cahier des élèves.</td></tr>
</table>

PHASE 1
DURÉE PRÉVUE : 5 minutes
MODALITÉ : oral/collectif

Consigne	Tâche des élèves	Rôle de l'enseignant
Rappel des séances précédentes 1. *Qui peut rappeler ce que nous avons fait pendant la séance d'écriture d'hier ?* 2. *Oui, nous avons tracé des boucles.* *Maintenant, qui peut rappeler comment faire pour bien tenir son crayon ?* 3. *Comment fait-on ensuite pour tracer des boucles ?*	Réponses attendues : 1. *Nous avons tracé des boucles.* 2. *Pour bien tenir son crayon, on le pose sur la main entre le pouce et l'index, puis on le pince entre le pouce et la première phalange du majeur. Ensuite on pose l'index sur le crayon.* 3. *Pour tracer des boucles, on fait le canard* (doc 2) *: on tient bien son crayon et on fait des petits cercles juste en étirant et reculant les doigts qui tiennent le crayon.*	Solliciter la mémoire des élèves. Montrer le geste après avoir invité un élève à le faire, en étant modélisant. Décrire verbalement chacun de ses gestes.

Critères de réussite :
Les élèves peuvent rappeler le contenu des séances précédentes, décrire la tenue du crayon et le tracé des boucles.

REMARQUES

Le « tissage » avec les séances précédentes mobilise le vocabulaire (mémoire sémantique) et rappelle la tenue du crayon et les gestes d'écriture (mémoire procédurale). Ce rappel participe ainsi à la mémorisation du lexique et du tracé des lettres. L'écriture est une situation d'enseignement qui ne peut pas être faite en autonomie.

La présence de l'enseignant est précieuse à chaque étape de la séance :
- *en amont du geste d'écriture pour montrer, verbaliser, décrire, expliquer ;*
- *pendant le geste graphique des élèves pour féliciter, encourager, corriger, réexpliquer ;*
- *après le geste graphique pour féliciter, évaluer avec l'élève (feedback immédiat).*

Le choix d'utiliser un feutre d'ardoise (fin pour ne pas gêner la tenue du crayon) et un crayon à papier s'inscrit dans une démarche formative : l'élève peut effacer et recommencer à volonté.

PHASE 2 **DURÉE PRÉVUE :** 2 minutes **MODALITÉ :** oral/collectif		
Consigne	**Tâche des élèves**	**Rôle de l'enseignant**
<u>Présentation de l'objectif de la séance</u> *Aujourd'hui nous allons apprendre à écrire des lettres : la lettre « e » et la lettre « l ».*	Les élèves écoutent.	Préciser les objectifs de la séance dans le but d'orienter l'attention des élèves.

PHASE 3 **DURÉE PRÉVUE :** 15 minutes **MODALITÉ :** écrit/individuel		
Consigne	**Tâche des élèves**	**Rôle de l'enseignant**
1. <u>Présentation de la lettre « e »</u> a) *Nous avons découvert cette lettre qui s'appelle « e » en lecture. Comment se prononce-t-elle ? Voici comment il faut la tracer.* Procéder à la démonstration en verbalisant le geste.	a) Réponse attendue : *Elle se lit [ə].*	a) Montrer au tableau sur un lignage vidéo-projeté (ou tracé au tableau), identique à celui des élèves, la formation de la lettre « e » : il s'agit d'une petite boucle qui se positionne entre les deux lignes. On trace une courbe qui « passe par le bas » et qui vient toucher la ligne au-dessus pour redescendre et finir la boucle.

b) *Vous allez maintenant vous assoir correctement : pied au sol, les fesses au fond de la chaise, le dos droit puis vous prenez votre crayon comme nous l'avons rappelé tout à l'heure. C'est-à-dire comme ceci :* (montrer et verbaliser) *vous le pincez entre le pouce et la première phalange du majeur. Votre index vient se poser sur le crayon. Nous allons tracer cette lettre « e » en l'air dans un premier temps. Vous mettez votre crayon devant vous et vous « faites le canard » en avançant un peu vos doigts en pince, en les faisant tourner pour faire une petite boucle.*	b) Les élèves tracent en l'air la lettre « e » 4 ou 5 fois. Ils suivent les consignes : • se positionner, • vérifier son assise, • vérifier la tenue du crayon.	b) Se positionner dans le même sens que les élèves ; c'est-à-dire leur tourner le dos, pour qu'ils puissent observer le geste et s'y référer.
c) *Vous allez maintenant vous entrainer sur votre ardoise en faisant des boucles sur les lignes. Vérifiez que vous êtes correctement assis et que votre crayon est tenu comme il se doit. Puis vous écrivez sur l'ardoise.*	c) Les élèves tracent la lettre « e » sur l'ardoise.	c) et d) Circuler dans la classe pour corriger la posture, la tenue du crayon ou le tracé de la lettre. Veiller à ce que les élèves écrivent sur les lignes. Montrer à nouveau et verbaliser en décrivant une nouvelle fois le geste.
d) *Vous allez maintenant pouvoir écrire la lettre « e » sur le cahier avec votre crayon à papier. Je vous montre à nouveau le geste au tableau.*	d) Ils tracent la lettre « e » sur le cahier.	

2. Présentation de la lettre « l » Reprendre le même déroulé avec la lettre « l ».	2. Idem que pour la lettre « e » en étirant la pince vers le haut.	2. Au moment de la description du geste, insister sur le fait que cette fois le canard allonge son bec pour monter de 3 interlignes avant de redescendre. Insister sur le fait qu'il s'agit du même geste mais que la hauteur de la boucle oblige à tendre les doigts pour monter.
3. Présentation du mot « le » a) *Vous savez maintenant écrire les lettres « e » et « l », nous allons enchainer les deux lettres pour écrire le mot « le ».* Montrer au tableau en verbalisant : *Je tiens bien mon crayon en le pinçant entre mon pouce et la première phalange de mon majeur, puis je pose mon index sur le crayon. Je pars de la ligne du bas, je monte de 3 interlignes en allongeant le bec du canard puis je redescends sur la ligne du bas et j'enchaine tout de suite avec la petite boucle qui forme le « e » sans lever mon crayon de la page.*	3. Idem mais en focalisant sur la liaison entre les deux lettres.	3. Insister sur le fait de ne pas lever la main entre les lettres. Le mot « le » s'écrit sans rupture, en un geste continu.
b) *Entrainez-vous à faire ce geste en l'air. On y va tous ensemble.* Se placer dos aux élèves (et tourner la tête vers eux) pour montrer 2 ou 3 fois, puis se placer au fond de la classe pour observer le tracé « en l'air » des élèves.	b) Les élèves observent l'enseignant et reproduisent le geste en l'air.	b) Observer les tracés en l'air, corriger si besoin et indiquer le moment à partir duquel les élèves sont prêts pour s'entrainer sur l'ardoise.

c) *Vous allez maintenant écrire le mot « le » sur votre ardoise. Je vous montre au tableau* (montrer et verbaliser en décrivant à nouveau le geste). *Allez-y.* d) *Vous pouvez maintenant écrire « le » sur votre cahier. Vérifiez que vous êtes bien assis, que votre crayon est bien tenu. Allez-y.*		c) Procéder de même pour passer de l'ardoise au cahier.

Critères de réussite :
1. b) Des différences importantes peuvent exister entre les élèves. Le guidage sera alors différent. Plusieurs variables peuvent être ajustées : nombre de lignes ou de lettres, travail sur l'ardoise uniquement dans un premier temps, tracés dans le sable, etc.

c) et d) Évaluation formative : guider les élèves, repérer les difficultés et apporter systématiquement une réponse pour y remédier.

Différenciation :
Donner aux élèves ayant des difficultés pour se repérer dans le lignage du cahier un tracé particulier sur leur cahier avec un codage qui leur sera explicité : les lettres sont posées sur la ligne violette. Les petites lettres (« e ») s'écrivent entre la ligne violette et la ligne verte. Pour les élèves qui en ont besoin cet interligne peut être coloré afin d'être rendu plus visible (doc 4). Les lettres qui montent (« l ») s'écrivent entre la ligne violette et la ligne bleue.
Apporter l'étayage nécessaire : correction du geste, de la tenue du crayon, du sens de tracé… Remontrer si besoin de façon individuelle.

PHASE 4
DURÉE PRÉVUE : 7 minutes
MODALITÉ : oral/collectif

Consigne	**Tâche des élèves**	**Rôle de l'enseignant**
Bilan *Qu'avez-vous appris au cours de cette séance ?* Expliciter le fait que plus on s'entraine, plus le geste devient automatique et plus il est rapide d'écrire. Il est important de prendre son temps au départ pour prendre de bonnes habitudes et avoir une écriture qui soit lisible par tous.	Réponse attendue : *Nous avons appris à écrire les lettres « e » et « l » et le mot « le ».*	Faire rappeler ce qui vient d'être travaillé en explicitant l'objectif de ce travail : prendre de bonnes habitudes pour pouvoir être lu. Faire rappeler le nom des lettres et le mot écrit, en lien avec le travail conduit en lecture.

Critères de réussite :
Les élèves peuvent formuler ce qu'ils ont appris : tracer les lettres « e », « l » et le mot « le ».

REMARQUE
Les élèves utilisent la mémoire kinesthésique : mémoriser le geste par le geste, par opposition à une mise en mémoire par la description – qui serait un encodage sémantique.

Ne pas verbaliser ou faire verbaliser le geste pendant que les élèves écrivent car ils seraient alors ralentis dans leur geste. La fluidité, essentielle en écriture, n'est alors plus possible. L'élève doit plutôt être encouragé à verbaliser ce qu'il écrit, ce qu'il encode. Ici [e], [l] et [le] afin de renforcer la relation gaphophonologique.

3. PRÉPARER L'ENTRETIEN

a) Introduction

La séance d'écriture que je vais vous présenter se déroule dans une classe de CP, au début du mois de septembre. Elle est la 4e séance de la **séquence**. En effet, Danièle Dumont, spécialiste du geste d'écriture, préconise dans son ouvrage *Le Geste d'écriture* de démarrer l'enseignement de l'écriture par ce geste de la boucle et donc l'enseignement de la graphie des lettres « e » et « l ».
Pour construire la séance, j'ai pris appui sur le corpus de documents proposés. Le **document 1** est extrait des ressources officielles Eduscol. Il rappelle les points de vigilance quant à la posture et à la tenue du crayon. Le **document 2** montre des captures d'écran d'une vidéo disponible sur Youtube qui présente un exercice de gymnastique des doigts, « le canard » à pratiquer au début de la séance pour assurer une bonne préhension de l'outil scripteur et un geste spécifique utile à la formation des boucles par le mouvement de rotation des doigts et leur allongement pour étirer la boucle, permettant de passer de l'écriture du « e » à celle du « l ». Le **document 3** présente la photographie d'une production d'élève ayant réalisé l'exercice que je vais vous présenter dans la séance. Le **document 4** correspond à un **étayage** spécifique pour un élève présentant des difficultés à se repérer dans le lignage.
Au cours des séances précédentes, les élèves ont découvert la tenue du crayon, la posture requise en situation d'écriture et la position du support. Ils ont pris des repères dans le lignage du cahier et ont étudié la graphie des boucles. L'objectif de cette 4e séance est l'écriture des lettres « e », « l » et du mot « le » pour travailler l'enchainement entre ces deux lettres.
Les compétences visées sont donc les suivantes :
- tenir son crayon correctement et être bien assis,
- tracer les lettres « e » et « l »,
- enchainer l'écriture de 2 lettres pour former le mot « le ».

La classe compte 20 élèves. La séance dure 25 minutes. Elle se déroulera en différentes étapes.
Voici le déroulé et les composantes **didactiques** et **pédagogiques** de cette séance.

b) Conclusion

Cette séance d'écriture se déroule au tout début de l'année, en classe de CP. Cette période de l'année est très importante en CP car de nombreuses bases du « métier d'élève » sont posées durant celle-ci. La position assise et la tenue du crayon constituent des points de vigilance particuliers pour l'enseignant. L'étayage qu'il apporte tout au long de la séance est la condition *sine qua non* de l'apprentissage du geste graphique. Les séances guidées d'écriture doivent être quotidiennes au CP pour permettre aux élèves d'atteindre une fluidité du geste suffisante. Ils doivent le reproduire à de multiples reprises pour l'automatiser afin de libérer leur mémoire de travail et leur attention, pour se focaliser sur d'autres tâches d'écriture comme la copie ou la rédaction qui requièrent d'autres compétences spécifiques.

c) Question du jury

Quels sont les critères d'évaluation en situation de copie ?

Les critères d'évaluation sont :

- la lisibilité : respect des normes de l'écriture cursive (formation des lettres, liaisons entre elles) ;
- le respect du lignage (hauteur des lettres : interligne simple, 3 interlignes pour les lettres qui « montent » (b, f, h, k, l...), 2 interlignes pour « d » et « t », 2 interlignes pour les lettres qui « descendent » sous la ligne : f, g, j, p, q, y, z ;
- la présentation et l'organisation spatiale, notamment pour la copie d'une poésie ;
- la fluidité et vitesse de copie : donner un temps imparti (pour développer ces compétences, il faut au préalable enseigner les stratégies de copie) ;
- le respect de l'orthographe et de la syntaxe ;
- la capacité à se relire, à s'auto-évaluer et à se corriger.

Sur Lea.fr

Retrouvez deux autres questions du jury

Sujet n° 3 : Écrits courts en CE2

SUJET : Vous établirez, à partir des documents proposés, une séance de rédaction d'un écrit court. Vous préciserez les objectifs visés, les activités proposées aux élèves, le rôle de l'enseignant ainsi que l'organisation matérielle.
DOMAINE : lecture/écriture
CYCLE : 2
CLASSE : CE2
PÉRIODE : 5
SÉQUENCE : compréhension de l'album Les Printemps d'Adrien Parlange
PLACE DANS LA SÉQUENCE : les élèves ont travaillé la compréhension de l'album (structure, thèmes) dans les séances précédentes

CORPUS DE 3 DOCUMENTS

Document 1. extrait de l'album *Les Printemps* d'Adrien Parlange, éd. La partie, 2022.

Document 2. *Les écrits courts*, introduction, Eduscol, p. 1.

Les compétences visées
Écrire est difficile : cela oblige la mobilisation de multiples compétences simultanément. Tous les outils de lecture - écriture de la classe sont des supports au service de la production. « Par un enseignement structuré, explicite, progressif, et en relation avec toutes les autres composantes de l'enseignement de français, l'expression orale, la lecture, la grammaire et le vocabulaire, les élèves acquièrent les moyens d'une écriture relativement aisée. ». (Programme de cycle 2, BO n° 30 du 26 juillet 2018)

Des tâches quotidiennes d'écriture sont proposées aux élèves : rédaction d'une phrase en réponse à une question, formulation d'une question, élaboration d'une portion de texte ou d'un texte entier.
Un écrit court, énoncé oralement après négociation et adhésion collective, fondé sur les échanges entre les élèves, facilite l'entrée dans une posture de sujet écrivant ainsi que la représentation de l'écrit à rédiger.
La prise de conscience de la démarche d'écriture passe par un enseignement explicite sur le long terme. Les connaissances et compétences associées abordées au travers des divers écrits courts :

- Alphabet conventionnel ;
- Sens conventionnel de l'écriture, en lien avec la lecture ;
- Forme de l'écrit (lisibilité) ;
- Code graphophonétique dans son ensemble ;
- Morphosyntaxe conventionnelle (segmentation, unité « mot » et unité « phrase ») ;
- Orthographe lexicale (notamment mots-outils) ;
- Orthographe grammaticale (notamment code de ponctuation, règles d'accord) ;
- Sens et cohérence des contenus (intention d'écriture et enchaînement des idées) ;
- Lexique d'usage courant.

Document 3. *L'enseignement de la production d'écrits à l'école primaire : état des lieux et besoins L'enseignement de la production d'écrits au CE2 à l'école élémentaire* (cycle 2) Livret 2, IGSR, juillet 2023, p. 25.

- **Un déséquilibre fréquent entre la durée de passation des consignes et le temps d'écriture effectif**

Le temps réel dédié à l'écriture proprement dite – qui ne se confond pas avec l'activité autour de l'écriture – doit constituer un point de vigilance pour les équipes. À plusieurs occasions, la mission a observé des situations où le déséquilibre entre la mise en route de l'activité et sa phase concrète a largement obéré l'efficacité de l'enseignement. Le rappel collectif de ce qui a été produit lors d'une précédente séance, sans utilisation de supports d'écrits pour faciliter la remobilisation des connaissances, a été constaté dans certaines classes réduisant le temps dédié spécifiquement à l'exercice de rédaction individuel.

- **Donner toute leur place aux activités préparatoires à l'écriture**

[...]
Les activités préparatoires peuvent aussi être au cœur de la séance de rédaction. La mission a observé des pratiques qui privilégient des temps ritualisés, quotidiens, dédiés à la production d'écrits et qui débutent par un premier écrit qui a le statut de brouillon. Les enseignants en profitent pour apporter une aide personnalisée à chaque élève, qu'il s'agisse de travaux d'écriture avec une consigne très précise ou d'un temps d'expression écrite libre (écrits d'invention). Ils demandent aux élèves de relire leur texte, leur permettent de préciser leurs intentions, les interrogent sur les possibles améliorations sur la forme ou sur le fond et leur indiquent les aides à disposition dans la classe. Cette démarche explicite s'avère très mobilisatrice pour les élèves, qui s'impliquent et prennent plaisir à écrire, le tout s'inscrivant dans la perspective de transmettre leur écrit dès qu'il sera révisé et amélioré pour qu'il puisse être lu.

Nous mesurons tout l'intérêt de ce type d'activité ritualisée, engagée sur une durée suffisante ; l'important est le passage à l'écriture, les corrections se font avec l'aide de l'enseignant, qui adapte l'accompagnement à l'élève.

2.2.3. Quelques activités emblématiques de la production d'écrits qui appellent une plus grande attention

Certaines séances observées apportent des appuis pour construire les habitudes utiles au travail des élèves en production d'écrits. La mission a identifié des activités emblématiques fréquemment associées à la production d'écrits, dont certaines sont conçues avec précision.

- **Apprendre à planifier son écrit**

La mission a observé des situations pédagogiques intéressantes, relevant d'un enseignement explicite, durant lesquelles les enseignants apprennent aux élèves à définir des intentions, à organiser leur écrit, à repérer les étapes du récit, à identifier les personnages. La préparation de l'écriture est une phase aussi importante que la phase de révision de l'écrit. Elle permet aux élèves de prendre progressivement des habitudes de repérage des outils d'aide sur la forme et le fond, à anticiper et à se projeter. Une vigilance est néanmoins nécessaire pour respecter un équilibre entre la planification de l'écrit et l'écriture elle-même ; il s'agit de structurer ce temps de préparation pour en limiter la durée.

A - CONNAISSANCES DIDACTIQUES ET PÉDAGOGIQUES À MOBILISER

1. L'ÉCRITURE AU CYCLE 2 : UNE ACTIVITÉ QUOTIDIENNE ET RÉGULIÈRE

Pour que les élèves puissent progresser et devenir autonomes dans l'acte d'écriture, ils doivent s'entrainer à écrire de manière régulière au moyen d'exercices répétitifs. Au cycle 2 deux types d'écrits peuvent être proposés : des écrits quotidiens très courts ritualisés et des productions d'écrits lors de deux séances hebdomadaires.

2. S'APPROPRIER UNE DÉMARCHE D'ÉCRITURE

a) La démarche de rédaction

◆ **La planification**

Il s'agit pour les élèves, de manière collective et avec l'aide de l'enseignant,

› de déterminer les caractéristiques du texte à écrire et son enjeu (dans quel but ? Pour qui ?)
› de trouver des idées liées au sujet et à en sélectionner
› de bien comprendre les contraintes d'écriture (consignes)
› d'élaborer un outil ou de trouver les outils à disposition dans la classe pour aider à l'écriture (se référer notamment au cahier d'écriture où les travaux antérieurs rédigés servent de ressources à l'écriture)
› de concevoir son écrit à l'oral.

◆ **La formulation**

Avec l'aide de nombreux outils (grille élaborée lors de la planification, cahier d'écriture, banques de mots, affichages...), les élèves produisent un premier jet en se focalisant d'une part sur le choix du vocabulaire, de la syntaxe et de l'orthographe et d'autre part sur la cohérence de leur écrit. Pour rédiger ce premier essai, ils s'appuient également sur les textes qu'ils ont étudiés et qui constituent de véritables ressources nourrissant leur travail d'écriture. Les interactions entre élèves constituent une aide précieuse pour les élèves en difficultés : elles leur permettent de comprendre ce qui est précisément attendu.

◆ **La révision et l'amélioration**

La révision s'effectue en plusieurs temps : dans un premier temps grâce à une lecture à voix haute de son texte (par lui-même, un pair ou l'enseignant), l'élève peut repérer les dysfonctionnements de son texte, puis dans un second temps il l'améliore à l'aide de la grille de relecture. La révision peut également se dérouler de manière collective : l'élève lit son texte à la classe et à l'enseignant qui déterminent si toutes les contraintes d'écriture ont été respectées et proposent des améliorations que l'élève formalisera de manière individuelle.

Afin d'automatiser les compétences de réécriture des élèves, l'enseignant leur propose régulièrement des exercices

- de transpositions (écrire une phrase en changeant le temps du verbe, le genre ou le nombre du sujet ; écrire une phrase de sens contraire ; remplacer dans une phrase les noms par des pronoms, …)
- de transformations (réécrire un texte en supprimant toutes les répétitions en choisissant des mots proposés dans une liste ; enrichir une phrase en ajoutant des mots ou des groupes de mots, …)
- de relecture ciblée pour réinvestir un point d'orthographe, de grammaire ou de vocabulaire précédemment travaillé.

b) L'accompagnement des élèves dans leur apprentissage

L'écriture d'un texte est une activité complexe qui suppose la mise en œuvre de nombreuses compétences. Elle nécessite un accompagnement et un étayage forts de l'enseignant, particulièrement dans la phase de planification. Par ses remarques bienveillantes, il encourage les élèves dans leur travail d'écriture et valorise tous les essais. Il engage sans cesse les élèves à utiliser les outils à disposition dans la classe : affichages, fichiers, mémos, etc. Il met en œuvre une différenciation en jouant sur la longueur de l'écrit demandé, sur la nature du support, sur les aides apportées (banques de mots, amorce de phrases). Enfin, l'enseignant s'emploie à valoriser les écrits des élèves : affichages dans l'école, communication aux familles, constitution de recueils et anthologies de la classe.

3. PRODUIRE DES ÉCRITS VARIÉS

a) Les différents types d'écrits

Au cycle 2, les élèves doivent s'entrainer à produire des textes variés appartenant à tous les types, comme précisé dans le tableau qui suit[1]. L'écriture du texte narratif sera travaillée en lien étroit avec la lecture de textes littéraires et fera l'objet d'un apprentissage spécifique.

1. Guide *Pour enseigner la lecture et l'écriture au CE1*, p. 79

TABLEAU DES DIFFÉRENTS TYPES DE TEXTES À ABORDER AU CE1		
TYPES DE TEXTES	**ENJEU**	**EXEMPLES**
Narratif	Raconter	Récit, reportage, fait divers
Descriptif	Montrer, donner à voir	Description (personnage, paysage, objet)
Informatif	Apporter de l'information	Article de dictionnaire
Explicatif	Faire comprendre	Fiche documentaire, compte rendu d'expérience scientifique
Injonctif	Faire agir	Recette, notice, consigne, mode d'emploi, règle du jeu
Argumentatif	Convaincre, exposer un point de vue	Argumentation d'un raisonnement en mathématiques

b) Les écrits ritualisés, les écrits courts et les écrits longs

Les écrits très courts ritualisés sont réalisés de manière quotidienne. L'enseignant propose aux élèves de :

- réduire ou enrichir une phrase (déplacement, ajout ou suppression de groupes de mots)
- écrire une phrase à partir d'inducteurs (objet, image, musique, texte)
- réaliser un jogging d'écriture : les élèves écrivent quelques phrases à partir d'un lanceur d'écriture qui les amène à utiliser des structures syntaxiques précises (Si j'étais… je serais ; je déteste… ; j'adore… ; mon animal (plat, chanteur, auteur) préféré est… parce que… ; etc.)

« Un écrit court est un texte individuel d'élève, d'une à cinq ligne(s), rédigé dans le cadre d'une situation motivante. C'est un écrit porteur de sens, qui se suffit à lui-même. Un écrit court peut être une partie d'un écrit plus long »[1].
Les deux séances hebdomadaires, respectivement consacrées à la planification et à la formulation puis à la révision et l'amélioration de l'écrit, visent l'automatisation de l'écriture ainsi que le développement de stratégies différentes selon le type de texte visé. Après avoir analysé les caractéristiques des textes et leurs enjeux, les élèves sont amenés à produire des variations, imitations ou expansions de ces textes. L'enseignant peut également proposer aux élèves de :

- écrire une devinette en partant d'un texte
- rédiger des listes
- légender des panneaux de signalisation en les détournant
- écrire une consigne
- créer une définition en associant deux mots
- inventer une charade
- écrire une phrase à partir d'une image
- remplir les bulles d'une bande dessinée en précisant la pensée des personnages
- rédiger un texte à partir d'une image (au moyen du logiciel Photorécit)

1. Programme du cycle 2, p. 16.

- écrire un message
- ...

Les écrits longs s'inscrivent dans un projet collectif qui requiert concertation et collaboration entre les élèves à chaque étape de l'écriture : après avoir étudié les caractéristiques d'un écrit, les élèves sont amenés à le produire : il peut s'agir d'un conte, d'une nouvelle, d'un recueil de poèmes, d'un livre de recettes, d'un album, etc. Lors de la phase de planification, les élèves peuvent organiser leurs idées sous la forme d'une carte mentale.

4. ÉVALUER

L'évaluation des productions écrites est essentiellement formative. Elle peut être effectuée soit par l'enseignant soit par les pairs sous le contrôle de l'enseignant : ce dernier peut souligner les erreurs qui seront corrigées par les élèves à l'aide des outils de référence (notamment une typologie des erreurs codifiée réalisée tout au long de l'année), ou bien il peut corriger les erreurs en expliquant aux élèves les procédures qu'il utilise.
Les attendus de fin de cycle 2 sont les suivants :
« - Rédiger un texte d'environ une demi-page, cohérent, organisé, ponctué, pertinent par rapport à la visée et au destinataire.
- Améliorer un texte, notamment son orthographe, en tenant compte d'indications. »[1]

B - TRAITEMENT DU SUJET

1. LECTURE ET ANALYSE DES DOCUMENTS DU CORPUS

Le document 1 est un extrait de l'album de littérature jeunesse *Les Printemps* écrit et illustré par Adrien Parlange en 2022. Il y raconte des moments forts de la vie, des souvenirs marquants de l'existence. Le découpage des pages avec des encoches et des lucarnes mime le travail de la mémoire en ouvrant des fenêtres sur les souvenirs. Les illustrations sont à la fois colorées et sobres. L'extrait proposé raconte le souvenir d'un événement marquant qui s'est produit à l'âge de 4 ans.
Le document 2, extrait des ressources Eduscol, traite de l'écriture et plus particulièrement des compétences mobilisées lors de la production des écrits courts. Il rappelle la complexité de la tâche d'écriture qui met en jeu de nombreuses compétences et requiert un enseignement explicite et structuré.
Le document 3 est un extrait du rapport de l'inspection générale de l'éducation, du sport et de la recherche (IGSR) rédigé en juillet 2023 concernant l'enseignement de la production des écrits en CE2. Il constate un déséquilibre entre le travail préparatoire et le temps dédié à l'écriture proprement dite. Il recommande des pratiques ritualisées et quotidiennes où un temps suffisamment long est dédié à la rédaction et à la correction du brouillon avec une aide individualisée de l'enseignant. Les pratiques observées montrent qu'un enseignement explicite de la démarche d'écriture (planification, formulation et révision) ainsi que l'utilisation des outils s'avèrent très fructueux et permettent aux élèves de prendre du plaisir à écrire.

1. Programme du cycle 2, p. 16.

2. RÉDACTION DE LA FICHE DE PRÉPARATION

<table>
<tr><td colspan="4">SÉANCE : Production d'un écrit court</td></tr>
<tr><td colspan="2">DATE : mai</td><td colspan="2">DOMAINE DU SOCLE : 1</td></tr>
<tr><td>NIVEAU DE CLASSE :
CE2</td><td>NOMBRE D'ÉLÈVES :
23</td><td>SÉANCE N° : 5</td><td>DURÉE :
50 minutes</td></tr>
<tr><td colspan="2">PLACE DE LA SÉANCE DANS LA SÉQUENCE :
Séance 1 – découverte de l'album/ compréhension globale
Séance 2 – analyse des illustrations
Séance 3 – repérage des principaux éléments de l'histoire (tableau : âge ; action ; émotion)
Séance 4 – rappel de récit
Séance 5 – production d'un écrit court
Séance 6 – finalisation de l'écrit</td><td colspan="2">INTITULÉ DE LA SÉQUENCE :
Production d'un écrit court</td></tr>
<tr><td colspan="2">OBJECTIFS DE LA SÉANCE :
Produire un écrit court à la manière de A. Parlange</td><td colspan="2">PRÉREQUIS :
• avoir compris la structure et les caractéristiques de l'album Les Printemps
• être capable de rédiger une phrase</td></tr>
<tr><td colspan="2">COMPÉTENCES VISÉES :
• s'approprier la démarche d'écriture
• rechercher des idées
• développer la créativité
• formuler correctement ses idées
• savoir utiliser les outils à disposition dans la classe</td><td colspan="2">MATÉRIEL – SUPPORTS :
• cahier de brouillon
• l'album Les Printemps de A. Parlange</td></tr>
</table>

PHASE 1
DURÉE PRÉVUE : 5 minutes
MODALITÉ : oral/collectif

Consigne	Tâche des élèves	Rôle de l'enseignant
Relecture de quelques pages de l'album d' A. Parlange et rappel des caractéristiques de l'album. Je vais relire quelques pages de l'album afin que vous puissiez à votre tour écrire un souvenir d'un événement qui vous a marqué à la manière de A. Parlange et l'illustrer par un dessin. Qui peut me rappeler les caractéristiques de cet album ?	Les élèves écoutent la lecture de l'enseignant. Ils se remémorent le travail de compréhension effectué sur l'album : à chaque page correspond un souvenir d'un événement marquant pour l'auteur.	Il aide les élèves à se rappeler les principaux éléments de l'album en renvoyant aux traces écrites dans le cahier de littérature.

REMARQUE :
Les Programmes rappellent les nécessaires liens entre la lecture et l'écriture. La séance d'écriture s'appuie sur le travail de compréhension mené précédemment sur l'album et permet aux élèves d'approfondir ce dernier.

PHASE 2
DURÉE PRÉVUE : 15 minutes
MODALITÉ : oral/collectif

Consigne	Tâche des élèves	Rôle de l'enseignant
Planification 1. Vous allez maintenant chercher des idées : de quoi avez-vous besoin pour écrire votre souvenir ?	1. Les élèves notent tout d'abord leurs idées de manière individuelle puis ils en discutent de manière collectivement. Réponses attendues : • un âge • une action • un lieu • une personne/un objet (pas obligatoire) • une émotion	Pour aider les élèves à trouver des idées, l'enseignant précise aux élèves qu'ils peuvent penser à ce qu'ils ont vécu (leur expérience) mais aussi à ce qu'ils ont lu (les textes), et à ce qu'ils pourraient inventer (imaginaire).

2. Nous venons de rappeler les caractéristiques de l'album : quels éléments allez-vous reprendre pour votre écrit ?	2. Les élèves rappellent les principales caractéristiques du texte : • écrit à la première personne • utilisation du présent de l'indicatif • rédaction de deux phrases simples	Au fur et à mesure des échanges, l'enseignant construit une grille qu'il note au tableau : • j'ai utilisé le pronom « je » • les verbes sont conjugués au présent • j'ai écrit au moins deux phrases • mes phrases commencent par une majuscule et se termine par un point. • j'ai précisé mon âge, ce qui s'est passé et ce que j'ai ressenti
3. Sortez votre cahier de brouillon, de quoi avez-vous besoin pour vous aider à bien écrire votre texte ?	3. Les élèves réfléchissent aux outils de référence présents dans la classe : • le cahier d'écriture qui contient les productions antérieures • l'affichage sur la conjugaison du présent • le mémo grammaire (construction d'une phrase) • le mémo orthographe (accords dans le groupe nominal et le groupe verbal)	L'enseignant aide les élèves à lister les outils de référence en rappelant les caractéristiques du texte à écrire.

Différenciation :
Pour les élèves qui auraient des difficultés à trouver des idées, l'enseignant peut proposer un tableau à plusieurs colonnes :

âges	actions	lieux	personnes	émotion
4 ans 5 ans 6 ans 7 ans 8 ans	Jouer danser rencontrer courir ramasser découvrir parler …	À la mer à la montagne dans la forêt chez mes grands-parents chez moi au camping …	Ma mère/mon père ma petite sœur mon grand frère mes cousin(e)s ma grand-mère/ mon grand-père ma tante/mon oncle …	Joie (joyeux) peur (effrayé) tristesse (triste) excitation (excité) bonheur (heureux) énervement (énervé) amusement (amusé) …

REMARQUE :
L'enseignement explicite de la démarche à suivre est particulièrement efficace pour la production d'écrits : l'enseignant montre aux élèves comment il fait pour trouver des idées et planifier son écriture.
Cette phase de planification est très importante comme le rappellent les auteurs du document 3 car elle permet à l'élève de se projeter dans l'écriture.

PHASE 3
DURÉE PRÉVUE : 10 minutes
MODALITÉ : écrit/individuel

Consigne	Tâche des élèves	Rôle de l'enseignant
Formulation/mise en mots Vous allez maintenant pouvoir écrire votre texte. Avant, pour vous aider, vous pouvez formuler vos phrases dans votre tête ou en chuchotant.	Chaque élève écrit seul ses phrases puis il vérifie son texte en s'aidant des outils à disposition dans la classe	L'enseignant circule dans la classe et répond aux différentes sollicitations. Il renvoie systématiquement aux outils présents dans la classe : affichage, dictionnaires, cahier d'écriture, fichiers, mémos ; etc. Il encourage les élèves par des remarques bienveillantes

Différenciation :
L'enseignant peut travailler avec un petit groupe d'élèves et les aider à formuler leurs idées (dictée à l'adulte) puis à les écrire.
Il peut également demander à certains élèves de n'écrire qu'une seule phrase.

Critère de réussite :
Les élèves parviennent à construire des phrases syntaxiquement correctes (Sujet + verbe + complément) et à conjuguer correctement les verbes au présent de l'indicatif.

REMARQUE :
Le passage par l'oral scriptural avant la rédaction peut aider les élèves pour qui le passage à l'écrit est compliqué. Ils pourront dire leur phrase à l'enseignant qui les validera.

PHASE 4 DURÉE PRÉVUE : 20 minutes MODALITÉ : écrit/en binômes		
Consigne	**Tâche des élèves**	**Rôle de l'enseignant**
Révision Quand vous avez fini d'écrire, vous pouvez échanger vos cahiers avec votre voisin. Vous allez lire la production de votre camarade en remplissant la grille que l'on a construite tout à l'heure.	Les élèves lisent la production de leur camarade en se demandant si elle répond à la consigne. Ils remplissent la grille. Ils proposent des améliorations si besoin et en discutent ensemble. Ils corrigent leur texte.	Il passe dans la classe et aide les élèves qui hésitent pour tel ou tel critère en les réexpliquant. Il peut participer à la discussion entre les élèves s'ils ont un désaccord Pendant que les élèves discutent, il lit chaque production : soit il souligne certaines erreurs et les élèves les corrigent seuls, soit il les corrige en les expliquant aux élèves.
Critères de réussite : • être capable d'évaluer une production d'un pair avec des critères précis • être capable de corriger son propre écrit en suivant des conseils d'amélioration		
REMARQUE : *La coévaluation est un bon moyen pour aider les élèves à s'approprier les caractéristiques du texte à écrire en les amenant à comparer leur production à celle de leur camarade.* *Il est également très important que l'enseignant corrige les productions en présence des élèves afin de leur expliquer leurs erreurs.*		

3. PRÉPARATION DE L'ENTRETIEN

a) Introduction

La séance d'écriture que je vais vous présenter se déroule dans une classe de CE2, au mois de mai (période 5). Elle est la 5e séance d'une séquence visant la compréhension de l'album *Les Printemps* écrit par A. Parlange. La première séance est consacrée à la découverte de l'œuvre et à sa compréhension globale; la deuxième séance porte sur l'analyse des illustrations, très originales dans cet album. Dans les séances 3 et 4, les élèves sont amenés à repérer les principaux éléments de l'histoire et à faire un rappel de récit permettant de vérifier leur compréhension.
Pour construire cette séance, je me suis appuyée sur les documents fournis dans le dossier : le **document 1** est un extrait de l'album de littérature jeunesse *Les Printemps* écrit et illustré par Adrien Parlange en 2022. L'auteur raconte le souvenir d'un événement marquant qui s'est produit à l'âge de 4 ans. Le découpage des pages avec des encoches et des lucarnes mime le travail de la mémoire en ouvrant des fenêtres sur les souvenirs.

Les illustrations sont à la fois colorées et sobres. Le document 2, extrait des ressources Eduscol, traite de l'écriture et plus particulièrement des compétences mobilisées lors de la production des écrits courts. Il rappelle la complexité de la tâche d'écriture qui met en jeu de nombreuses compétences et requiert un enseignement explicite et structuré. Le document 3 est un extrait du rapport de l'inspection générale de l'éducation, du sport et de la recherche (IGSR) rédigé en juillet 2023 concernant l'enseignement de la production des écrits en CE2. Il établit plusieurs constats, notamment l'importance accordée aux différentes phases de la démarche d'écriture qu'il s'agit d'équilibrer.
La séance que je vais vous présenter a pour objectif de faire écrire un écrit court et de développer les compétences suivantes :

- s'approprier la démarche d'écriture
- rechercher des idées
- développer la créativité
- formuler correctement ses idées
- savoir utiliser les outils à disposition dans la classe

Elle permettra en outre de travailler la compréhension de l'album en approfondissant ses caractéristiques. La séance dure 50 minutes.
Voici le déroulé et les composantes didactiques et pédagogiques de cette séance.

b) Conclusion

Cette séance d'écriture avait pour objectif la production d'un écrit court à la manière de A. Parlange. L'enseignant a mis l'accent sur l'appropriation d'une démarche d'écriture : planification, mise en mots, révision. Son étayage a été particulièrement important lors de la phase de planification pour aider les élèves à se projeter dans leur travail d'écriture. Lors des phases de mise en mots et de révision, il rappelle systématiquement aux élèves de se reporter aux outils de référence de la classe afin qu'ils deviennent de plus en plus autonomes pour aborder le cycle 3, ainsi que le préconisent les repères annuels de progression du cycle 2. Suivra la dernière séance de cette séquence qui consiste en la finalisation de la production écrite : les élèves recopient leur texte au propre et l'illustrent par un dessin comme dans l'album de A. Parlange. Les productions seront valorisées en étant accrochées dans le couloir devant la classe.
Comme recommandé dans le document 3, l'enseignant mettra en place des activités d'écriture créative ritualisées et quotidiennes pendant toute la période 5 : inventer une charade, une devinette ; créer une définition ; légender une photographie ; écrire deux vers suite à l'écoute d'une musique... Un temps suffisamment long sera dédié à la rédaction et à la correction du brouillon, et l'enseignant proposera une aide individualisée.

c) Question du jury

Vous avez choisi de faire écrire à la manière de... Pouvez-vous nous parler de l'écriture créative ?
Il est important de ne pas limiter les travaux d'écriture à l'imitation des textes étudiés. Pour ce faire, l'écriture créative permet de proposer des situations plus complexes qui sollicitent la créativité et l'imagination des élèves et les placent dans une véritable posture d'écrivain. L'enseignant peut proposer aux élèves :

- des jeux sur le langage, comme, par exemple, les exercices de l'Oulipo (Ouvroir de Littérature Potentielle) : s'interdire une lettre dans la production d'une phrase, imiter une structure syntaxique, jouer avec des paronymes, s'imposer une même lettre au début de chaque mot de la phrase produite, produire un cadavre exquis...)

- des écrits tournés vers l'expression de soi, qui jouent avec l'autobiographie et la personnalité de l'élève, par exemple faire la liste des objets que j'aime, faire son autoportrait en champion du monde de…, donner sa définition de…, faire la liste de ses qualités et de ses défauts, choisir et décrire l'animal que l'on voudrait être, etc.
- des écrits correspondant aux différents genres littéraires ou aux types de textes : narratif, descriptif, informatif, argumentatif, par exemple, écrire de la poésie, des haïkus ; rédiger la quatrième de couverture pour donner envie aux autres élèves de lire l'œuvre ; inventer la suite d'un récit ; écrire un nouvel épisode inséré dans un récit ; construire un dialogue ; écrire une lettre à l'un des personnages ; imaginer l'histoire d'un album sans texte ; dresser le portrait d'un personnage ; changer de point de vue ; combler les blancs entre deux vignettes de BD, etc.

Sur Lea.fr

Retrouvez deux autres questions du jury

Sujet n° 4 : Écrire au CM2

À partir des documents proposés, vous concevrez une séance de rédaction pour une classe de CM2 en période 2. Il s'agira de faire rédiger aux élèves un premier jet puis de les amener à le réviser. Vous expliciterez les objectifs visés, le rôle de l'enseignant, ainsi que les modalités d'évaluation de la production écrite.

CORPUS DE 3 DOCUMENTS

Document 1. « Écrire au cycle 2 », Ressources Eduscol. https://eduscol.education.fr/84/j-enseigne-au-cycle-2

Le jeune élève de cycle 2, confronté à une situation d'écriture, doit gérer des compétences diverses qui concernent l'acte graphique, la rédaction de texte en elle-même et la mise en œuvre du système orthographique. La difficulté est triple : d'une part, ces compétences ne sont pas mobilisées successivement mais simultanément; d'autre part elles sont elles-mêmes complexes, leurs composantes étant autant d'objets d'enseignement/apprentissage. Enfin, à l'entrée au cycle 2 notamment, aucune de ces composantes n'est automatisée. Ainsi au CP, l'attention est très largement requise pour tracer les lettres. La maîtrise du geste graphique fait l'objet d'un sous-dossier dans ces ressources auquel se reporter.

Le schéma ci-dessous, emprunté à Sylvie Plane, montre bien la complexité de l'activité d'écriture.

Les premières modélisations de la production d'écrit élaborées dans les années 1980 et issues des travaux d'Hayes et Flower, font émerger trois grandes opérations constitutives de l'acte d'écriture : la planification, la mise en texte et la révision. Elles sont répertoriées (et simplifiées) dans le tableau ci-dessous. La difficulté est que la mise en œuvre de ces opérations n'est pas linéaire.

LA PLANIFICATION	LA MISE EN TEXTE	LA RÉVISION
C'est se construire une vue d'ensemble du texte : • le but du texte; • le genre du texte; • son destinataire; • son contenu.	C'est structurer l'ensemble du texte : • organiser les informations; • assurer la liaison et la continuité entre les phrases; • rédiger les phrases (dont maîtrise de l'orthographe et de la graphie).	C'est savoir repérer les dysfonctionnements et réécrire le texte : • correspondance avec le projet d'écriture; • acceptabilité sémantique; • grammaticalité des formes et des structures.

Toutefois, l'écriture ne peut pas être réduite à ces opérations successives de planification, de formulation ou mise en mots et de réécriture. D'abord, parce qu'encore une fois le schéma n'est pas linéaire mais aussi parce que l'écriture est un engagement, une implication. Écrire pose ainsi la question du sujet avec son identité, ses affects, ses connaissances du monde et de la langue, la représentation qu'il se fait de lui-même comme sujet écrivant et de l'autre comme destinataire... Et puisque nous sommes dans le cadre scolaire, écrire interroge aussi les modalités d'intervention du professeur.

Document 2. Manuel *Le nouveau Millefeuille CM2*, © Éditions Nathan, 2019, p. 69.

Situation 2

La grand-mère de Lilou a raconté la journée du 13 aout dans son journal. Écris ce que Lilou a pu confier de son côté à son journal en racontant cette même journée.

Mercredi 13 aout
Saint-Malo, 28 °C toute la journée. La nuit, la température ne baisse pas, c'est la canicule.
C'est formidable, nos cinq petits-enfants sont arrivés pour deux semaines sans leurs parents. Dès ce soir, Lilou a voulu sortir au cinéma avec son frère, sa sœur et ses cousins pour aller voir ***Vidocq, les mémoires d'un voleur***. Papi et moi avons trouvé que Nicolas est trop petit. Lilou, très gentille mais parfois un peu impatiente, a insisté. Papi s'est fâché. Lilou est montée bouder dans une chambre. Finalement, j'ai tout de même réussi à trouver un compromis : Papi emmènera les enfants, il ira voir le dernier Disney avec Nicolas et les autres pourront regarder tranquillement ***Vidocq***. Allez, mon cher journal, maintenant je vais aider Papi à préparer les spaghettis pour tout ce petit monde.

Je vérifie
- **J'ai utilisé le texte de départ** en me mettant à la place de Lilou.
- **J'ai imaginé et décrit** les sentiments et les émotions qu'elle a pu éprouver.

3 J'écris un extrait de journal intime

Badia et sa famille déménagent. Écris le journal de Badia en t'aidant des indications en italique. Tu peux choisir un ou plusieurs jours.

1er jour • Elle voit pour la dernière fois ses amis à l'école.
> *Raconte l'attitude des camarades, ce qu'elle ressent…*

2e jour • Elle part en voiture. Elle aide ses parents à porter les derniers cartons dans le coffre. Elle arrive dans son nouvel appartement qu'elle découvre.
> *Décris cet appartement, sa chambre, ce qu'elle ressent…*

3e jour • Elle déballe des cartons. Elle sort dans son nouveau quartier.
> *Écris ce qu'elle voit : des magasins, des espaces verts, des immeubles…*

4e jour • Elle arrive dans sa nouvelle école, dans sa nouvelle classe.
> *Écris ce qu'elle ressent. Décris son école, sa classe, la réaction des autres enfants…*

5e jour • Elle se fait des nouveaux amis.
> *Indique comment ils s'appellent et à quoi ils jouent, ce qu'ils se disent…*

Je vérifie
- J'ai décrit les **différents sentiments** de Badia.

J'améliore mon texte

Grammaire pages 146-147 J'ai utilisé différents types de phrases.
Grammaire pages 148-149 J'ai utilisé la 1re personne du singulier.
Grammaire pages 150-153 J'ai utilisé le présent de narration.

5 • Des journaux intimes 69

Document 3. Extrait des Programmes du cycle 3

Dans les activités d'écriture, les élèves apprennent également à exercer une vigilance orthographique et à utiliser des outils d'écriture. Cet apprentissage, qui a commencé au cycle 2, se poursuit au cycle 3 de manière à ce que les élèves acquièrent de plus en plus d'autonomie dans leur capacité à réviser leur texte. Mais à ce stade de la scolarité, on valorise avant tout la construction d'une relation à la norme écrite, plus que le résultat obtenu qui peut tolérer une marge d'erreur, en rapport avec l'âge des élèves.
Enfin, le regard positif du professeur qui encourage l'élève, les différentes situations proposées motivantes, porteuses de sens, la collaboration entre pairs conduisent à donner le plaisir de l'écriture et la curiosité à l'égard de la langue et de son fonctionnement.

Attendus de fin de cycle

- Écrire un texte d'une à deux pages adapté à son destinataire.
- Après révision, obtenir un texte organisé et cohérent, à la graphie lisible et respectant les régularités orthographiques étudiées au cours du cycle.

A - CONNAISSANCES DIDACTIQUES ET PÉDAGOGIQUES À MOBILISER

À la fin du CM2, les élèves doivent être capables de rédiger des textes variés en mobilisant leurs connaissances en étude de la langue et en organisant leur écriture selon différentes étapes (planification, premier jet, révision). Cet apprentissage de l'écriture se fait de manière continue du cycle 2 au cycle 3.

1. ÉCRIRE AU CYCLE 2

Ayant découvert l'écriture cursive à la maternelle, au cours du cycle 2 les élèves vont progressivement automatiser le tracé des lettres ; ils vont apprendre à copier sans erreur et vont être confrontés à la rédaction de textes.

a) Amener les élèves à s'exercer quotidiennement

L'enseignant propose aux élèves des tâches d'écriture tous les jours et dans tous les domaines ; les écrits sont variés (rédiger une phrase pour répondre à une question, formuler une hypothèse, une question, élaborer un morceau ou un texte entier de type divers (récit, description, dialogue, etc.) et appartiennent aux différents types de textes (narratif, descriptif, informatif, explicatif, injonctif, argumentatif) dès le CE1. Ils peuvent être courts : rédiger une phrase à partir de mots donnés, inventer des mots, écrire une charade ou enrichir une phrase par exemple. Tous les jeux d'écriture permettent de rendre ludique l'activité d'écriture : tautogramme, cadavre exquis, etc. Sont également mises en place des activités de récriture (de phrases en substituant les noms par des pronoms, de

1. Les principes clés sont extraits des contenus ministériels :
   - « Programme du cycle 2 » : https://cache.media.eduscol.education.fr/file/A-Scolarite_obligatoire/24/5/Programme2020_cycle_2_comparatif_1313245.pdf
   - « Français cycle 2 – Écriture » : https://eduscol.education.fr/149/francais-cycle-2-ecriture
   - « Pour enseigner la lecture et l'écriture au CE1 » : https://eduscol.education.fr/document/1509/download?attachment

dialogues en modifiant les verbes de parole, de poèmes en écrivant à la manière de) et de transpositions de phrases (autre temps de la conjugaison, autre genre et nombre du sujet). L'enseignant commence également à mettre en place la rédaction d'écrits plus longs.

b) Faire acquérir la démarche de rédaction

Trois opérations entrent en jeu dans l'acte d'écriture : la planification (concevoir une vue d'ensemble du texte à écrire); la mise en mots (rédaction du texte, formulation d'un message en oral scriptural, mobilisation de connaissances orthographiques et syntaxiques, élaboration d'un sens, maitrise du geste graphique) et la révision (repérer les dysfonctionnements de son écrit et l'améliorer). S'ajoute à ces opérations l'implication du scripteur dans la tâche d'écriture. En début de cycle 2, ces différentes opérations sont difficiles. La mise en mots peut être facilitée par la dictée à l'adulte. L'enseignant se montre très bienveillant afin de susciter et de maintenir l'engagement de l'élève dans la tâche d'écriture : il se focalise sur ce que l'élève veut dire en priorité. La correction des textes produits est un temps d'apprentissage pour les élèves qui apprennent à réviser leur texte. L'enseignant met en place une **différenciation** avec différentes variables : la nature et la longueur de l'activité, le temps imparti pour réaliser l'activité, la nature de l'**étayage**.

c) Lier écriture et lecture

L'écriture s'appuie sur le travail de lecture des textes : l'enseignant travaille les caractéristiques des différents types de textes sur lesquelles les élèves peuvent s'appuyer pour en écrire à leur tour. De même, la lecture de textes permet la constitution de ressources à disposition des élèves lors des tâches d'écriture pour nourrir leurs écrits : banques de mots, de thèmes, de modèles d'organisation, de textes, etc.

d) Évaluer

Les attendus de fin de cycle sont les suivants :
- copier ou transcrire, dans une écriture lisible, un texte d'une dizaine de lignes en respectant la mise en page, la ponctuation, l'orthographe et en soignant la présentation;
- rédiger un texte d'environ une demi-page, cohérent, organisé, ponctué, pertinent par rapport à la visée et au destinataire;
- améliorer un texte, notamment son orthographe, en tenant compte d'indications.

2. ÉCRIRE AU CYCLE 3

a) Proposer un entrainement quotidien

Pour que les élèves puissent s'approprier les nombreuses **compétences** en jeu dans l'activité d'écriture, l'enseignant leur propose des « gammes », c'est-à-dire des productions d'écrits courts et variés : jeux d'écriture inspirés des travaux de l'Oulipo ou jogging d'écriture (entrainement court et répété consistant à faire écrire les élèves à partir d'un lanceur d'écriture)... Ceux-ci permettent aux élèves d'affirmer leur personnalité, en décrivant par exemple l'animal qu'ils souhaiteraient être ou le cadeau qui leur ferait le plus plaisir. Est ainsi développée l'écriture créative. Les élèves sont également amenés à produire des écrits qui servent à apprendre et à réfléchir dans toutes les disciplines (des écrits de travail comme élaborer un jugement sur une œuvre et des écrits réflexifs comme justifier une réponse) : l'écriture peut être un outil d'apprentissage.

Enfin, des écrits plus longs sont proposés aux élèves, pouvant prendre la forme de projets d'écriture (journal de classe, blog, concours de nouvelles...) qui fédèrent la classe et visent la production d'un produit final ayant un destinataire extérieur à la classe. Tous ces écrits sont lus, partagés et discutés au sein de la classe.

b) La démarche d'écriture

Les élèves de cycle 3 acquièrent progressivement une autonomie dans les différentes étapes de la démarche d'écriture, en particulier la révision. Ils s'engagent de plus en plus dans l'acte d'écriture et s'intéressent davantage aux effets visés par leurs écrits. Les élèves conservent les différents brouillons et différentes versions d'un écrit afin de mettre en lumière et de valoriser le processus d'écriture. L'enseignant travaille avec ses élèves la récriture de plusieurs façons possibles :

- en donnant la même consigne à quelques jours d'intervalle,
- en variant la consigne sur un même thème,
- en proposant aux élèves de lire des textes d'auteurs liés à leur production écrite pour qu'ils s'en nourrissent.

c) Établir un lien entre lecture, écriture et étude de la langue

L'écriture est réalisée en lien avec l'étude des différents genres littéraires mais aussi en lien avec l'étude de la langue : l'enseignant propose des situations d'écriture en prolongement à des leçons de grammaire et de vocabulaire. De même il renvoie aux leçons d'orthographe lors de la phase de révision des textes.

d) Évaluer

L'évaluation doit être positive : l'enseignant pointe les réussites de l'élève qui ne sauraient se limiter à la cohérence narrative ou au respect des normes orthographiques et syntaxiques. Elle s'intéresse aux effets produits par le texte sur le lecteur, ce qui permet de valoriser tous les textes. L'évaluation tient compte de l'implication de l'élève dans la tâche d'écriture. Elle est effectuée par l'enseignant mais aussi par les pairs dans un partage oral des productions qui donne lieu à des conseils personnalisés de récriture. L'enseignant s'appuie sur trois indicateurs pour évaluer les progrès de chaque élève :

- ce que l'élève a produit (A-t-il respecté la consigne ? Les normes orthographiques et syntaxiques sont-elles respectées ?) ;
- ce qu'il dit de sa production (Comment décrit-il son activité d'« écrivain » ?) ;
- ce qu'il fait quand il écrit (Quelles stratégies utilise-t-il pour écrire ?).

Les attendus de fin de cycle sont les suivants :

- écrire un texte d'une à deux pages adapté à son destinataire ;
- après révision, obtenir un texte organisé et cohérent, à la graphie lisible et respectant les régularités orthographiques étudiées au cours du cycle.

B - TRAITEMENT DU SUJET

1. LECTURE ET ANALYSE DES DOCUMENTS DU CORPUS

Le document 1 est un extrait des ressources officielles Eduscol qui accompagnent le programme. Il montre la complexité de l'activité d'écriture en précisant les différentes compétences entrant en jeu dans l'acte d'écriture. Il aborde également la démarche d'écriture en détaillant les différentes opérations qui constituent l'acte d'écrire. Il s'appuie sur des travaux de chercheurs : ici Sylvie Plane (spécialiste de la production d'écrit et de son apprentissage).

Le document 2 est un extrait du manuel *Le Nouveau Millefeuille CM2*, publié par les Éditions Nathan en 2019. Il propose aux élèves la trame d'un journal intime contenant une idée principale pour chacun des cinq jours ainsi qu'une indication du type de texte à écrire. Le document correspond à la phase de planification (recherche des idées et élaboration d'un sens global de l'écrit)

Le document 3 est un extrait du programme du cycle 3 qui rappelle que l'enseignant doit viser l'autonomie des élèves dans leur capacité à réviser leur texte et développer le plaisir d'écrire. Il précise les attendus de fin de cycle 3, c'est-à-dire les compétences que l'élève doit acquérir à la fin des trois années du cycle.

2. RÉDACTION DE LA FICHE DE PRÉPARATION

<table>
<tr><td colspan="4">SÉANCE : Écriture d'un extrait de journal intime</td></tr>
<tr><td colspan="2">DATE : Décembre</td><td colspan="2">DOMAINE DU SOCLE : 1</td></tr>
<tr><td>NIVEAU DE CLASSE :
CM2</td><td>NOMBRE D'ÉLÈVES :
27</td><td>SÉANCE N° :
4</td><td>DURÉE :
55 minutes</td></tr>
<tr><td colspan="2">PLACE DE LA SÉANCE DANS LA SÉQUENCE :
Séance 1 - Découverte et compréhension de plusieurs extraits de journaux intimes (Journal d'un chat assassin, A. Fine ; Le Journal de Zlata, Z. Filipovic, Le Journal d'Adèle, P. du Bouchet)
Séance 2 - Comparaison des extraits et trace écrite : les caractéristiques du journal intime
Séance 3 - Séance décrochée : le lexique des sentiments
Séance 4 - Écriture d'un extrait de journal intime
Séance 5 - Révision des textes annotés par l'enseignant</td><td colspan="2">INTITULÉ DE LA SÉQUENCE :
Lire et écrire un journal intime</td></tr>
<tr><td colspan="2">OBJECTIFS DE LA SÉANCE :
Rendre les élèves capables d'écrire un extrait de journal intime.</td><td colspan="2">PRÉREQUIS :
Connaitre les différents types de texte.</td></tr>
</table>

COMPÉTENCES VISÉES :	**MATÉRIEL – SUPPORTS :**
Respecter des consignes d'écriture. Écrire un texte d'au moins une page. Être capable d'évaluer le texte d'un camarade à l'aide de critères.	Affiche sur les caractéristiques du journal intime réalisée en séance 2 ; banque de mots sur le lexique des sentiments ; textes ressources à disposition des élèves : textes étudiés en séance 1, *Journal d'une sœur cadette* de H. Colman, *Le Journal d'Aurore* de M. Depleschin.

PHASE 1
DURÉE PRÉVUE : 15 minutes
MODALITÉ : oral/écrit/collectif

Consigne	Tâche des élèves	Rôle de l'enseignant
1. <u>Rappel de la séance 2 sur les caractéristiques du journal intime</u> *Qui peut rappeler les caractéristiques du journal intime que nous avons travaillées la dernière fois ?*	1. Les élèves rappellent les caractéristiques du journal intime.	1. Compléter les réponses des élèves en se référant à l'affiche.
2. <u>Lecture du plan proposé par le manuel comme support à l'écriture</u> *Aujourd'hui vous n'allez pas complètement inventer votre texte. Vous allez partir d'une trame qui va vous donner des idées. Il faudra respecter ces idées. Nous allons lire ensemble ce document* (cf. doc 2).	2. Certains élèves reformulent la consigne. Ils donnent pour chaque jour le type de texte attendu : jour 1 → texte narratif ; jours 2-3-4 → texte descriptif ; jour 5 → texte narratif et descriptif.	2. Bien s'assurer que tous les élèves ont compris la tâche à effectuer afin qu'ils puissent travailler de manière autonome.
3. <u>Construction d'une grille de critères pour aider les élèves à écrire leur texte</u> *Pour vous aider à écrire votre texte, nous allons lister les critères à suivre. Quels sont les éléments que l'on doit trouver dans votre texte ?*	3. Réponses attendues : *J'indique le jour où j'écris.* *Je raconte les évènements que je juge intéressants et dont je veux me souvenir.* *Je précise ce que je pense ou ce que je ressens.* *J'écris à la 1re personne du singulier.* *J'ai utilisé le présent et le passé composé.*	3. Afficher les critères sur le TNI et les laisser visibles pendant tout le reste de la séance.

Critères de réussite :
2. Être capable de comprendre une consigne.
3. Être capable de participer à un échange collectif (donner des idées, rebondir, compléter le propos d'un camarade).

Différenciation :
Si besoin, reprendre l'explicitation des consignes avec un groupe d'élèves en début de phase 2.

Évaluation formative :
La construction de la grille de critères permet de retravailler les caractéristiques du journal intime.

REMARQUE
2. Le choix de donner la trame du journal intime permet de réduire la complexité de la tâche des élèves et d'évacuer pour cette production la phase de recherche d'idées (cf. doc 1).

PHASE 2
DURÉE PRÉVUE : 20 minutes
MODALITÉ : individuel

Consigne	Tâche des élèves	Rôle de l'enseignant
Écriture du premier jet *Nous avons rappelé les caractéristiques du journal intime, vous allez maintenant en écrire un à votre tour.* *Votre texte devra faire au moins une page. Vous pouvez choisir de ne traiter qu'un seul jour ou les 5.* *Si vous ne traitez qu'un seul jour, vous devrez développer vos idées.*	Les élèves passent à l'étape de la mise en texte (cf. doc 1). Ils écrivent le premier jet.	Passer donner des conseils personnalisés. Encourager les élèves. Renvoyer les élèves vers les outils à disposition : affichages (accords dans le groupe nominal et le groupe verbal), banque de mots, textes ressources.

Critères de réussite :
Être capable d'écrire seul un texte d'une page en respectant des consignes.

REMARQUE

L'étayage de l'enseignant est essentiel lors des tâches d'écriture, car il rassure et conduit vers le plaisir d'écrire les nombreux élèves qui ont une représentation négative de cet acte (cf. doc 3).
Les élèves choisissent s'ils veulent écrire un, plusieurs ou les 5 jours du journal intime proposé. Ils peuvent préférer développer un seul jour ou au contraire écrire tous les types de textes demandés et donc les 5 jours, le but étant de développer le plaisir d'écrire.
Ils peuvent puiser de l'inspiration dans les textes littéraires adaptés au CM2 qui ont été ajoutés au corpus du dossier. Comme le préconisent les programmes, le lien entre l'écriture et la lecture est important : les textes littéraires peuvent servir de modèle ou de source d'inspiration.

PHASE 3
DURÉE PRÉVUE : 10 minutes
MODALITÉ : écrit/par binômes

Consigne	Tâche des élèves	Rôle de l'enseignant
Évaluation par binômes à l'aide de la grille *Vous allez échanger votre copie avec celle de votre voisin et la corriger à l'aide de la grille de critères.* Discussion entre binômes sur les deux productions.	Chaque élève échange son texte avec son voisin qui évalue la production écrite à l'aide de la grille construite en phase 1. Les élèves discutent ensuite de leurs productions.	Passer voir les binômes. Répondre aux questions. Préciser à nouveau les critères d'évaluation. Faire verbaliser, argumenter, justifier les remarques portées sur l'écrit par les pairs.

Critères de réussite :
Être capable de corriger une production à l'aide d'une grille de critères.

REMARQUE

L'enseignant doit développer chez les élèves l'autonomie dans la capacité à réviser un texte (cf. doc 3). Ils s'entrainent ainsi en commençant par réviser la production d'un pair.

PHASE 4
DURÉE PRÉVUE : 10 minutes
MODALITÉ : oral / collectif

Consigne	Tâche des élèves	Rôle de l'enseignant
Mise en commun orale des productions *Maintenant certains d'entre vous vont lire leur production au reste de la classe. Vous allez utiliser la grille de critères pour évaluer le texte de votre camarade. Nous lui donnerons ensuite des conseils pour améliorer son texte.*	1. Quelques élèves lisent leur texte à la classe. 2. L'élève qui lit sa production explique ensuite l'effet qu'il a voulu créer sur le lecteur. Les élèves et l'enseignant se placent en tant que récepteurs, expriment ce qu'ils ont ressenti à la lecture du texte et donnent des conseils pour améliorer la production.	1. Veiller à ce que les conditions d'écoute soient optimales (écoute active et attitude bienveillante des « auditeurs »). 2. Commencer à dire son ressenti en premier pour faire démarrer les échanges.

Critères de réussite :
1. Être capable d'écouter attentivement la production d'un autre élève. Se positionner comme lecteur et donner son avis sur une production.
2. Pour l'élève qui lit sa production, être capable d'expliquer l'effet qu'il a voulu produire.

REMARQUE
Cette modalité de correction des productions écrites permet de créer une communauté de scripteurs comme préconisé par les documents officiels[1].
L'enseignant s'assure que, sur une période, tous les élèves de la classe ont pu lire leur production au reste de la classe.
Il est intéressant que l'élève scripteur se positionne comme un auteur en réfléchissant à l'effet qu'il veut produire avant d'écrire son texte.

1. « Évaluer autrement les écrits scolaires » : https://cache.media.eduscol.education.fr/file/Ecriture/09/7/15_RA_C3_Francais_Ecriture_EVALUER_591097.pdf

3. PRÉPARATION DE L'ENTRETIEN

a) Introduction

La **séance** que je vais vous présenter concerne l'enseignement de l'écriture dans une **séquence** de français en classe de CM2. Elle se déroule en période 2. Elle a une durée de 55 minutes. Il s'agit de la quatrième séance de la séquence. Les programmes insistent sur le nécessaire lien entre la lecture et l'écriture : lors des premières séances, les élèves ont travaillé sur les caractéristiques du journal intime ainsi que sur le lexique des sentiments. Pour construire cette séance, je me suis appuyé(e) sur le corpus de documents fournis par le dossier. Le **document 1**, extrait des ressources officielles Eduscol qui accompagnent les programmes, montre la complexité de l'activité d'écriture et détaille les différentes opérations qui constituent l'acte d'écrire. Le **document 2** est un extrait du manuel *Le Nouveau Millefeuille CM2* publié par les Éditions Nathan en 2019 ; il propose la trame d'un journal intime à rédiger. Le document 3, extrait du programme du cycle 3, rappelle que l'enseignant doit viser l'autonomie des élèves dans leur capacité à réviser leur texte et développer le plaisir d'écrire. L'objectif de cette séance est de rendre les élèves capables d'écrire un extrait de journal intime. Plus précisément, les sous-objectifs de cette séance sont de rendre l'élève capable de :

- respecter des consignes d'écriture,
- écrire un texte d'au moins une page,
- être capable d'évaluer le texte d'un camarade à l'aide de critères.

Voici le déroulé et les composantes didactiques et pédagogiques de cette séance.

b) Conclusion

Dans cette séance d'écriture construite en lien avec la lecture, les élèves se sont confrontés à la production d'un extrait de journal intime. À l'aide de leurs pairs et de l'enseignant, ils ont été amenés à réfléchir sur leur production et ont reçu du groupe classe divers conseils. Dans la séance suivante, les élèves vont reprendre leur premier jet (l'enseignant aura corrigé et annoté les productions entre les deux séances) afin de l'améliorer à partir des conseils prodigués par leurs pairs et par l'enseignant. La révision d'un texte fait partie des attendus de fin de cycles 2 et 3. Au cycle 2, les élèves doivent être capables d'améliorer leur texte, notamment en orthographe, en tenant compte d'indications. Au cycle 3, ils doivent être capables de réviser entièrement leur production. L'enseignant veillera ainsi progressivement à rendre les élèves autonomes dans cette phase de révision en leur proposant des outils et des affichages, ainsi que des procédures à mettre en place quotidiennement.

c) Questions du jury

Comment accompagnez-vous les élèves en difficulté lors de votre phase 2 d'écriture du premier jet ?

La différenciation est très importante dans l'accompagnement à l'écriture. L'enseignant peut travailler avec un petit groupe à la mise en mots orale des idées : ce passage par l'oral peut aider les élèves à travailler la syntaxe et diminue la charge cognitive, très importante dans l'acte d'écriture. Si c'est le geste graphique qui pose problème, on peut recourir au traitement de texte sur ordinateur ou au dictaphone pour les écrits courts. Par exemple, lors des joggings d'écriture qui ont pour but de désacraliser l'acte d'écriture et de privilégier les idées des élèves (les productions ne faisant pas obligatoirement l'objet d'une correction orthographique), il est envisageable de permettre à certains élèves en difficulté d'enregistrer leur production au lieu de l'écrire.

Sur Lea.fr

Retrouvez deux autres questions du jury

PARTIE 4

LANGUE

Sujet n° 1 : Orthographe au CE1

Au cours d'une séquence ayant pour objectif l'écriture d'un conte, vous constatez que vos élèves de CE1 ne maitrisent pas l'accord sujet-verbe. Établissez une séance d'apprentissage de l'orthographe en période 5. Vous préciserez le déroulement de votre séance et expliciterez vos choix, les compétences visées, les différentes activités, le rôle de l'enseignant ainsi que les modalités de mise en œuvre.

CORPUS DE 3 DOCUMENTS

Document 1. *Mon année de français CE1*, Fichier élève 1, © Éditions Nathan, 2019, p. 30.

Grammaire

La relation sujet-verbe au présent (3)

oral **1** **Lis** le texte. Puis **relis**-le en remplaçant **Un garçon** par **Deux garçons**.

> Un garçon a envie d'un bon repas.
> Il va dans la cuisine. Mais il ne trouve rien à manger.

Écris les mots en orange en remplaçant **Le garçon** par **Deux garçons**.

Un garçon a envie d'un bon repas.

_______________ envie d'un bon repas.

Il va dans la cuisine.

_______________ dans la cuisine.

Mais il ne trouve rien à manger.

Mais _________ ne _________ rien à manger.

2 **Colle** les étiquettes à la bonne page dans ton cahier de grammaire.

3 **Écris** le texte en remplaçant **Un garçon** par **Deux garçons**.

Un garçon a faim. Il va à la boulangerie.
Il ne trouve pas de croissants.

____

____

AIDES !

Un garçon a Deux garçons ont	Il va Ils vont	Il ne trouve pas Ils ne trouvent pas

4 **Écris** le texte suivant en remplaçant **Le chat** par **Les chats**.

Le chat a faim. Il va dans le grenier.
Il ne trouve pas de souris.

____

____

30 Fiche 17 + et ++

Document 2. **Productions écrites d'élèves de CE1 sur l'écriture d'un conte (séries d'actions qui suivent l'élément perturbateur)**

Élève 1

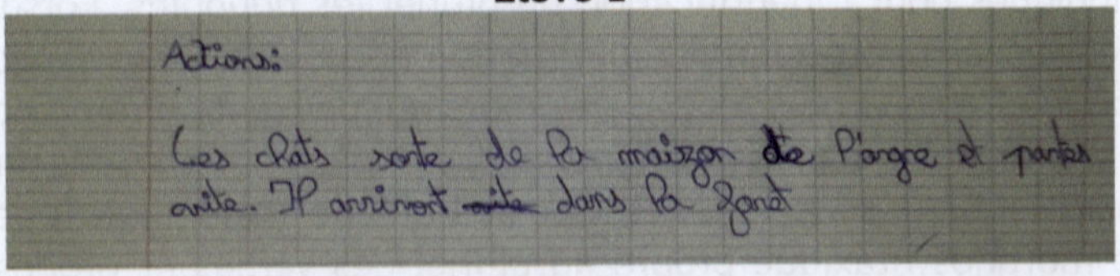
Actions:

Les chats sorte de la maizon ~~de~~ l'orgre et partes vite. Il arrivont ~~vite~~ dans la forêt

Élève 2

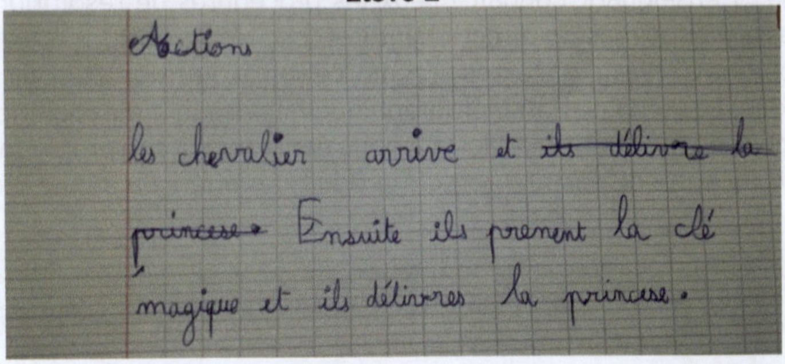
Actions

les chevalier arrive et ~~ils délivre la princesse~~. Ensuite ils prenent la clé magique et ils délivres la princesse.

Document 3. **Danièle Cogis, Michelle Ros, « Les verbalisations métagraphiques : un outil didactique en orthographe », et un outil de « Correction de texte au cours préparatoire » « L'Atelier de révision » (pp.92-93), Revue *Les Dossiers des Sciences de l'Éducation*, n° 9, 2003.**

L'atelier de révision

Les élèves débutants ne peuvent écrire sans « inventer » l'orthographe. Cette invention fait partie du processus normal de conceptualisation et d'apprentissage. C'est pourquoi « on écrit comme on pense que ça s'écrit » puisqu'« on en parle après ». Les textes individuels, inscrits sur une feuille de format A3 pour en faciliter la lecture, sont révisés pendant la semaine qui suit la production. L'enseignante rassemble dans un atelier quatre ou cinq producteurs dont elle accompagne l'activité pendant une vingtaine de minutes, tandis que le reste de la classe travaille de façon autonome. Le groupe découvre le texte par une lecture orale qui fait apparaitre les difficultés. Chacun intervient pour les identifier, proposer sa solution, tenter une réécriture. La collection d'exemples provenant des albums apporte les réponses de l'usage. À chaque fois, les apprentis sont confrontés à une véritable situation-problème : pour passer de *ils rencontre* à *ils rencontrent*, les élèves sont conviés à observer les premières phrases déjà révisées; puis, par analogie avec ces formes verbales modifiées (*ils tombent, ils s'envolent*), ils parviennent à *ils rencontrent* qu'ils vérifient à nouveau en se référant aux affiches. La comparaison avec le texte normé peut être également proposée aux élèves quand ils ne sont pas à même de trouver la graphie attendue, ou si l'enseignante tient à les placer en situation d'observation de *l'écart orthographique*, par exemple quand Milan écrit *ils se rendent conte*. Pour réécrire un texte selon la norme, l'interaction entre élèves joue un rôle primordial : découvrant un point de vue autre dans une graphie différente, les élèves s'interrogent, s'expliquent, opposent leurs façons de faire. Ainsi se révèlent les procédures de gestion des jeunes scripteurs qui se manifestent dans leurs choix graphiques (Jaffré, 1997) : par exemple, en février, Élodie affirme que *les lapins sautent* s'écrit avec *s* à la fin de *saute* parce qu'on écrit *les lapins jaunes*.

La maitresse oriente la réflexion en fonction des savoirs qui s'expriment et des procédures utilisées, ici l'analogie. Lorsque Justine écrit *les dofin*, le groupe propose : « *do... deau... dau... f... 2f...* » ; la maitresse refuse les graphies inexactes du /O/, mais donne *ph* et renvoie aux outils analogiques pour l'identification du pluriel *les dauphins*. Lorsque la solution est inaccessible, l'enseignante fournit l'information nécessaire : elle explique au groupe d'Élodie que *jaune* et *tombe* ne sont pas des mots qui peuvent se remplacer même si la séquence peut le laisser penser (*des lapins jaunes/des lapins sautent*) ; elle renvoie alors aux ORA, qui prennent tout leur sens. Après lecture de l'affiche analogique, les élèves peuvent relever l'indice morphosyntaxique propre au pluriel des verbes et proposer la réponse normée. Ainsi, dès le CP, l'activité métagraphique en atelier s'avère un outil réel et pluriel d'apprentissage : l'enseignant connait mieux les procédures de résolution de problème utilisées par ses élèves et mesure directement l'efficacité des outils mis en œuvre. De son côté, l'élève apprend à réviser les textes et renforce son acquisition du code, son usage des outils, sa réflexion. La verbalisation métagraphique favorise la métacognition : chacun est conduit à réfléchir à la fois sur l'objet (ici la langue écrite) et sur son propre fonctionnement face à cet objet. Un autre dispositif interactif produit des effets du même ordre.

A - CONNAISSANCES DIDACTIQUES ET PÉDAGOGIQUES À MOBILISER

REMARQUE

Se reporter à la Partie 4, sujet n° 4 « Grammaire en CM1 » pour les principes généraux sur l'étude de la langue aux cycles 2 et 3.

1. MAITRISER LA RELATION ORAL/ÉCRIT AUX CYCLES 2 ET 3

L'acquisition de l'orthographe lexicale et grammaticale repose sur la compréhension et la mémorisation des régularités. En comparant l'oral et l'écrit, les élèves repèrent les éléments qui ne s'entendent pas mais qu'il faut écrire. L'enseignant travaille ainsi sur les variations qui modifient les classes grammaticales (adjectifs, verbes...) en commençant par celles qui s'entendent pour ensuite aborder les marques silencieuses. Selon Nina Catach[2], les graphèmes[3] jouent différents rôles dans l'orthographe lexicale et grammaticale :

1. Les principes clés sont extraits des contenus ministériels :
   - Programme du cycle 2 : https://cache.media.eduscol.education.fr/file/A-Scolarite_obligatoire/24/5/Programme2020_cycle_2_comparatif_1313245.pdf
   - Programme du cycle 3 : https://cache.media.eduscol.education.fr/file/A-Scolarite_obligatoire/37/5/Programme2020_cycle_3_comparatif_1313375.pdf
   - « Maitriser la relation entre l'oral et l'écrit » : https://cache.media.eduscol.education.fr/file/Etude_de_la_langue/31/4/RA16_C2C3_FRA_4_Relation-oral-ecrit_636314.pdf
   - « Enseigner l'orthographe » : https://eduscol.education.fr/248/francais-cycles-2-et-3-etude-de-la-langue
2. Nina Catach, *L'Orthographe française*, Éditions Nathan, 2003.
3. Le graphème désigne la plus petite unité distinctive de la chaine écrite. Il correspond à l'unité orale qu'est le phonème ou sert à donner une information d'ordre grammatical, lexical ou étymologique.

« - Des lettres donnant des informations grammaticales (les morphogrammes grammaticaux souvent non audibles) > en genre et nombre (la fleur est bleu<u>e</u>/les chat<u>s</u>/les gâteau<u>x</u>)/les marques de personne pour les verbes (tu danse<u>s</u>/tu veu<u>x</u>/ils joue<u>nt</u>).
- Des lettres qui donnent des informations lexicales (les morphogrammes lexicaux souvent non audibles que l'on peut retrouver par les familles de mots) > le plom<u>b</u> (plombier), gran<u>d</u> (grande).
- Des éléments qui pourraient être perçus comme "non fonctionnels" (selon Danièle Cogis) > une souri<u>s</u> (un lien avec l'origine latine "*sorex/soricis*"), un lou<u>p</u> (du latin "lupus")/ l'estoma<u>c</u> (stomacal)/bungalo<u>w</u> (mot emprunté à l'anglais). »[1]

Il s'agit d'amener les élèves à clarifier ces différents rôles des graphèmes. Pour ce faire, l'enseignant peut mettre en place différentes **activités** ritualisées : souligner des lettres que l'on n'entend pas dans un énoncé ; placer chaque syllabe d'un mot dans des cases et colorier les cases quand la lettre ne transcrit pas un son ; classer des mots selon qu'ils comportent des lettres muettes ou non...

2. INITIER UNE APPROCHE RÉFLEXIVE DE L'ORTHOGRAPHE AU CYCLE 3

Les ressources officielles préconisent deux **démarches** pour amener les élèves à réfléchir au fonctionnement de la langue :

- À partir des travaux de N. Catach sur le plurisystème graphique du français, l'enseignant construit avec les élèves une grille typologique des erreurs orthographiques[2].

MODÈLE DE GRILLE TYPOLOGIQUE DES ERREURS ORTHOGRAPHIQUES	
Les erreurs d'accords (GN/GV)	**Morphogrammes**
Les erreurs sur les désinences verbales	
Les erreurs de participes passés	
Les erreurs sur les homophones	**Logogrammes**
Les erreurs de transcription (lois de position...)	**Phonogrammes**
Autres erreurs	

Le but de cette grille est d'aider les élèves à identifier leurs erreurs dans les productions écrites et ainsi à cibler leurs besoins. Il s'agit d'un outil de vigilance orthographique pour les élèves.

- Les chantiers orthographiques[3]. Ces derniers ont pour but de placer l'élève dans une position de chercheur face au fait orthographique travaillé. L'enseignant propose aux élèves un corpus d'énoncés (extraits de livres ou de productions écrites des élèves) à partir duquel ils vont devoir construire la notion. Après avoir observé, trié, classé les énoncés, ils émettent un premier constat qu'ils vont vérifier à l'aide d'un second corpus.

1. « Maitriser la relation entre l'oral et l'écrit », *op. cit.*, p. 3.
2. « Enseigner l'orthographe du cycle 3 au cycle 4 » : https://cache.media.eduscol.education.fr/file/Etude_de_la_langue/31/5/RA16_C3-C4_Francais_Etude_langue_Enseigner_orthographe_774315.pdf
3. Danièle Cogis, *Pour enseigner et apprendre l'orthographe*, Delagrave, 2005.

3. PRATIQUER DIFFÉRENTES FORMES DE DICTÉES

Les différentes formes de dictées qui suivent ont pour but d'amener les élèves à réfléchir au fonctionnement de la langue en en faisant un objet d'étude, à argumenter, à mémoriser les règles, à verbaliser les procédures et le raisonnement mis en œuvre pour parvenir à une graphie correcte :

- Les ateliers de négociation graphique : un court texte est dicté à un groupe de cinq/six élèves (les autres travaillent en autonomie) ; ils l'écrivent sur une grande affiche. Le texte est ensuite affiché au tableau et chaque graphie est commentée et discutée ; les élèves débattent et explicitent leur raisonnement. L'enseignant les amène à conclure sur le problème que pose le texte. Quand tous les groupes sont passés, une synthèse collective est réalisée.
- La phrase dictée du jour : l'enseignant dicte une phrase aux élèves qui matérialisent les accords et les mots qui s'accordent ; la phrase est notée au tableau et l'enseignant note sous forme de colonne toutes les graphies proposées par les élèves pour un même mot. Les élèves débattent et argumentent sur le fait de garder ou non certaines graphies.
- La phrase donnée du jour : l'enseignant donne aux élèves une phrase correctement orthographiée, extraite de lectures faites en classe ; les élèves doivent individuellement justifier les différentes graphies sur leur cahier de brouillon. S'ensuit une mise en commun orale où les différentes justifications sont discutées.
- La dictée négociée : le déroulement de cette activité est identique à celui de l'atelier de négociation graphique mais il s'effectue en classe entière répartie en plusieurs groupes. Après avoir écrit la dictée, les élèves débattent sur les différentes graphies sans aucune aide, puis dans un second temps en s'appuyant sur les affichages, le fichier outil, le dictionnaire. Les différents textes sont affichés au tableau. Pendant la discussion collective, l'enseignant écrit au tableau les différents savoirs mobilisés et construits.
- La dictée dialoguée : elle porte sur deux ou trois phrases. Le déroulement est identique pour chaque phrase. Chacune est lue plusieurs fois par l'enseignant, les élèves l'écrivent ensuite d'un seul jet. Ils peuvent alors poser des questions sur l'orthographe de certains mots mais sans nommer les lettres ; par exemple, dans la phrase « on mange », demander si le verbe est au singulier ou au pluriel et non si le verbe s'écrit avec *-e* ou *-ent*.

La dictée sans erreur : une dictée est préparée lors de **séances** précédentes au cours desquelles les élèves repèrent eux-mêmes les difficultés du texte dicté ; ils travaillent à la mémorisation des mots et repèrent les termes engendrant les accords. À la séance suivante, le texte est dicté et la version normée est collée au dos de la feuille : les élèves peuvent vérifier certains mots en les soulignant dans leur dictée. L'**évaluation** consiste à compter le nombre de mots soulignés et le nombre d'erreurs d'accord.

4. ÉVALUER

Les dictées peuvent servir à la fois d'évaluation diagnostique, formative ou sommative. Pour cette dernière, la notation est positive : l'enseignant évalue les réussites par rapport au fait de langue travaillé. L'orthographe lexicale et grammaticale est également évaluée dans les productions d'écrits.

Les attendus de fin de cycle 2 sont les suivants :

- orthographier les mots les plus fréquents (notamment en situation scolaire) et les mots invariables mémorisés,
- raisonner pour réaliser les accords dans le groupe nominal d'une part (déterminant, nom, adjectif), entre le verbe et son sujet d'autre part (cas simples : sujet placé avant le verbe et proche de lui ; sujet composé d'un groupe nominal comportant au plus un adjectif).

Les attendus de fin de cycle 3 sont les suivants : en rédaction de textes dans des contextes variés, maitriser les accords dans le groupe nominal (déterminant, nom, adjectif), entre le verbe et son sujet dans des cas simples (sujet placé avant le verbe et proche de lui, sujet composé d'un groupe nominal comportant au plus un adjectif ou un complément du nom ou sujet composé de deux noms, sujet inversé suivant le verbe) ainsi que l'accord de l'attribut avec le sujet.

B - TRAITEMENT DU SUJET

1. LECTURE ET ANALYSE DES DOCUMENTS DU CORPUS

Le **document 1** est un extrait du fichier élève *Mon année de français CE1*, publié par les Éditions Nathan en 2019. Pour aborder la relation sujet-verbe sont proposés aux élèves trois exercices de transposition qui portent sur les verbes *avoir, aller* et *trouver*. Les élèves doivent récrire des phrases en remplaçant le sujet singulier par un sujet pluriel (GN et pronom). Dans le premier exercice, il est proposé aux élèves de passer par l'oralisation du texte afin d'entendre les changements entre l'oral et l'écrit. Une aide est également proposée : le manuel donne les formes verbales transposées correctement orthographiées.

Le **document 2** contient deux productions d'élèves correspondant à l'étape de la série d'actions dans l'écriture du conte. On note dans les deux productions des erreurs concernant l'accord sujet-verbe : soit l'absence d'accord, soit une marque d'accord erronée. Sur les trois verbes conjugués, seul un accord a été réussi. Pour l'élève 1, on relève également une erreur d'accord dans le groupe nominal et pour l'élève 2, une erreur dans le choix du pronom singulier « il » au lieu de « ils ». Tous les accords des verbes conjugués de ces productions ne s'entendent pas : il est donc plus difficile pour les élèves de les orthographier correctement lors du premier jet.

Le **document 3** est un extrait d'un article écrit par Danièle Cogis et Michelle Ros en 2003, intitulé « Les verbalisations métagraphiques : un outil didactique en orthographe ? ». Elle y décrit les ateliers de révision. Le déroulement de cette activité est le suivant : l'enseignant dicte un texte. Les élèves l'écrivent sur une grande feuille qui sera par la suite affichée au tableau. L'enseignant travaille avec un groupe d'élèves, le reste de la classe est en autonomie. Une lecture orale fait apparaitre les difficultés. Les élèves interagissent pour identifier les erreurs, proposer une solution, expliciter comment ils feraient pour bien orthographier le mot. S'ils ne parviennent pas à trouver de solutions, l'enseignant les renvoie vers les affichages ou les amène à comparer la production et sa version normée. L'autrice rappelle l'importance des interactions entre élèves dans l'activité de révision d'un texte : en corrigeant la production de leur camarade, ils observent un autre point de vue, une autre manière de faire, ce qui les amène à se questionner, à se justifier en explicitant les procédures qu'ils utilisent pour réaliser l'accord.

2. RÉDACTION DE LA FICHE DE PRÉPARATION

<table>
<tr><th colspan="4">SÉANCE DÉCROCHÉE EN ORTHOGRAPHE : L’accord sujet-verbe</th></tr>
<tr><td colspan="2">DATE : Juin</td><td colspan="2">DOMAINE DU SOCLE : 1</td></tr>
<tr><td>NIVEAU DE CLASSE :
CE1</td><td>NOMBRE D’ÉLÈVES :
24</td><td>SÉANCE N° :
5</td><td>DURÉE :
45 minutes</td></tr>
<tr><td colspan="2">PLACE DE LA SÉANCE DANS LA SÉQUENCE :
Séance 1 - Planification : carte d’identité du conte
Séance 2 - Écriture de la situation initiale et de l’élément perturbateur
Séance 3 - Mise en commun/révision
Séance 4 - Écriture de la série d’actions
Séance 5 - Séance décrochée en orthographe : l’accord sujet-verbe
Séance 6 - Écriture de la résolution et de la situation finale
Séance 7 - Mise en commun/révision
Séance 8 - Finalisation des productions</td><td colspan="2">INTITULÉ DE LA SÉQUENCE :
Écrire un conte</td></tr>
<tr><td colspan="2">OBJECTIFS DE LA SÉANCE :
Raisonner pour réaliser les accords entre le verbe et son sujet.</td><td colspan="2">PRÉREQUIS :
Identifier le verbe et le sujet dans une phrase.</td></tr>
<tr><td colspan="2">COMPÉTENCES VISÉES :
Être capable de :
• réfléchir au fonctionnement de la langue ;
• réviser un texte avec l’aide de l’enseignant ;
• expliciter les procédures utilisées pour réaliser un accord ;
• utiliser des outils à disposition dans la classe pour réviser un texte.</td><td colspan="2">MATÉRIEL – SUPPORTS :
Productions écrites des élèves, affichage sur les règles d’accords.</td></tr>
</table>

PHASE 1
DURÉE PRÉVUE : 20 minutes
MODALITÉ : oral/groupes

Consigne	Tâche des élèves	Rôle de l'enseignant
Atelier de révision 1. *Aujourd'hui nous allons revenir sur vos productions écrites.* *Vous allez travailler en petits groupes. Je vous distribue la production écrite d'un des groupes (cf. doc 2 élève 2) et vous allez devoir repérer les erreurs concernant les accords dans le groupe verbal et proposer des solutions pour les corriger.* 2. Mise en commun au tableau.	1. Les élèves repèrent les verbes et discutent des accords. 2. Les élèves comparent les différentes corrections effectuées sur les feuilles. Ils en discutent, justifient leur point de vue, identifient les sujets qui donnent leur accord aux verbes. Réponses attendues : relever que l'accord de « prenent » est correct ; que « arrive » n'est pas accordé ; que « délivres » est accordé mais de manière erronée (la marque « s » correspondant aux noms et aux adjectifs). Les trois verbes doivent se terminer par *-ent* puisque leur sujet (« les chevaliers » et le pronom « ils ») sont au pluriel.	1. Demander aux élèves de rappeler comment on identifie le verbe dans la phrase : soit en le mettant à la forme négative, soit en conjuguant le verbe. Leur indiquer de commencer par souligner le verbe et d'identifier son sujet (les renvoyer aux manipulations décrites dans les affichages de la classe), puis de matérialiser l'accord. Passer dans les groupes pour accompagner les élèves dans leurs discussions. 2. Afficher les feuilles au tableau. Amener les élèves à les comparer, puis à justifier leurs propositions de correction. Inciter les élèves à expliciter les procédures qu'ils ont utilisées pour corriger les erreurs identifiées.

Critères de réussite :
Être capable de participer à des échanges : écouter les autres, donner son avis, le justifier, expliciter une procédure.

Différenciation :
S'occuper d'un groupe d'élèves en difficulté pour reprendre le travail sur l'identification du verbe, ou de ses accords, ou simplement pour guider leur démarche dans la réflexion sur les mêmes phrases ou des phrases plus adaptées à leur niveau de compétence.

REMARQUE
Les élèves de cette classe ont l'habitude de cette activité de révision des textes (cf. doc 3). Ils connaissant les règles et la manière de procéder.
Comme le suggèrent D. Cogis et M. Ros (cf. doc 3), ce sont les interactions langagières entre les élèves qui vont leur permettre de réfléchir au fonctionnement de la langue.

PHASE 2
DURÉE PRÉVUE : 5 minutes
MODALITÉ : oral/collectif

Consigne	Tâche des élèves	Rôle de l'enseignant
Rappel de la règle *Nous allons revenir sur ce qui a été dit lors de la correction au tableau : quelle est la règle pour accorder le verbe ? Comment faites-vous concrètement pour accorder le verbe ?*	Les élèves reformulent ce qui a été dit dans les échanges de la phase précédente.	Aider les élèves à formuler la règle d'accord et répéter les procédures à utiliser en relisant l'affichage réalisé en cours d'année.

REMARQUE
Il est important que la trace écrite correspondant au savoir à retenir contienne les manipulations à effectuer.

PHASE 3
DURÉE PRÉVUE : 10 minutes
MODALITÉ : individuel

Consigne	Tâche des élèves	Rôle de l'enseignant
Automatisation : exercices d'entrainement *Vous allez appliquer tout ce qu'on vient de rappeler en faisant des exercices. Nous allons lire les consignes et faire le premier exercice ensemble.*	Un ou deux élèves reformulent la consigne. Les élèves écoutent et participent à la réalisation du premier exercice. Ils font ensuite deux exercices seuls.	Faire la transposition à l'oral pour le premier exercice et demander aux élèves s'ils entendent des changements. Puis leur dicter la réponse. S'ils n'arrivent pas à l'orthographier, écrire la réponse au tableau.

Critères de réussite :
Être capable de répondre à une consigne écrite seuls.
Pour les élèves en difficulté, faire oraliser chaque énoncé avant de transposer celui-ci au pluriel.

Différenciation :
Ne donner qu'un seul exercice à certains élèves et les accompagner lors de cette phase de travail individuel.
Ne pas donner la rubrique « aide » du fichier à certains élèves.

REMARQUE
Cette phase d'entrainement est importante dans l'appropriation de la notion orthographique : elle permet aux élèves de mémoriser la règle et les procédures.

<table>
<tr><td colspan="3">PHASE 4
DURÉE PRÉVUE : 10 minutes
MODALITÉ : individuel</td></tr>
<tr><td>Consigne</td><td>Tâche des élèves</td><td>Rôle de l’enseignant</td></tr>
<tr><td><u>Révision des productions écrites</u>
Maintenant je vais vous distribuer vos productions sur le conte et vous allez reprendre votre texte en vérifiant les accords sujet-verbe comme vous l’avez fait en début de séance, mais cette fois tout seuls, pour voir si vous avez bien compris comment faire.</td><td>Les élèves révisent leur texte.</td><td>Rappeler aux élèves tous les outils dont ils disposent pour réviser leur texte : affichages, fichier-outil…</td></tr>
<tr><td colspan="3">Différenciation :
Prendre en charge un groupe d’élèves.</td></tr>
<tr><td colspan="3">REMARQUE
Pour les élèves en difficulté, l’enseignement explicite est très important lors de ces phrases de révision de texte. L’enseignant accompagne pas à pas les élèves en leur montrant comment il fait.</td></tr>
</table>

3. PRÉPARATION DE L’ENTRETIEN

a) Introduction

Je vais vous présenter une séance d’étude de la langue qui a lieu en juin dans une classe de CE1. Elle s’inscrit dans une **séquence** visant l’écriture d’un conte. Il s’agit de la cinquième séance qui porte sur l’étude de la langue et plus précisément sur l’accord sujet-verbe. Dans les premières séances, les élèves ont été amenés à planifier leur écriture en remplissant une fiche d’identité du conte. Ils ont ensuite successivement écrit la situation initiale, l’élément perturbateur et la série d’actions. Lors des corrections de ces premières versions, l’enseignant a constaté que beaucoup d’élèves ne maitrisaient pas l’accord sujet-verbe en production autonome. Il a ainsi inclus dans sa séquence une séance d’orthographe décrochée.

Pour concevoir cette séance, je me suis appuyé(e) sur les quatre documents du corpus proposé. Le **document 1** est un extrait du fichier élève *Mon année de français CE1*, publié en 2019, qui propose des exercices de transposition du singulier au pluriel. Le **document 2** contient deux productions d’élèves correspondant à l’étape de la série d’actions dans l’écriture du conte. On note dans les deux productions des erreurs concernant l’accord sujet-verbe. Le **document 3** est un extrait d’un article écrit par Danièle Cogis et Michelle Ros en 2003, intitulé « Les verbalisations métagraphiques : un outil didactique en orthographe ? ». Elles y décrivent les ateliers de révision.

Cette séance a pour objectif d'amener les élèves à raisonner pour réaliser les accords entre le verbe et son sujet. La séance dure 50 minutes et vise les compétences suivantes :

- être capable de réfléchir au fonctionnement de la langue,
- être capable de réviser un texte avec l'aide de l'enseignant,
- être capable d'expliciter les procédures utilisées pour réaliser un accord,
- être capable d'utiliser des outils à disposition dans la classe pour réviser un texte.

Voici le déroulé et les composantes didactiques et pédagogiques de cette séance.

b) Conclusion

Dans cette séance, les élèves ont été amenés à réfléchir sur l'accord sujet-verbe à partir de la révision de leurs productions écrites et d'exercices d'entrainement. L'enseignant pourra dans les séances suivantes proposer à ses élèves une dictée négociée afin d'automatiser les procédures à utiliser pour accorder le verbe et de mémoriser les règles d'accord. Proposer cette activité de manière régulière lui permettra de mesurer plus facilement les progrès de ses élèves.

c) Questions du jury

Quels sont les usages possibles de la dictée dans l'apprentissage de l'orthographe ?

La dictée peut servir d'évaluation finale pour mesurer les acquis orthographiques des élèves. Elle est également utilisée comme support d'apprentissage et d'entrainement pour engager les élèves à une réflexion sur le fonctionnement de la langue. Certains types de dictées comme la dictée négociée ou la dictée dialoguée permettent aux élèves d'échanger et de partager les stratégies à mettre en place pour choisir la bonne orthographe. D'autres types de dictées permettent d'automatiser les connaissances grammaticales et orthographiques.

Sur Lea.fr

Retrouvez deux autres questions du jury

Sujet n° 2 : Lexique en Grande Section

À partir du corpus proposé, vous concevrez une séance visant l'enrichissement du lexique en Grande Section. La séance s'inscrit dans une séquence portant sur la mémorisation du vocabulaire lié au champ lexical de « la classe ». Elle se situe en période 1. Vous détaillerez le déroulement de cette séance en prenant soin d'expliciter vos choix didactiques et pédagogiques.

CORPUS DE 4 DOCUMENTS

Document 1. Extrait du guide « Pour enseigner le vocabulaire à l'école maternelle » Eduscol, février 2020, pp. 29-30.

Une démarche qui aide à la mémorisation

Les opérations mentales de mémorisation chez les jeunes enfants ne sont pas volontaires et une simple exposition aux mots, sans analyse, ne suffit pas pour les mémoriser.

Trois étapes permettent de mémoriser des informations dans le cerveau et surtout, de s'en rappeler :

- **l'encodage** : à partir d'un stimulus visuel, auditif, olfactif, moteur, l'information est traitée pour être mise en mémoire ;
- **le stockage** : l'information est mise en lien avec les connaissances antérieures, pour la faire durer dans le temps. La mémoire stocke les mots en réseau ou en toile. Pour aider au stockage d'un mot nouveau, il est utile de l'associer à des mots synonymes ou appartenant à la même catégorie, à des phrases, etc. ;
- **la récupération** : l'information est extraite de la mémoire. C'est une opération complexe qui peut nécessiter l'aide du professeur par une contextualisation, une réactivation des liens avec les autres apprentissages (place du mot, synonyme, etc.) ou une activité de reconnaissance (retrouver dans une liste par exemple).

Ebbinghaus, psychologue allemand du XIXe siècle, et de nombreux chercheurs contemporains, ont étudié la mémoire et notamment les façons d'associer les informations entre elles pour mieux les retenir. La courbe d'oubli d'Ebbinghaus montre que nous apprenons très vite mais oublions également très vite.

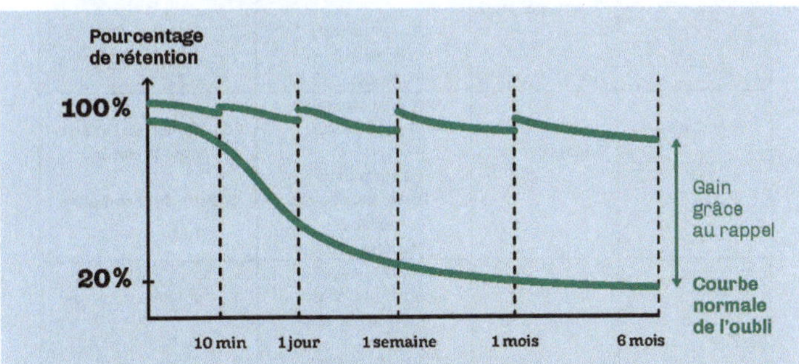

La courbe d'Ebbinghaus

Sa théorie a une incidence directe sur l'enseignement. Quand le jeune enfant étudie des mots nouveaux qui n'appartiennent pas à son lexique habituel, il les retient pendant un temps très court. **L'apprentissage répété à intervalles réguliers améliore la mémorisation.**
Mémoriser les mots, c'est pouvoir les réemployer et transférer à d'autres situations et contextes ce que l'on a déjà appris de certains mots et de leurs usages. Faire mémoriser les mots appris ne se limite pas à archiver leur trace sur des supports divers (cahiers, imagiers de la classe, affiches murales illustrées, boîtes à mots, guirlandes d'illustrations représentant des mots). La mémorisation du vocabulaire est facilitée par des moyens mnémotechniques multiples qui vont activer le rappel du mot dans toutes ses dimensions : sa forme sonore, son champ sémantique, ses représentations variées. Pour faciliter le rappel, le professeur évoque les contextes d'utilisation expérimentés en classe et les propriétés perceptives, fonctionnelles et catégorielles du mot. Cette mise en résonance, associée à l'utilisation des traces, réactive les mots.
La mémorisation est encouragée très régulièrement avec des activités d'entraînement portant sur les mots nouveaux intégrés à des ensembles organisés.

Document 2. Dispositif Apprentilangue – Grande Section : Même progression pour chaque thème (Extraits du site https://apprentilangue.jimdo.com)

Extrait du guide pédagogique

GUIDE PEDAGOGIQUE

Thème 1 L'école	Dire Lire Écrire	Dire	Écrire Lire
	RITUEL	APPRENTISSAGE ET ENTRAINEMENT	PRODUCTION D'ECRIT
Semaine 1	Devinettes: 2 mots par jour		Constitution de l'imagier pour la classe
Semaine 2	Devinettes : 2 mots par jour	Avec l'enseignant Jeu « bataille des syllabes »	Constitution de l'imagier pour la classe Apprentissage de la comptine
Semaine 3	Devinettes : 2 mots par jour	Avec l'enseignant Jeu « les paires » En autonomie Jeu de bataille des syllabes	Constitution de l'imagier pour la classe Lecture de la comptine
Semaine 4	Devinettes : 2 mots par jour	Avec l'enseignant : Jeu de l'intrus En autonomie : - Jeu de bataille des syllabes - Jeu « les paires »	Constitution de l'imagier pour la classe Lecture de la comptine
Semaines 5 et 6	Reprise des devinettes	Diaporamas « révision » Fluence / Familles de mots - Synonymes Jeux avec l'enseignant (remédiation) ou en autonomie	Écriture de la comptine

Liste des mots – Thème « la classe », Grande Section

1. gommette - imagier
2. horizontal - vertical
3. coloriage - relier
4. boulier - cercle
5. identique - pinceau
6. nombre - ligne
7. chiffre - enfiler
8. encastrement - oblique
9. courbe - rouleau
10. tracer - boucle
11. perle - brisée
12. copier - spirale
13. à l'endroit - à l'envers
14. disque - dessiner
15. pâte à modeler - entourer
16. tiret - écrire
17. Révision 1
18. Révision 2
19. Révision 3

Document 3. Dispositif Apprentilangue – Grande Section : thème « la classe » (Captures d'écran issues du site https://apprentilangue.jimdo.com)

Diaporama de présentation des deux mots par jour sous forme de devinette :
1) L'enseignant lit la devinette. Les élèves émettent des hypothèses.
2) L'enseignant fait apparaitre la première lettre du mot, les élèves émettent à nouveau des hypothèses. Il fait ainsi apparaitre une par une la graphie de chaque son.
3) Le mot est affiché en écriture cursive.
4) Une illustration du mot apparait.
5) Une phrase contenant le mot est affichée et lue par l'enseignant.
6) Les deux mots sont présentés avec pour certains d'entre eux : des mots de la même famille, des synonymes, des contraires...

Les pastilles de couleur en haut des cartes précisent la catégorie grammaticale à laquelle appartient le mot : bleu pour les noms, rouge pour les verbes...

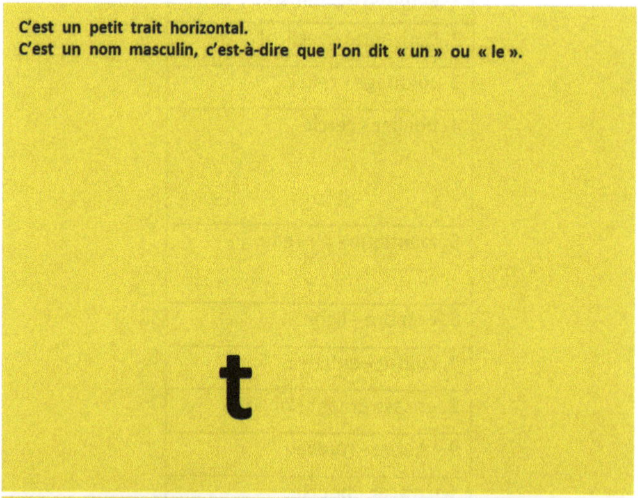

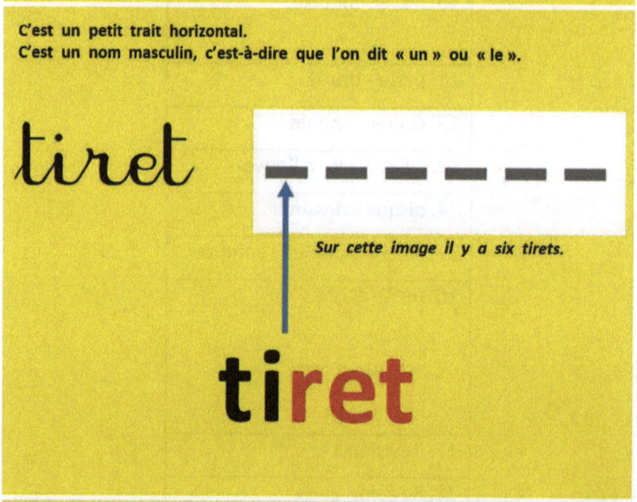

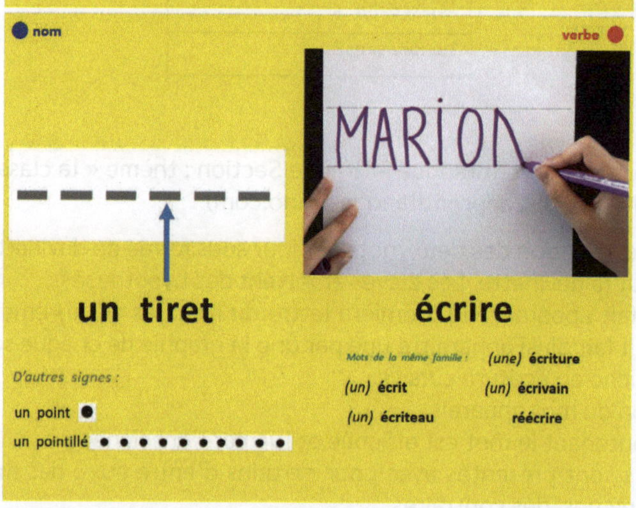

Document 4. Étiquettes mots créées par l'enseignante à partir du dispositif « Apprentilangue GS » sur le thème de la classe

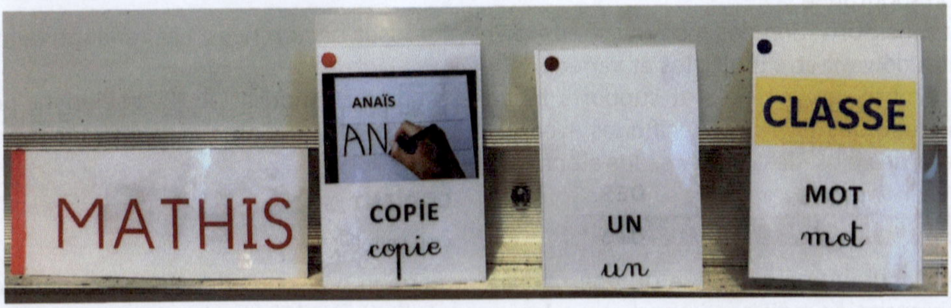

A - CONNAISSANCES DIDACTIQUES ET PÉDAGOGIQUES À MOBILISER

1. DÉFINITIONS

Le lexique est une notion théorique : il désigne l'ensemble complet des mots d'une langue. Il est à distinguer du vocabulaire qui correspond à l'ensemble des mots effectivement employés par un individu dans un énoncé écrit ou oral. Dans le langage courant, on emploie indifféremment les termes « vocabulaire » et « lexique », ceux-ci étant considérés comme synonymes.

2. DÉVELOPPER LE VOCABULAIRE : UN ENJEU FONDAMENTAL

Le développement du vocabulaire est un enjeu fondamental à l'école maternelle.
Le temps de l'école maternelle (3-5 ans) correspond, dans le développement de l'enfant, à une période d'explosion lexicale. C'est donc le moment idéal pour aider tous les enfants à élargir leur capital lexical.

3. PASSER D'UN VOCABULAIRE PASSIF À UN VOCABULAIRE ACTIF

De nombreux mots sont acquis par les élèves de façon informelle, à travers les échanges qu'ils ont dans la sphère familiale ou scolaire.
Les programmes de l'école maternelle précisent la nécessité de développer « une conscience de la langue, des mots et des unités sonores. »
L'élève doit passer d'un vocabulaire passif, compris en réception, à un vocabulaire actif qu'il sera capable de comprendre et d'émettre en situation de production, orale dans un premier temps et plus tard écrite.

1. Les principes clés sont extraits des contenus ministériels :
   - Programme Cycle 1 : https://www.education.gouv.fr/bo/19/Hebdo22/MENE1915456N.htm?cid_bo=142293
   - « Pour enseigner le vocabulaire à l'école maternelle » : https://eduscol.education.fr/document/299/download
   - « Ressources maternelle - Partie II.1- Lien oral-écrit, Lexique et syntaxe » : https://eduscol.education.fr/document/13357/download

Pour cela, il lui faut mémoriser les mots découverts en contexte, les observer, les analyser dans des activités qui les décontextualisent pour enfin être capable de les réemployer de façon spontanée.
Cette mémorisation des mots nécessite de nombreuses occurrences. Les rencontres avec le mot doivent être multiples et variées.
De nombreuses activités et supports favorisent cette mémorisation. L'enseignant peut construire des séances spécifiques avec des objectifs bien définis en s'appuyant sur des objets, des jeux, des imagiers, des albums...

4. ACCROITRE LE CAPITAL MOTS

Le vocabulaire ne constitue qu'une partie du langage oral dont l'école maternelle vise l'appropriation mais son importance n'est pas négligée par les enseignants : ceux-ci sont attentifs au niveau lexical atteint par les enfants car ils en connaissent l'impact dans les domaines d'apprentissage et le poids dans la réussite scolaire. Il y a de fortes variabilités interindividuelles dont certaines sont d'ordre socio-culturel ; il est donc nécessaire dans le cadre de la lutte contre les inégalités de doter tous les enfants d'un vocabulaire de plus en plus étendu. Il devrait être d'environ 2 000 à 2 500 mots à la fin de l'école maternelle, stock jugé nécessaire pour faciliter l'apprentissage de la lecture au CP.
Pour le petit enfant, acquérir des mots, c'est mettre en correspondance des unités du langage avec :

- des objets ou des personnes (désignées par des noms) ;
- des actions (désignées par des verbes et précisées par des adverbes) ;
- des propriétés ou des qualités des objets et des personnes désignées (rôle des adjectifs qualificatifs) ;
- l'expression des relations spatiales, temporelles ou logiques.

5. ACCOMPAGNER VERS LA COMPRÉHENSION DU MONDE

Enrichir le vocabulaire d'un enfant, c'est lui ouvrir les portes pour accéder à la compréhension du monde. En effet, les mots nomment les choses. Ils lui permettent aussi de les décrire, de les comparer, de les évoquer...

6. ENSEIGNER LE VOCABULAIRE EN GROUPE RESTREINT

Pour comprendre le sens d'un mot inconnu, les élèves s'appuient sur le contexte. À l'oral, ce peut être ce qui les entoure, les expressions du visage de la personne qui s'exprime, les autres phrases ou mots du discours... À l'écrit, de la même façon, le contexte permet souvent d'accéder au sens d'un mot. C'est un cercle vertueux : plus l'élève connait de mots, plus il peut en découvrir en contexte.
A contrario, les lacunes dans le vocabulaire de base peuvent pénaliser un élève puisqu'il ne peut pas s'appuyer sur ce contexte. Les différences de niveaux entre élèves ne dépendent pas de la quantité de vocabulaire à laquelle ils ont été exposés mais surtout de sa qualité. Il existe de grandes disparités entre le niveau verbal des élèves, dès le cycle 1.
Pour accompagner les élèves dans l'enrichissement de leur lexique, l'enseignant doit travailler en groupe restreint, voire en tête-à-tête, et se placer un peu au-delà des productions : « sur la marche supérieure » pour ainsi dire, afin d'amener les enfants vers ce niveau. Il est important de proposer des activités avec un niveau de langage qui leur permette de faire décoller leur système d'apprentissage du langage, jusqu'à ce qu'ils puissent rattraper leurs pairs dans les activités communes.

7. IMPLIQUER LES ÉLÈVES

L'enseignement du vocabulaire doit être structuré et progressif. Il convient de proposer aux élèves des supports motivants (textes de littérature de jeunesse, contes, œuvres d'arts...) et de veiller à l'emploi de mots précis et justes dans toutes les interactions quotidiennes et même dans les échanges informels, notamment avec les plus petits.

Pour affiner le sens d'un mot, il convient de multiplier et de diversifier les contextes dans lesquels il apparait. Ce mot peut être « travaillé » dans des situations ordinaires, régulières comme le retour d'activités, dans les disciplines où il est à la fois outil, vecteur des apprentissages mais aussi objet (dans la rétention du vocabulaire spécifique à la discipline).

Il est nécessaire pour l'enseignant de varier les entrées : croiser plusieurs types de situations d'apprentissage car le vocabulaire concerne le quotidien, tous les domaines d'apprentissage, les activités sur la littérature et les documentaires.

L'enseignant ne survalorise pas les noms et pense à laisser toute leur place aux verbes.

8. FAIRE DE L'ACQUISITION DU VOCABULAIRE UN SOUCI PERMANENT

« L'enseignant doit adopter une posture d'écoute active dans l'échange pour conduire l'élève à dire ce qu'il veut dire. Il faut donc lui laisser le temps, ne pas le couper, ni terminer son propos à sa place, sans quoi, très vite, le très jeune élève s'adapte et se contente d'évoquer au lieu de dire, ou de dire ce qu'il croit que l'enseignant attend. »[1]

L'enseignant doit veiller à ce que sa langue cible puisse constituer un modèle pour les élèves. Pour les faire progresser, il doit avant tout proposer un modèle langagier permanent et faire un usage abondant de la reformulation des propos des enfants. L'utilisation du langage en accompagnement de l'action et du vécu est l'objectif premier en Petite Section, mais les enfants doivent entendre l'adulte utiliser, très régulièrement, le niveau de langue mobilisé pour le rappel ou l'anticipation de réalités hors situation.

9. ÉVALUER

En fin de Grande Section, tous les élèves devraient :

- s'appuyer sur des verbes très fréquents (dire, faire, mettre, aller, prendre, avoir, être, etc.) et des pronoms pour s'exprimer ;
- s'emparer du vocabulaire travaillé en classe et l'utiliser à bon escient dans les tâches langagières ;
- corriger et reprendre leurs propos pour remplacer un mot par un autre, plus précis ;
- employer un vocabulaire usuel (vie quotidienne à l'école) suffisamment développé pour être précis dans leurs prises de parole et dans les activités ordinaires de la classe ;
- réutiliser dans un autre contexte les mots appris dans un certain contexte ;
- utiliser régulièrement des adjectifs et des adverbes pour spécifier leur propos ;
- s'interroger sur un mot dont on ignore le sens ;
- utiliser des connecteurs logiques et temporels.

L'enseignant fait le choix d'évaluer quelques élèves sur une séance. Il peut compléter une grille d'observation sur laquelle il aura défini quelques critères tels que l'emploi du lexique travaillé, le vocabulaire spatial (sur, sous, dans...), la syntaxe (je + verbe + complément), etc.

1. « Pour enseigner le vocabulaire à l'école maternelle », *op. cit.*

B - TRAITEMENT DU SUJET

1. LECTURE ET ANALYSE DES DOCUMENTS DU CORPUS

Le **document 1** est extrait du guide « Pour enseigner le vocabulaire à l'école maternelle » publié par le ministère de l'Éducation nationale en février 2020. Il présente trois étapes qui permettent la mémorisation : l'encodage (mise en mémoire de l'information suite à un stimulus), le stockage (mise en réseau de la connaissance) et la récupération (extraction de la mémoire qui peut nécessiter l'aide du professeur). Il contient aussi la courbe d'Ebbinghaus témoignant de la nécessité des rappels à un rythme expansé.
Le **document 2** est extrait du guide pédagogique du dispositif « Apprentilangue GS ». Il présente la **démarche** qui est à suivre de la même façon pour chaque thème : le rituel de devinettes (2 mots par jour), les phases d'apprentissage et d'entrainement dans lesquelles sont liés le dire-lire-écrire et la partie production d'écrits.
Le **document 3** présente le déroulement d'une séance de rituel « Apprentilangue GS », la découverte de deux mots par jour à l'aide du diaporama-support. Ce document présente des indices progressifs : la devinette suivie des hypothèses avancées par les élèves, l'apparition progressive du mot en écriture scripte, avec émission d'hypothèses des élèves à chaque fois, le mot affiché en cursif, une illustration du mot, le mot dans une phrase, puis des éléments variables selon les mots : synonymes, contraires, mots de la même famille... La catégorie grammaticale des mots est codée par une pastille de couleur.
Le **document 4** est une photographie montrant une phrase rédigée par un élève à partir du dispositif « Apprentilangue GS » – thème la classe : *Mathis copie un mot.*

2. RÉDACTION DE LA FICHE DE PRÉPARATION

<table>
<tr><td colspan="4">SÉANCE : Ateliers jeux autour du vocabulaire de la classe</td></tr>
<tr><td colspan="2">DATE : Début octobre</td><td colspan="2">DOMAINE DU SOCLE : 1</td></tr>
<tr><td>NIVEAU DE CLASSE :
GS</td><td>NOMBRE D'ÉLÈVES :
19 (2 groupes de 6 et 1 groupe de 7)</td><td>SÉANCE N° :
16</td><td>DURÉE :
35 minutes</td></tr>
<tr><td colspan="2">PLACE DE LA SÉANCE DANS LA SÉQUENCE :
Rituel quotidien : 2 mots découverts sous le mode de devinette (cf. diaporama doc 3) et constitution de l'imagier tout au long de la séquence
Semaine 1 - 2 mots par jour et imagier
Semaine 2 - Jeu « Syllabes en bataille » (avec l'enseignant), apprentissage de la comptine et production d'écrits
Semaine 3 - Jeu des paires (avec l'enseignant), jeu « Syllabes en bataille » en autonomie, lecture de la comptine et production d'écrits
Semaine 4 - Ateliers jeux autour du vocabulaire de la classe
Semaine 5 et 6 - Reprise des devinettes : diaporamas « révision »
Fluence / Familles de mots - Synonymes et jeux avec l'enseignant (remédiation) ou en autonomie</td><td colspan="2">INTITULÉ DE LA SÉQUENCE :
Mémoriser le vocabulaire lié à la classe.</td></tr>
<tr><td colspan="2">OBJECTIFS DE LA SÉANCE :
Groupes en autonomie : mémoriser le vocabulaire découvert en rituels sur le thème de « La classe ».
Groupe dirigé : produire une phrase à l'aide des étiquettes-mots issus des rituels.</td><td colspan="2">PRÉREQUIS :
Avoir découvert en amont les mots qui seront utilisés dans les activités (cf. liste doc 2).
Avoir compris ces mots.</td></tr>
<tr><td colspan="2">COMPÉTENCES VISÉES :
Enrichir son vocabulaire.
Mémoriser et réactiver les mots appris.
Réinvestir les mots appris en situation de production.
Produire une phrase syntaxiquement correcte et qui a du sens.
Mettre un point à la fin de la phrase.</td><td colspan="2">MATÉRIEL – SUPPORTS :
Cartes images : les prénoms des élèves du groupe, 2 verbes : « copie » et « dessine », 1 déterminant : « un », 5 noms : « mot », « nombre », « chiffre », « disque », et « cercle » + cartes « point » (fin de phrases).</td></tr>
</table>

PHASE 1
DURÉE PRÉVUE : 10 minutes
MODALITÉ : oral/collectif

Consigne	**Tâche des élèves**	**Rôle de l'enseignant**
Rituel (doc 2) *Comme nous le faisons chaque jour, vous allez devoir deviner 2 mots à l'aide des indices du diaporama. Ces mots sont utilisés en classe.* Découverte des 2 derniers mots de la liste : « tiret » (doc 3) et « écrire » à partir du diaporama qui dévoile progressivement les indices permettant de découvrir le mot : • devinette, • apparition progressive des graphèmes qui composent le mot, • apparition de l'illustration, • épellation du mot découvert, • lecture de la phrase. À l'issue des échanges autour des 2 nouveaux mots, ils apparaissent sur une diapositive correspondant aux cartes qui s'ajouteront à la collection de mots de la classe.	Les élèves émettent des hypothèses, proposent des mots pouvant correspondre à la devinette. Ils échangent sur les possibilités : des indices comme le genre permettent d'écarter certaines propositions. Le mot identifié est épelé par l'ensemble du groupe classe. Ils échangent sur les mots rencontrés : dans quelles situations les utilise-t-on ? Les élèves proposent des phrases dans lesquelles ils emploient les mots étudiés. Ils redisent l'ensemble des mots découverts dans le thème, avec le support visuel des cartes.	Lire la devinette. Noter au tableau les propositions des élèves, puis faire apparaitre peu à peu les indices. Afficher ensuite le mot en écriture cursive, puis une illustration du mot. Lire la phrase contenant le mot. Les cartes sont présentées et ajoutées à la collection de mots. Les deux mots du jour sont rappelés par la dernière diapo avec des mots de la même famille, des synonymes ou des contraires.

Critères de réussite :
Être capable de :
- faire des propositions de mots à partir d'une devinette (approche de la définition d'un mot),
- se remémorer l'ensemble des mots travaillés.

REMARQUE
Ce « rituel » peut être fait en amont de la séance, à un autre moment de la journée. Ici, le choix a été fait de le faire avant l'atelier pour introduire les deux mots dans les jeux. Cette séance s'appuie sur le dispositif « Apprentilangue ». Il correspond à une adaptation de cet outil faite par l'enseignant.

PHASE 2
DURÉE PRÉVUE : 5 minutes
MODALITÉ : oral/collectif

Consigne	Tâche des élèves	Rôle de l'enseignant
Passation des consignes 1. *Les groupes 1 et 2, vous jouerez par 2.* *Le groupe 1 va jouer au « jeu des paires » : qui peut rappeler la règle ?* *Le groupe 2 va jouer à « Syllabes en bataille ». Qui peut rappeler la règle ?* *Ces jeux vont vous permettre de mémoriser les mots pour pouvoir les utiliser lorsque vous en aurez besoin.* *Le groupe 3 va travailler avec moi, nous allons écrire des phrases à l'aide des cartes de mots.*	Un élève énonce la règle du jeu (règle du memory). Retourner 2 cartes et les nommer. Si elles sont identiques, elles sont gagnées. Un élève explique la règle de « Syllabes en bataille » : les élèves retournent en même temps la carte du dessus de leur paquet. Chacun compte le nombre de syllabes qui composent son mot. Le plus grand nombre gagne les deux cartes. L'élève qui a le plus de cartes à la fin de la partie a gagné.	Réguler les échanges, préciser, reformuler, solliciter les « petits parleurs ». Expliciter l'objectif de chaque atelier.

REMARQUE
La passation de consignes est rapide car les jeux sont connus des élèves qui les pratiquent régulièrement.
Les groupes sont constitués pour l'ensemble de la période.

PHASE 3
DURÉE PRÉVUE : 15 minutes
MODALITÉ : oral/groupes

Consigne	Tâche des élèves	Rôle de l'enseignant
Mise en ateliers 1. Groupes 1 et 2, en autonomie (cf. doc 2).	1. Les élèves en autonomie se mettent en activité avec l'aide de l'Atsem, si nécessaire.	1. L'Atsem ou l'enseignant ont préparé les espaces en amont.

<table>
<tr>
<td>2. Groupe 3 avec l'enseignant :
Aujourd'hui, nous allons écrire des phrases avec les mots que nous avons appris.
a) Présentation de chaque carte par l'enseignant qui la montre et la nomme : Voici le mot « dessine »...
b) Les élèves montrent les cartes nommées par l'enseignant : Montre-moi le mot « un »...
c) L'enseignant montre les cartes une à une et demande aux élèves de les nommer : Vous allez maintenant me dire le mot que je vous montre.
d) L'enseignant pose les cartes alignées en nommant chacune d'elle au fur et à mesure : Léo – dessine – un – cercle. Il relit la phrase et ajoute la carte « point » en justifiant : « Léo dessine un cercle. » est une phrase. Les phrases se terminent par un point. Je pose la carte « point. »
e) Lecture de la phrase.
f) Lecture de nouvelles phrases :
Clara copie un mot.
Nathan copie un chiffre.
Amir dessine un cercle.
Léo dessine un cercle.
g) Les cartes sont mélangées.
Production de phrases.</td>
<td>2. a) Les élèves écoutent l'enseignant nommer chaque carte et les regardent.

b) Ils montrent les cartes nommées par l'enseignant.

c) Ils nomment ensuite les cartes montrées par l'enseignant.

d) Ils observent la phrase composée par l'enseignant.

e) Ils lisent la phrase en pointant chaque carte.

f) Ils lisent les phrases en pointant chaque carte.

g) Les élèves composent chacun à leur tour, une phrase de 4 mots et la lisent en pointant chaque carte. Ils montrent la carte « point ». Par exemple : Mathis copie un mot. (doc 4)</td>
<td>2. a) Poser une à une les cartes sur la table et les nommer.

b) Puis nommer une carte et demander à un élève de la montrer.

c) Montrer les cartes et la faire nommer.

d) Poser les cartes, en ligne sur la table pour composer une phrase : « Léo dessine un cercle. » Et ajouter la carte « point », en justifiant.

e) Valider ou faire valider/corriger par les pairs.

f) Construire de nouvelles phrases.

g) Valider ou faire valider/corriger par les pairs.</td>
</tr>
<tr>
<td colspan="3">Critères de réussite :
Parvenir à produire une phrase syntaxiquement correcte, qui a du sens et se termine par un point.</td>
</tr>
</table>

REMARQUE
L'objectif des ateliers autonomes est la mémorisation du vocabulaire découvert lors des rituels depuis la rentrée sur le thème de la classe. Il s'agit d'une démarche spiralaire qui permet la multiplicité des rencontres avec le mot (cf. doc 1).
Les catégories grammaticales symbolisées par les pastilles de couleur prennent ici tout leur sens : pour produire une nouvelle phrase, l'élève peut remplacer le verbe par un autre verbe et le nom par un autre nom.

PHASE 4
DURÉE PRÉVUE : 5 minutes
MODALITÉ : oral/collectif

Consigne	Tâche des élèves	Rôle de l'enseignant
Bilan de la séance en regroupement *Qu'avez-vous appris au cours de cette séance ?*	Un élève de chaque groupe rappelle l'activité de son groupe et la compétence travaillée.	Réguler les échanges, distribuer la parole, reformuler éventuellement.

Critères de réussite :
Les élèves connaissent les objectifs d'apprentissage de la séance :
- Groupes 1 et 2 : mémoriser les mots appris sur le thème de la classe pour savoir les comprendre, les dire et un jour les lire.
- Groupe 3 : savoir écrire une phrase avec les mots appris. Elle doit avoir du sens et se terminer par un point.

3. PRÉPARATION DE L'ENTRETIEN

a) Introduction

La séance de lexique que je vais vous présenter se déroule au cycle 1, en Grande Section dans une classe de 19 élèves au début du mois d'octobre. Sa construction s'appuie sur le corpus de documents proposés.
Le document 1 est extrait du guide « Pour enseigner le vocabulaire à l'école maternelle », publié par le ministère de l'Éducation nationale en février 2020. Il traite de la mémorisation nécessaire à l'enrichissement du vocabulaire. Les trois documents suivants prennent appui sur le dispositif « Apprentilangue », en accès gratuit sur Internet. Le document 2 est un extrait du guide pédagogique et présente le déroulement de la séquence. Le document 3 montre des captures d'écran du diaporama utilisé lors du rituel permettant aux élèves de découvrir 2 mots par jour et le document 4 est la photographie d'une phrase produite par un élève : « Mathis copie un mot. »
La séance que je vais détailler est la 16e de cette séquence qui en compte 24, soit 4 séances hebdomadaires sur 6 semaines. Elle s'appuie sur le dispositif « Apprentilangue ». La séance dure 35 minutes et vise les compétences suivantes :
- enrichir son vocabulaire,
- mémoriser et réactiver les mots appris,
- réinvestir les mots appris en situation de production,
- produire une phrase syntaxiquement correcte et qui a du sens,
- mettre un point à la fin de la phrase.

La première partie de la séance est le rituel permettant la découverte de 2 mots par jour, la seconde partie est le travail en ateliers : 2 ateliers autonomes et 1 atelier dirigé.
Voici le déroulé et les composantes didactiques et pédagogiques de cette séance.

b) Conclusion

L'enseignement du vocabulaire est une des priorités de l'école maternelle et élémentaire. Les travaux de la recherche ont démontré son importance et l'impact qu'il peut avoir sur l'ensemble des apprentissages. Il vise à réduire les inégalités liées à la maitrise de la langue. Les séances doivent être régulières, structurées et explicites. Le dispositif « Apprentilangue » propose un rituel quotidien du lexique par la découverte de 2 mots par jour. Il permet à la classe de collecter des mots, sous forme de cartes dont l'utilisation va favoriser la mémorisation. Les élèves utilisent les cartes pour différentes activités de mémorisation, de catégorisation, de production de phrases qui peuvent être ensuite recopiées pour lier l'oral et l'écrit.
C'est un dispositif qui permet une approche multiple de la maitrise de la langue : en réception, en production, oral, écrit. Le travail de catégorisation est très riche. L'élève travaille à partir des catégories grammaticales, comme nous avons pu le voir en situation de production d'écrits dans cette séance, mais il peut aussi jouer à catégoriser les mots en fonction de différents critères liés :
- à la perception visuelle en fonction de la taille, la forme, la couleur ;
- aux propriétés de ce qu'ils représentent : les animaux, les fruits, etc. ;
- au thème.

c) Questions du jury

Pouvez-vous préciser en quoi la catégorisation est importante dans l'enseignement du lexique ?
Par des activités de catégorisation, l'élève va être amené à manipuler le mot. Il va devoir porter son attention sur les différentes propriétés des objets, des végétaux ou des animaux représentés : formes, couleurs, particularités, fonctions, usages... Il va ainsi pouvoir trier des cartes pour associer des représentations qui partagent des caractéristiques communes, en isoler d'autres qui en sont éloignées. L'élève va ainsi enrichir ses connaissances sur le monde qui l'entoure, ses capacités à observer, décrire et organiser un ensemble d'éléments en fonction de leurs caractéristiques.
Les activités de catégorisation peuvent porter sur les mots eux-mêmes en fonction de leurs caractéristiques linguistiques : grammaticales, phonologiques. L'élève peut être conduit à trier, classer les mots en fonction de leurs attaques (*les mots qui commencent comme...*), leurs rimes (*les mots qui se terminent comme..., les mots dans lesquels on entend le son...*), à découvrir lui-même la catégorie correspondant à un groupement de mots déjà constitué...
Le travail de catégorisation favorise la mémorisation.

Sur Lea.fr

Retrouvez deux autres questions du jury

Sujet n° 3 : Lexique au CE1

À partir du corpus proposé, vous concevrez une séance visant l'enrichissement du vocabulaire en CE1. La séance s'inscrit dans une séquence portant sur le vocabulaire des émotions, et plus particulièrement sur la peur. Elle se situe en période 3. Vous détaillerez le déroulement de cette séance en prenant soin d'expliciter vos choix didactiques et pédagogiques.

CORPUS DE 4 DOCUMENTS

Document 1. Micheline Cellier, « Le vocabulaire et son enseignement - Des outils pour structurer l'apprentissage du vocabulaire », Eduscol, 2011.

Application à la réflexion pédagogique

Cet article aborde la question de l'équilibre entre une approche implicite du vocabulaire en situation et une construction organisée, explicite et raisonnée.

Il propose également une démarche liée à des procédures de catégorisation, de classement et d'organisation du vocabulaire par des pratiques régulières de contextualisation, puis de décontextualisation et recontextualisation. Autant d'actions qui favorisent la mémorisation des mots et leur future exploitation choisie en production.

La question de l'apprentissage du vocabulaire est indissociable de celle des outils à créer et à utiliser dans une classe mais il faut tenir compte au moins de deux éléments.

Le premier est en rapport avec une caractéristique de la langue : le lexique est un ensemble structuré, non réductible à la seule accumulation de mots. Il faut l'envisager non comme du « vrac » – mille mots ajoutés à mille mots et à mille autres encore – mais comme un réseau de termes reliés entre eux par des relations de sens (synonymie, antonymie, champ lexical…), de hiérarchie (hyperonymie), de forme (dérivation), d'histoire (étymologie et emprunts divers). L'approche du lexique doit donc être organisée et les outils, structurants, doivent en rendre compte.

Le deuxième ressortit à l'apprentissage : une simple exposition aux mots nouveaux ne suffit pas ; il faut qu'un processus puisse s'enclencher dans la mémoire à long terme – qui renvoie à « notre capacité à conserver des informations de façon stable et à les réutiliser longtemps après les avoir acquises »[1] –, pour que les termes soient disponibles dans le discours et fassent réellement partie du vocabulaire actif de l'élève. Les bons outils doivent donc être récapitulatifs et évolutifs pour soutenir l'effort de mémorisation et de réactivation.

Document 2. Affichage mural

Les fleurs des émotions permettent la catégorisation des mots en reprenant le code couleur de l'outil personnel des élèves, le « Mémo des mots » : jaune pour les noms, orange pour les adjectifs, rouge pour les verbes, vert pour les expressions et bleu pour les familles de mots.

Document 3. Collecter : les bocaux de mots

Document 4. Catégoriser : le « Mémo des mots »

L'outil « Mémo des mots » collecte les mots rencontrés au fil de l'année dans les différentes disciplines. Il est un outil d'aide à l'écriture. Les élèves s'y réfèrent quotidiennement en situation de production d'écrits.
Les mots y sont classés par catégories : les noms (pages jaunes), les adjectifs (pages orange), les verbes (pages rouges), les petits mots (pages violettes), les expressions et débuts de phrases (pages vertes), les mots de la même famille, synonymes et mots contraires (pages bleues).
Il est utilisé tout au long du cycle 2 : il accompagne l'élève du CP au CE2.

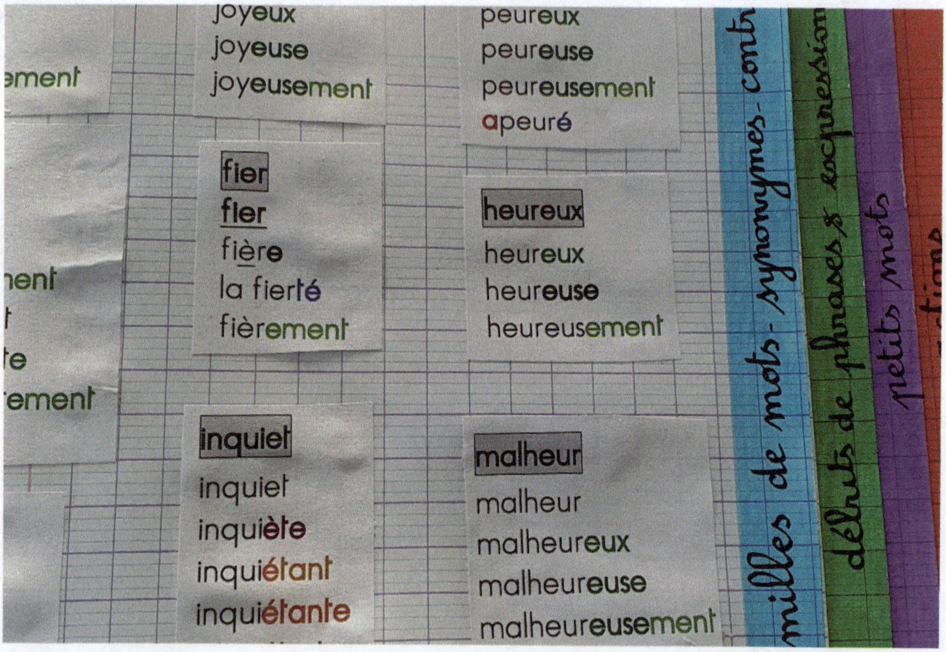

A - CONNAISSANCES DIDACTIQUES ET PÉDAGOGIQUES À MOBILISER

1. DÉFINIR LE LEXIQUE ET LE VOCABULAIRE

Le lexique est une notion théorique : il désigne l'ensemble complet des mots d'une langue. Il est à distinguer du vocabulaire qui correspond à l'ensemble des mots effectivement employés par une personne dans un énoncé écrit ou oral. Cependant, dans le langage courant, on emploie indifféremment les termes vocabulaire et lexique, ceux-ci étant considérés comme synonymes.

1. Les principes clés sont extraits des contenus ministériels :
   - Programme cycle 2 : https://eduscol.education.fr/84/j-enseigne-au-cycle-2
   - Guide « Pour enseigner la lecture et l'écriture au CE1 » : https://eduscol.education.fr/document/1509/download?attachment
   - Guide « Ressources maternelle - Mobiliser le langage dans toutes ses dimensions - Partie II.1 – Lien oral-écrit, Lexique et syntaxe » : https://cache.media.eduscol.education.fr/file/Langage/59/4/Ress_c1_Section_2_partie_1_Lexique_et_syntaxe_569594.pdf

2. DÉVELOPPER LES COMPÉTENCES ET LES CONNAISSANCES ASSOCIÉES

a) Construire le lexique

Les compétences et connaissances à développer pour construire le lexique sont :

- mobiliser des mots en fonction des lectures et des activités conduites, pour mieux parler, mieux comprendre, mieux écrire ;
- savoir trouver des synonymes, des antonymes, des mots de la même famille lexicale, sans que ces notions ne constituent des objets d'apprentissage ;
- percevoir les niveaux de langue familier, courant, soutenu ;
- être capable de consulter un dictionnaire et de se repérer dans un article, sur papier ou en version numérique.

b) S'initier à l'orthographe lexicale

Les compétences et connaissances à développer pour s'initier à l'orthographe lexicale sont :

- mémoriser l'orthographe du lexique le plus couramment employé :
  - › vocabulaire des activités scolaires et des domaines disciplinaires ;
  - › vocabulaire de l'univers familier à l'élève : maison, famille, jeu, vie quotidienne, sensations, sentiments.
- mémoriser les principaux mots invariables ;
- être capable de regrouper des mots par séries (familles de mots, mots reliés par des analogies morphologiques).

3. FAVORISER UN ENSEIGNEMENT EXPLICITE, PROGRESSIF ET ORGANISÉ POUR RÉDUIRE LES DISPARITÉS

Les élèves qui arrivent du CP maitrisent un capital lexical très variable. Celui-ci a été constitué depuis l'école maternelle au travers des activités dans les différents enseignements. En particulier, ils maitrisent l'ensemble des mots qui ont constitué les textes de leur méthode de lecture de CP. L'autre partie de ce capital dépend de ce qui s'est passé, de ce qui se passe en dehors de l'école. Elle est évidemment corrélée aux sollicitations apportées par les familles et on mesure facilement toute sa variabilité tant en ce qui concerne la quantité, la qualité et la variété de champs explorés.
Au CE1, l'enseignement explicite, progressif et organisé du vocabulaire doit assurer aux élèves les plus fragiles sur le plan linguistique des points de repère ainsi que des fondamentaux leur permettant d'étendre et de structurer leur capital lexical.

4. ORGANISER ET STRUCTURER LE LEXIQUE

L'organisation de l'enseignement sur l'année aborde l'étude des mots tant du point de vue de leur signification que de celui de leur construction.
Parfois, les élèves peuvent être inquiétés à l'occasion des différents enseignements ou des lectures scolaires et personnelles, par l'immensité du lexique de la langue française, et être tentés de le concevoir comme une liste infinie de mots isolés, chacun dans un sens particulier. Il est du ressort de l'école de faire percevoir aux élèves la structure et l'organisation du lexique, et de leur apprendre que les mots fonctionnent très souvent avec d'autres mots :

- en fonction de relations de sens (sémantiques) : monosémie/polysémie, synonymie/antonymie, mots génériques/mots spécifiques (hiérarchies) ;

- en fonction de relations de forme (morphologiques) : dérivations, compositions, flexions.

Au CE1, ces relations sont systématiquement observées, explorées sans pour autant donner lieu à un apprentissage des terminologies afférentes. Elles donnent lieu à des classements, à la collecte et l'établissement de séries identifiées (démonter, défaire, dévisser, etc.) qui constituent autant de références dans la connaissance des relations entre les mots.

L'enseignement structuré, explicite, régulier va permettre la mémorisation du mot, la construction de plus en plus fine de son ou ses sens par la multiplicité des rencontres dans des contextes variés.

5. METTRE LES MOTS EN RÉSEAUX

L'enseignement du vocabulaire s'appuie sur la mise en réseau des mots. « Le lexique est un ensemble organisé : un mot n'est jamais isolé, il prend son sens par rapport à d'autres mots avec lesquels il entretient des relations de sens (synonymes, antonymes, champ lexical), des relations hiérarchiques (termes génériques, termes spécifiques) et des relations morphologiques (mots de la même famille). »[1]

La pratique de classe gagne à associer aux **séances** de lecture et de rédaction des activités de réinvestissement des connaissances et savoir-faire acquis en étude de la langue. L'enseignant explicite à cette occasion les liens entre les leçons de grammaire et de vocabulaire, la compréhension en lecture et la qualité de l'expression écrite. Il s'agit d'enrichir la mémoire sémantique de l'élève (mémoire à long terme).

6. FAIRE PASSER LES ÉLÈVES D'UN VOCABULAIRE PASSIF À UN VOCABULAIRE ACTIF

Le vocabulaire découvert en classe (et en dehors de la classe) constitue le vocabulaire passif de l'élève. C'est le vocabulaire compris, l'ensemble des mots que l'enfant comprend en situation de réception. L'**objectif** est de faire passer ce vocabulaire passif en vocabulaire actif. Ce vocabulaire actif est le vocabulaire produit, soit l'ensemble des mots que l'enfant emploie à l'oral ou à l'écrit[2].

La finalité demeure que l'élève s'approprie le vocabulaire pour le mobiliser en situation de production d'énoncés oraux ou écrits. Ces mots appartiendront alors à son vocabulaire actif.

7. ÉVALUER

Il est difficile de mesurer les apprentissages lexicaux des élèves. S'il est possible de faire des **évaluations** qui visent la vérification de la connaissance des mots rencontrés, ce qui est visé est tout autre : il s'agit de l'emploi spontané de ces mots. L'évaluation peut porter sur la recontextualisation.

Il est possible à l'enseignant d'évaluer la compréhension des mots, de mesurer la quantité et la nature des mots employés par un élève en situation de production orale ou écrite.

1. Guide « Ressources maternelle - Mobiliser le langage dans toutes ses dimensions - Partie II.1 – Lien oral-écrit, Lexique et syntaxe », *op. cit.*
2. Micheline Cellier, *Guide pour enseigner le vocabulaire à l'école primaire*, Retz, 2008.

B - TRAITEMENT DU SUJET

1. LECTURE ET ANALYSE DES DOCUMENTS DU CORPUS

Le document 1 est extrait des ressources officielles Eduscol, site du ministère de l'Éducation nationale en accompagnement des programmes. Il reprend un article de Micheline Cellier paru en 2011. Il explique la nécessité d'un enseignement organisé du lexique avec des outils favorisant cette structuration. Il ne s'agit pas d'accumuler les mots mais de les organiser en réseau. L'autrice insiste aussi sur la nécessité d'une approche qui favorise la mémorisation pour permettre aux apprenants de passer d'un vocabulaire passif (en réception) à un vocabulaire actif (en production orale ou écrite).

Le document 2 est une photographie d'un affichage de classe faisant apparaitre « les fleurs des émotions ». Il s'agit d'une présentation codée de la catégorisation des mots en reprenant le code couleur de l'outil personnel des élèves, le « Mémo des mots » : jaune pour les noms, orange pour les adjectifs, rouge pour les verbes, vert pour les expressions et débuts de phrases, et bleu pour les familles de mots, mots contraires et synonymes.

Le document 3 est la photographie de bocaux de mots renfermant chacun des mots liés au champ lexical de l'émotion ou du sentiment en question, dont le terme générique figure sur le bocal. Sur la photographie du bocal « la peur » ouvert, on peut voir des mots liés à cette émotion et appartenant à des catégories grammaticales diverses : adjectifs, verbes, noms.

Le document 4 est une photographie présentant l'outil « Mémo des mots ». Cet outil-élève permet de collecter les mots rencontrés au fil de l'année dans les différentes disciplines. Il est un outil d'aide à l'écriture. Les élèves s'y réfèrent quotidiennement en situation de production d'écrits.

Les mots sont classés par catégories : les noms (pages jaunes), les adjectifs (pages orange), les verbes (pages rouges), les petits mots (pages violettes), les expressions et débuts de phrases (pages vertes), les mots de la même famille, synonymes et mots contraires (pages bleues). Il est utilisé tout au long du cycle 2 : il accompagne l'élève du CP au CE2.

2. RÉDACTION DE LA FICHE DE PRÉPARATION

<table>
<tr><td colspan="4">SÉANCE : Étude des mots décontextualisés pour les relier à leur appartenance grammaticale</td></tr>
<tr><td colspan="2">DATE : Janvier</td><td colspan="2">DOMAINE DU SOCLE COMMUN : 1</td></tr>
<tr><td>NIVEAU DE CLASSE :
CP</td><td>NOMBRE D'ÉLÈVES :
20</td><td>SÉANCE N° :
4</td><td>DURÉE :
30 minutes</td></tr>
<tr><td colspan="2">PLACE DE LA SÉANCE DANS LA SÉQUENCE :
Séance 1 - Découverte du vocabulaire en contexte (lecture d'un nouvel album)
Séance 2 - Relecture de l'album et collecte du vocabulaire lié aux émotions sur des étiquettes
Séance 3 - Décontextualisation : catégorisation. Répartition des étiquettes dans les bocaux en fonction de leur appartenance au champ lexical
Séance 4 - Étude des mots décontextualisés pour les relier à leur appartenance grammaticale
Séance 5 - Recontextualisation : production d'un écrit permettant l'emploi des mots collectés</td><td colspan="2">INTITULÉ DE LA SÉQUENCE :
Le vocabulaire de la peur</td></tr>
<tr><td colspan="2">OBJECTIFS DE LA SÉANCE :
Identifier l'appartenance grammaticale des mots collectés.
Mémoriser le vocabulaire de la peur.</td><td colspan="2">PRÉREQUIS :
Avoir collecté des mots issus du champ lexical de la peur.</td></tr>
<tr><td colspan="2">COMPÉTENCES VISÉES :
Identifier un nom.
Identifier un verbe.
Identifier un adjectif.
Identifier une expression.</td><td colspan="2">MATÉRIEL – SUPPORTS :
Étiquettes dans les bocaux de mots ; fleur des émotions : la peur (affichage mural) ; feutre ; les cahiers « Mémo des mots ».</td></tr>
</table>

PHASE 1 **DURÉE PRÉVUE :** 5 minutes **MODALITÉ :** oral/collectif		
Consigne	**Tâche des élèves**	**Rôle de l'enseignant**
Rappel des séances précédentes *Depuis le début de l'année, nous avons lu plusieurs albums dans lesquels nous avons trouvé de nombreux mots liés aux émotions et aux sentiments. Nous les avons écrits sur des étiquettes que nous avons placées dans les bocaux* (cf. doc 3). *Aujourd'hui, nous allons nous intéresser au bocal des mots de la peur. Pouvez-vous me dire quels sont les mots de la peur que nous avons collectés au fil de nos lectures et de nos recherches ?*	Les élèves lèvent la main pour proposer des mots : terrifié, apeuré, peureux, hurler, la panique…	Réguler les prises de parole, solliciter les « petits parleurs », s'assurer que chacun a pris la parole. Faire valider ou invalider les propositions par les pairs (mot n'appartenant pas au champ lexical des émotions, de la peur…).
Critères de réussite : Pouvoir énoncer les mots liés à la peur.		

REMARQUE

Cette activité de rappel du vocabulaire vise à renforcer la mémorisation des mots en mémoire lexicale.

L'usage quotidien du « Mémo des mots » en situation de production d'écrits favorise :

- *la lecture (recherche des mots),*
- *l'identification des catégories grammaticales,*
- *l'orthographe lexicale : par la récurrence de la rencontre avec les mots et le travail sur la morphologie (pages bleues),*
- *la mémorisation du vocabulaire : récurrence, mise en réseau,*
- *l'enrichissement du lexique : les mots étant rencontrés en contexte et retrouvés dans d'autres contextes, le sens des mots s'affine.*

PHASE 2
DURÉE PRÉVUE : 5 minutes
MODALITÉ : oral/collectif

Consigne	Tâche des élèves	Rôle de l'enseignant
Présentation de l'activité *Aujourd'hui, je vais vous demander de travailler en binômes pour classer ces mots sur les pétales de la fleur de la peur.* *Nous pourrons ainsi les classer dans le « Mémo des mots » pour que vous puissiez les utiliser lorsque vous écrirez des textes.* *Qui peut rappeler le code couleur des fleurs et du « Mémo des mots » ?* (cf. doc 2 et 4)	Les élèves rappellent les différentes catégories : les noms (pages jaunes), les adjectifs (pages orange), les verbes (pages rouges), les petits mots (pages violettes), les expressions et débuts de phrases (pages vertes), les mots de la même famille, synonymes et mots contraires (pages bleues).	Faire rappeler pour chaque catégorie les critères d'identification. Exemple : *Les noms désignent une personne, un animal, une chose, une émotion, un sentiment. Ils peuvent être précédés d'un déterminant : « un » ou « une », « le », « la » ou « l' ».*

Critères de réussite :
Savoir identifier les noms, les verbes, les adjectifs.
Être capable de reconnaitre les expressions.

<table>
<tr><td colspan="3">PHASE 3
DURÉE PRÉVUE : 5 minutes
MODALITÉ : écrit/binômes</td></tr>
<tr><td>Consigne</td><td>Tâche des élèves</td><td>Rôle de l’enseignant</td></tr>
<tr><td>1. <u>Annonce de la consigne</u>
Un élève va venir prendre un mot dans le bocal de la peur, puis vous allez réfléchir par deux à quelle catégorie il appartient. : nom, verbe ou adjectif. Nous verrons aussi si nous trouvons des expressions liées à la peur pour les écrire sur le pétale vert. Nous allons tout d’abord faire un exemple ensemble.

Écriture du mot sur le pétale jaune de la fleur « peur ».</td><td>1. Un élève vient choisir une étiquette. Il lit le mot.

Enseignant : X, peux-tu venir prendre une étiquette dans le bocal de « la peur » et nous lire le mot ?
Élève 1 : « Panique ».
Enseignant : À quelle catégorie appartient ce mot ?
Élève 2 : C’est un nom car il désigne une émotion et on peut mettre « la » devant.
Enseignant : Parfait ! Sur quel pétale dois-je l’écrire ?
Élève 3 : Le jaune.</td><td>Interroger sur l’appartenance grammaticale du mot puis faire justifier la réponse.
Repérer les élèves en difficulté pour pouvoir les accompagner.</td></tr>
<tr><td>2. <u>Recherche pour une dizaine de mots</u>
Reprendre le même déroulé pour une dizaine de mots : la terreur, avoir la chair de poule, épouvanté, inquiétude, la crainte, s’inquiéter, l’horreur, angoissé…</td><td>2. Les élèves échangent et peuvent s’appuyer sur leur « Mémo des mots ».</td><td></td></tr>
<tr><td colspan="3">Critères de réussite :
Parvenir à identifier la nature du mot.</td></tr>
<tr><td colspan="3">Différenciation :
L’enseignant peut rassembler les 3 ou 4 élèves plus en difficulté sur ce type d’exercice et les accompagner dans la recherche des catégories d’appartenance en s’appuyant sur le « Mémo des mots » ou par un questionnement qui leur fournit des indices d’identification de la catégorie grammaticale.</td></tr>
</table>

PHASE 4 **DURÉE PRÉVUE :** 15 minutes **MODALITÉ :** écrit/binômes, oral/binômes		
Consigne	**Tâche des élèves**	**Rôle de l'enseignant**
Bilan *Qu'avons-nous appris au cours de cette séance ?*	Réponse attendue : *Nous avons appris à trouver à quelle catégorie appartient le mot pour pouvoir l'écrire sur le pétale de la fleur qui convient. Tu vas les recopier sur des fiches que l'on va coller dans le « Mémo des mots ». On va pouvoir utiliser ces mots dans les textes que nous allons écrire ou quand nous parlerons de la peur.*	Faire énoncer la finalité de l'exercice si elle n'apparait pas dans la réponse des élèves : enrichissement du lexique en situation de production d'un langage oral ou écrit. Les mots sont découverts en contexte (albums, recherche...), décontextualisés pour être recontextualisés.
Critères de réussite : Avoir compris l'objectif double de la séance : travailler la catégorisation grammaticale des mots et mémoriser le vocabulaire rencontré.		

3. PRÉPARATION DE L'ENTRETIEN

a) Introduction

La séance de vocabulaire que je vais vous présenter se déroule dans une classe de CE1, au mois de janvier. Elle est la 4e séance de la séquence. Après avoir découvert le vocabulaire lié aux émotions et aux sentiments dans des albums de littérature de jeunesse notamment, au cours des deux premières séances, la séance 3 a permis un classement des mots en fonction de leur champ lexical d'appartenance : joie, peur, colère... Cette 4e séance a pour objectif de mémoriser le vocabulaire collecté et d'identifier la nature grammaticale des mots. La séance suivante permettra aux élèves de réemployer ces mots en situation de production d'écrits.

Pour construire cette séance, j'ai pris appui sur le corpus de documents proposés. Le **document 1** est extrait des ressources ministérielles Eduscol. Il s'agit de l'extrait d'un article de Micheline Cellier, intitulé « des outils pour structurer l'apprentissage du vocabulaire ». Il souligne l'importance d'une pratique régulière de contextualisation, de décontextualisation puis de recontextualisation du lexique. Le **document 2** est la photographie d'un affichage mural. Il introduit une fleur de la « peur » qui permet la catégorisation des mots en fonction de la couleur des pétales : jaune pour les noms, orange pour les adjectifs, rouge pour les verbes, vert pour les expressions et bleu pour les familles de mots. Le **document 3** présente les bocaux dans lesquels les mots sont collectés. Le **document 4** est une photographie de l'outil individuel des élèves, le « Mémo des mots ».

Les compétences visées sont les suivantes :

- identifier un nom,
- identifier un verbe,
- identifier un adjectif,

- identifier une expression.

La classe compte 20 élèves. La séance dure 30 minutes.
Voici le déroulé et les composantes didactiques et pédagogiques de cette séance.

b) Conclusion

La séance de vocabulaire que je viens de vous décrire est une étape dans le passage d'un vocabulaire passif, entendu, compris à un vocabulaire actif, employé en situation de production à l'oral ou à l'écrit. Ce passage constitue la finalité de l'enseignement du vocabulaire à l'école élémentaire et ne peut se produire que par un enseignement structuré, explicite et régulier. C'est la fréquence des rencontres avec les mots qui permet leur acquisition dans la mémoire sémantique, mémoire à long terme, des élèves.
L'étude du champ lexical des émotions est prévue dans les programmes du cycle 2. Micheline Cellier, dans son article « Des outils pour structurer l'apprentissage du vocabulaire », souligne l'importance de structurer cet enseignement : découvrir les mots en contexte, les décontextualiser pour les analyser et ensuite les recontextualiser en situation de production oral ou écrite. Le travail conduit sur les familles de mots est l'occasion de rencontrer à nouveau ces mots issus de différentes catégories grammaticales pour les rassembler en familles. Par exemple, « une inquiétude » (jaune), « inquiet » (orange), « s'inquiéter » (rouge) se retrouvent rassemblés sur le pétale bleu, celui des familles de mots, où leur appartenance à une même famille devient visible, ce qui peut constituer un soutien visuel à la compréhension de la constitution des familles de mots. Lorsque l'élève devra chercher des mots de la même famille, il pourra s'appuyer sur les catégories grammaticales : existe-t-il un adjectif, un verbe... qui soit construit sur la même base ? Sont ainsi constitués différents réseaux de mots propices à leur mémorisation.

c) Questions du jury

Quel(s) lien(s) établissez-vous entre vocabulaire et lecture ?

Depuis sa naissance, l'enfant se constitue une mémoire sémantique dans laquelle il capitalise le sens des mots découverts. Dès le cycle 1, il existe de grandes disparités entre les élèves sur la richesse de cette mémoire sémantique. Cette quantité de vocabulaire disponible en mémoire va influer sur la capacité de l'élève à accéder au sens de ce qu'il lit.
L'élève qui lit voit le mot. Ce mot est alors « traduit » en sons par la correspondance des graphèmes et des phonèmes. C'est le déchiffrage. Ce mot traduit en sons est alors « entendu ». À partir de là, ce sont les compétences liées au langage oral qui s'exercent. Si le mot est présent dans la mémoire lexicale de l'élève, s'il lui donne sens ; le mot sera compris. Si ce mot n'est pas présent, l'élève peut tenter d'utiliser le contexte. S'il possède suffisamment de vocabulaire pour comprendre le contexte, il lui sera peut-être possible de découvrir le sens de ce mot. Dans le cas contraire, l'accès au sens lui sera impossible.
Le lien lecture-vocabulaire constitue un cercle vertueux : plus l'élève possède de vocabulaire, plus il peut en acquérir. D'où la nécessité pour les enseignants de travailler en priorité l'enrichissement du lexique, dès le cycle 1. Il faut aussi veiller à donner aux élèves des textes accessibles, avec un vocabulaire qui corresponde à leur niveau de compréhension.

Sur Lea.fr

Retrouvez deux autres questions du jury

Sujet n° 4 : Grammaire en CM1

À partir du corpus proposé, vous concevrez une séance en étude de la langue pour une classe de CM1. La séance s'inscrit dans une séquence portant sur la lecture de textes littéraires. Elle visera l'acquisition des différents types de phrase. Elle se situe en période 2. Vous détaillerez le déroulement de cette séance et préciserez le domaine d'activité, les compétences visées, les activités proposées et l'organisation matérielle.

CORPUS DE 4 DOCUMENTS

Document 1. *Grammaire du français, terminologie grammaticale*, Ministère de l'Éducation nationale, 2020, pp. 25-26.

« La phrase est d'abord une structure grammaticale. Mais cette structure peut être employée pour réaliser des types d'actes (verbaux) distincts. On distingue trois types d'actes fondamentaux : le type déclaratif correspondant à l'assertion (affirmer quelque chose, donc présenter ce que l'on dit comme vrai), le type interrogatif correspondant à l'interrogation (poser une question, demander une information), le type impératif correspondant à l'injonction (donner un ordre). Toute phrase appartient nécessairement à l'un de ces trois types d'actes, qui correspondent canoniquement à trois structures distinctes :

Les trois types de phrase

Type déclaratif

Cette chimiste travaille dans un laboratoire.

Type interrogatif

Avez-vous terminé ?
Est-ce que vous avez terminé ?
Vous avez terminé ?
Qui a parlé ?
Quelle femme était-elle ?

Type impératif

Ouvrez la fenêtre.
Mets le livre dans la bibliothèque.
Qu'il sorte.

Remarques
L'exclamation n'est pas un type d'acte spécifique mais une nuance susceptible de s'ajouter à l'un des trois types d'actes fondamentaux. Elle sera par conséquent classée parmi les formes de phrases. »

Document 2. Manuel *Terre des mots* CM1, © Éditions Nathan, 2018, p. 59.

Je m'entraine Parcours 1

GRAMMAIRE

Reconnaitre les différents types de phrases

ORAL

1 Identifie les phrases interrogatives.

a. J'arrive à Paris par le train de 17 heures.
b. Viens-tu au cinéma avec moi ?
c. Range tes affaires.
d. Est-ce que Romain est arrivé ?

2 Indique le type de chaque phrase : déclarative (D), exclamative (E) ou injonctive (I).

Exemple : Ouvre ton livre page 23. → I

a. Le président va parler à la télévision.
b. Quelle tête de mule, cet animal !
c. Passe-nous le pain.
d. Quelle bonne surprise, votre venue !
e. Arrête de faire du bruit !
f. C'est une excellente nouvelle !

Utiliser les signes de ponctuation

3 Complète chaque phrase avec le signe qui convient : [.] ou [?].

a. Jean est venu me voir ce matin
b. Depuis quand es-tu rentré
c. L'ancêtre de la bicyclette s'appelle la draisienne
d. Viendrez-vous voir le bébé

4 Complète chaque phrase avec le signe qui convient : [.] – [!] – [?].

a. Mais pas du tout
b. Mangez avant que le plat ne refroidisse
c. Oh non, nous avons raté notre train
d. Qui a pris mon vélo
e. Pour aller dans le gymnase, tu prends l'escalier qui descend
f. Attention, ne bougeons plus

Transformer les types de phrases

5 Transforme ces phrases injonctives en phrases déclaratives.

Exemple : Lis ce livre. → Tu lis ce livre.

a. Fais ton lit.
b. Chante cette chanson.
c. Achetez du pain.
d. Lave toutes les assiettes.

6 Transforme ces phrases déclaratives en phrases interrogatives.

Exemple : C'est très loin. → Est-ce que c'est très loin ?

a. Le chien va attraper le chat.
b. Il pleut depuis ce matin.
c. La route est inondée.
d. Il est arrivé à deux heures du matin.

7 À partir d'une phrase interrogative, construis une phrase déclarative.

Exemple : Est-il arrivé par le train de huit heures ?
→ Il est arrivé par le train de huit heures.

a. Est-ce le président de la République qui parle à la télévision ?
b. Viendrez-vous écouter le concert demain soir ?
c. Tokyo est-elle la ville la plus peuplée du monde ?
d. Est-ce que les marchandises seront livrées demain matin ?

J'écris

8 En t'inspirant du dialogue entre Jasmine et Édouard, écris une discussion entre un enfant qui veut faire du vélo et un autre qui lui apprend.
Écris quatre phrases de types différents.

Document 3. Exercice 7 du manuel réalisé par un élève de CM1

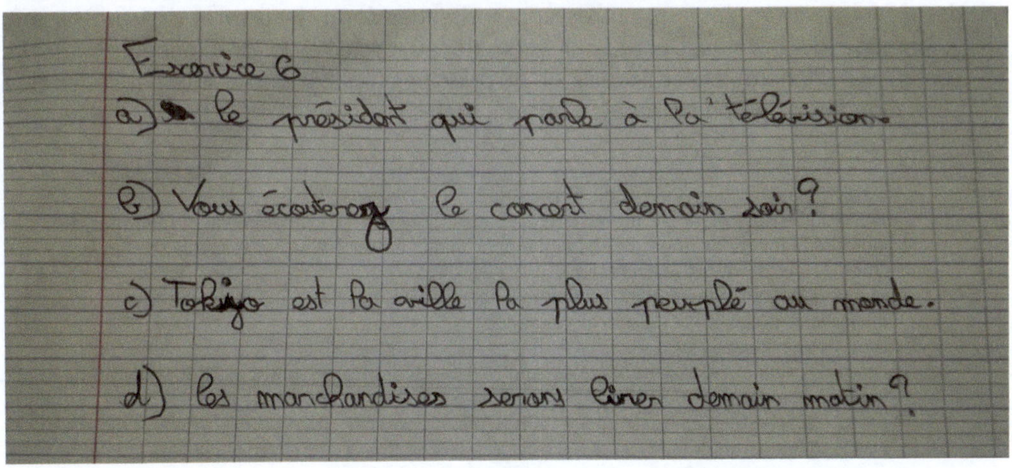
Exercice 6
a) le présidant qui parle à la télévision.
b) Vous écouterez le concert demain soir ?
c) Tokyo est la aville la plus peuplé au monde.
d) les marchandises serons livrer demain matin ?

Document 4. Extrait du roman *Les Doigts rouges* de M. Villard, « Mini Syros Polar » © Syros, 2007, pp. 17-18.

« – Prends ton masque, Ricky, on va se baigner sur les rochers de Cavalaire.
– Tu as déjà fini de couper ton bois ?
– Eh oui, je suis un rapide. Allez, dépêche-toi !
Leur crique préférée vibrait sous un beau soleil et l'eau, profonde à cet endroit, en devenait transparente. On apercevait à l'œil nu des massifs de fleurs sous-marines que Ricky adorait contempler.
L'enfant, toujours inquiet, parvint quand même à s'amuser et une partie de ballon endiablée mit un terme à cet après-midi de baignade.
Pendant le repas du soir, Georges et Sophie paraissant d'excellente humeur, Ricky se risqua à poser à son frère des questions qui lui démangeaient la langue :
– Alors, comme ça, tu n'as pas revu Bruno ces jours-ci ?
– Nous sommes fâchés, tu le sais bien. Si je l'avais vu, je l'aurais dit à Pluto.
– Pourquoi la grange est-elle fermée à clé ?
Georges parut fort embêté pour répondre mais Sophie vola à son secours :
– C'est pour faire parler les curieux !
Ricky n'était qu'un petit de huit ans et on le lui faisait sentir. Il garda ses dernières questions pour lui et se laissa entrainer dans une partie de Monopoly. »

A - CONNAISSANCES DIDACTIQUES ET PÉDAGOGIQUES À MOBILISER

Les ressources d'accompagnement ministérielles[1] dont sont issues ces connaissances à mobiliser traitent de manière conjointe l'enseignement de la langue aux cycles 2 et 3. Ce dernier a deux buts essentiels : amener les élèves à acquérir des connaissances grammaticales, orthographiques et lexicales et leur permettre d'approfondir leur réflexion sur le fonctionnement de la langue. À une première approche des faits grammaticaux au cycle 2 succède une étude plus réflexive au cycle 3.

1. ORGANISER LES APPRENTISSAGES ET LES ACTIVITÉS

L'étude de la langue s'effectue en articulant :

- des **activités** intégrées aux autres apprentissages (oral, lecture et écriture) visant le passage de l'oral à l'écrit, par exemple au cycle 2, le développement de la conscience phonologique, l'acquisition du principe alphabétique, l'automatisation des correspondances grapho-phonologiques.

1. • Guide « Pour enseigner la lecture et l'écriture au CE1 » (partie V : comment conduire les élèves à comprendre le fonctionnement de la langue pour mieux lire et écrire) : https://eduscol.education.fr/document/1509/download?attachment
   • Ressources d'accompagnement du programme de français aux cycles 2 et 3 : https://eduscol.education.fr/248/francais-cycles-2-et-3-etude-de-la-langue
   • Programmes des cycles 2 et 3 :
     › https://cache.media.eduscol.education.fr/file/A-Scolarite_obligatoire/37/5/Programme2020_cycle_3_comparatif_1313375.pdf
     › https://cache.media.eduscol.education.fr/file/A-Scolarite_obligatoire/24/5/Programme2020_cycle_2_comparatif_1313245.pdf

- des activités spécifiques dédiées à l'étude des faits grammaticaux. Les leçons de grammaire sont l'occasion pour les élèves d'observer le fonctionnement de la langue et notamment de se repérer dans la phrase. Elles comprennent plusieurs phases distinctes : l'observation et la manipulation; la mise en commun des travaux; l'**institutionnalisation**; l'automatisation des connaissances et l'**évaluation**.

Toutes ces activités reposent sur un travail basé sur des corpus constitués en fonction du fait de langue étudié (productions écrites des élèves, textes à lire, banques d'énoncés, prises de parole d'élèves). Par exemple, l'enseignant souhaitant travailler l'accord du participe passé choisit un texte comprenant plusieurs occurrences de participes passés. Il s'agit d'y observer les régularités de la langue pour formuler des règles.
L'enseignant mène conjointement trois types d'activités :

- des activités longues de recherche pour manipuler, observer, comparer les faits de langue : elles reposent sur le tri et le classement et la manipulation (substitution, déplacement, ajout, suppression) d'énoncés oraux ou écrits;
- des activités régulières de réinvestissement pour automatiser les connaissances et l'application de procédures et s'entrainer : elles peuvent prendre la forme d'exercices ritualisés;
- des activités de structuration et de renforcement pour consolider les connaissances.

2. SOLLICITER DIFFÉRENTES ACTIVITÉS COGNITIVES

L'étude des faits de langue repose sur deux activités cognitives conjointes : raisonner sur le fonctionnement de la langue et mémoriser. L'enseignant doit donc apprendre aux élèves :

- « à mémoriser des faits de langue stables (séries de mots présentant une analogie morphologique, marques verbales régulières, redondance des marques de nombre dans le groupe nominal, etc.);
- à raisonner pour gérer des variations en utilisant systématiquement la comparaison, le remplacement ou d'autres manipulations syntaxiques ou pour induire des analogies (c'est comme...);
- à utiliser des outils de références qu'ils ont construits ou des outils usuels (imagiers, répertoires, dictionnaires, mémos de conjugaison, etc.). »[1]

L'enseignant amène également l'élève à raisonner sur la langue lors des activités de productions écrites autonomes.

3. LIER L'ÉTUDE DE LA LANGUE AVEC LA LECTURE ET L'ÉCRITURE

L'étude de la langue est au service de la compréhension, de l'expression, de l'écriture de textes. Elle permet d'éclairer les textes lus et d'accompagner la phase de mise en mots des productions écrites.

4. ÉVALUER

L'évaluation peut avoir lieu immédiatement après la leçon afin d'ajuster les connaissances et savoir-faire acquis pendant la **séance**. Elle peut également être différée afin d'évaluer plus spécifiquement la mémorisation des faits de langue par les élèves, la capacité des élèves à mobiliser la notion étudiée dans des situations simples; la capacité des élèves à transférer ses connaissances grammaticales dans des situations de lecture et d'écriture.

1. « Principes généraux pour l'étude de la langue » : https://cache.media.eduscol.education.fr/file/Etude_de_la_langue/30/8/RA16_C2C3_FRA_4_principes-generaux_636308.pdf

Les attendus de fin de cycle 2 sont les suivants : utiliser ses connaissances sur la langue pour mieux s'exprimer à l'oral, pour mieux comprendre des mots et des textes, pour améliorer des textes écrits.
Les attendus de fin de cycle 3 sont les suivants : être capable de repérer les principaux constituants d'une phrase simple et complexe.

B - TRAITEMENT DU SUJET

1. LECTURE ET ANALYSE DES DOCUMENTS DU CORPUS

Le **document 1** est un extrait de la nouvelle *Grammaire du français*, publiée en 2020 par le ministère de l'Éducation nationale. Il aborde le type des phrases en donnant une définition et en présentant les trois types de phrases avec des exemples. Il précise le fait de ne plus considérer l'exclamation comme un type de phrase, ainsi que l'explique la « remarque » de cet extrait, ce qui n'est pas le cas dans toutes les grammaires.
Le **document 2** est un extrait du manuel *Terre de mots,* publié par les Éditions Nathan en 2018. Il propose une série d'exercices d'entrainement sur les types de phrase. Ces exercices suivent une **progression** classique (identifier, compléter, transformer, produire) : l'élève doit d'abord s'entrainer à reconnaitre les différents types de phrase (exercices 1 et 2), puis il travaille sur les marques de ponctuation en ajoutant un signe de ponctuation (exercices 3 et 4); suivent des exercices de transformation d'un type à l'autre (exercices 5 à 7). Enfin, l'élève est amené à inventer un dialogue comprenant les différents types de phrases. Les supports utilisés pour ces exercices sont des phrases. Le manuel n'utilise pas de textes. Le titre « parcours 1 » semble signifier que le manuel propose plusieurs parcours différenciés aux élèves.
Le **document 3** est un exercice réalisé par un élève. Les réponses de l'élève montrent qu'il ne maitrise pas les caractéristiques de chaque type de phrase : par exemple, le point qui marque la fin d'une phrase déclarative. De même, il n'a pas compris le principe de transformation d'une phrase interrogative en phrase déclarative : il supprime le début de la phrase, croyant ainsi enlever les marques de la phrase interrogative en supprimant les termes interrogatifs. On peut également observer plusieurs erreurs de copie concernant l'orthographe grammaticale.
Le **document 4** est un extrait de roman policier : *Les Doigts rouges* de M. Villard, publié par Syros en 2007. Il se compose d'un récit et d'un dialogue. Les dialogues contiennent les trois types de phrases qui sont l'objet de la séance à construire. Pour le type interrogatif, on relève deux constructions différentes correspondant à la norme écrite (inversion sujet-verbe) et orale (absence d'inversion sujet-verbe).

2. RÉDACTION DE LA FICHE DE PRÉPARATION

SÉANCE : Grammaire : les types de phrases

DATE : Novembre

DOMAINE DU SOCLE COMMUN : 1

NIVEAU DE CLASSE : CM1

NOMBRE D'ÉLÈVES : 28

SÉANCE N° : 3

DURÉE : 50 minutes

PLACE DE LA SÉANCE DANS LA SÉQUENCE :
Séance 1 - Découverte et compréhension d'extraits de romans policiers (*Les Doigts rouges*, M. Villard ; *La Villa d'en face*, P. Boileau et T. Narcejac ; *Sherlock, Lupin et moi*, I. Adler ; *Drôle de samedi soir*, C. Klotz)
Séance 2 - Les caractéristiques du genre policier
Séance 3 - Grammaire : les types de phrases
Séance 4 - Écriture : la suite d'un dialogue
Séance 5 - Révision et finalisation des productions écrites
Séance 6 - Lecture : *Les Enquêtes de l'inspecteur Lafouine*

INTITULÉ DE LA SÉQUENCE :
Le genre policier

OBJECTIFS DE LA SÉANCE :
Se repérer dans la phrase simple : approfondir la connaissance les différents types de phrase.

PRÉREQUIS :
Savoir ce qu'est une phrase.
Différencier dialogue et récit.
Maitriser les signes de ponctuation.

COMPÉTENCES VISÉES :
Être capable de réfléchir sur le fonctionnement de la langue.
Connaitre les caractéristiques syntaxiques des différents types de phrases (ordre des mots dans la phrase, ponctuation).
Comprendre pourquoi un interlocuteur utilise tel ou tel type de phrases.

MATÉRIEL – SUPPORTS :
Extrait du roman *Les Doigts rouges* de M. Villard, tableau des caractéristiques des types de phrases (phase 2).

Types de phrase	Phrases relevées	Intention de celui qui parle	Ponctuation	Ordre des mots dans la phrase
Déclaratif				
Interrogatif				
Impératif				

PHASE 1
DURÉE PRÉVUE : 20 minutes
MODALITÉ : oral/groupes

Consigne	Tâche des élèves	Rôle de l'enseignant
Découverte de la notion 1. Tri et classement de phrases : *Vous allez relire l'extrait des* Doigts rouges *que l'on a travaillé l'autre jour et cette fois, nous allons travailler la grammaire. Vous allez essayer de classer les phrases qui appartiennent au dialogue en cherchant leurs points communs. Vous allez travailler en groupes et vous devez vous mettre d'accord sur un classement. Je ne vous donne pas de critère : c'est à vous d'en trouver un. Commencez par surligner les dialogues dans le texte.*	1. Les élèves relèvent toutes les phrases du dialogue de l'extrait et discutent pour les classer.	1. Passer dans le groupe pour repréciser la consigne si nécessaire. Vérifier que les différents groupes ont bien souligné le dialogue.
2. Correction des différents classements.	2. Les élèves donnent leurs critères de classement et en discutent.	2. Noter les différents critères au tableau. Amener les élèves à justifier leurs critères en précisant les caractéristiques des phrases (ponctuation, place du verbe...).
3. Observation des caractéristiques des différentes phrases : *Vous allez à nouveau vous mettre par petits groupes et vous allez remplir le tableau des caractéristiques des types de phrases.*	3. Les élèves se mettent d'accord sur une réponse avant de la noter dans le tableau.	3. Passer dans les groupes pour aider les élèves.

Critères de réussite :
Être capable de :
- faire un relevé grammatical,
- échanger avec ses pairs : écouter les autres, prendre la parole, défendre ses idées.

Participer à un échange.

REMARQUE
Les documents officiels préconisent les activités de tri et de classement afin d'amener les élèves à réfléchir au fonctionnement de la langue.

PHASE 2
DURÉE PRÉVUE : 10 minutes
MODALITÉ : oral/collectif

Consigne	Tâche des élèves	Rôle de l'enseignant
Institutionnalisation : correction du tableau *Nous allons synthétiser tout ce que l'on vient de dire pour faire la leçon que nous afficherons ensuite dans la classe.* « Il existe trois types de phrases : La phrase déclarative permet de donner une information. Elle se termine par un point. L'ordre des mots dans la phrase est le suivant : sujet + verbe + complément. Ex : On va se baigner sur les rochers de Calavaire. La phrase interrogative permet de poser une question. Elle se termine par un point d'interrogation et se caractérise par l'inversion du sujet et du verbe et par un ton employé à l'oral. Ex : Pourquoi la grange est-elle fermée à clé ? La phrase impérative sert à donner un ordre ou à exprimer un conseil. Elle se termine par un point ou un point d'exclamation. Elle ne comporte pas de sujet puisque le verbe est à l'impératif. Ex : Allez, dépêche-toi. »	Les élèves participent à la correction du tableau. Ils copient la trace écrite dans leur cahier.	Corriger le tableau au TNI. Écrire la synthèse sur une grande affiche qui sera ensuite accrochée dans la classe.

Critères de réussite :
Être capable de reformuler ce qui a été travaillé.

REMARQUE

La trace écrite reprend les exemples analysés dans la phase d'observation pour aider à la mémorisation des élèves. Les différentes phases de la séance sont ainsi cohérentes.

Corrigé du tableau des caractéristiques des types de phrases (phase 2)

Types de phrase	Phrases relevées	Intention de celui qui parle	Ponctuation	Ordre des mots dans la phrase
Déclaratif	- On va se baigner sur les rochers de Calavaire. - Eh oui, je suis un rapide. - Nous sommes fâchés, tu le sais bien. - Si je l'avais vu, je l'aurais dit à Pluto. - C'est pour faire parler les curieux !	Il déclare un fait.	Un point	S + V + complément
Interrogatif	- Tu as déjà fini de couper le bois ? - Alors, comme ça, tu n'as pas revu Bruno ces jours-ci ? Pourquoi la grange est-elle fermée à clé ?	Il pose une question.	Un point d'interrogation	V + S + complément
Impératif	- Prends ton masque. - Allez, dépêche-toi.	Il donne un ordre/un conseil.	Un point ou un point d'exclamation	Verbe + complément

PHASE 3
DURÉE PRÉVUE : 20 minutes
MODALITÉ : individuel/écrit, collectif

Consigne	Tâche des élèves	Rôle de l'enseignant
1. Entrainement *Vous allez maintenant faire les exercices 1, 3 et 7 pour vous entrainer. Nous allons lire les consignes ensemble.*	1. Les élèves lisent les consignes en silence. Plusieurs élèves reformulent ce qu'ils en ont compris. Ils font les exercices d'entrainement.	1. S'assurer que tous les élèves savent ce qu'ils doivent faire pour ce temps de travail individuel.
2. Correction des exercices	2. Les élèves donnent leurs réponses. Réponses attendues : 1) b et d 3) a .; b ?; c .; d ? 7) a. C'est le président de la République qui parle à la télévision. b. Vous viendrez écouter le concert demain soir. c. Tokyo est la ville la plus peuplée du monde. d. Les marchandises seront livrées demain matin.	2. Renvoyer les élèves à l'affiche réalisée plus tôt.
3. Bilan de la séance *Vous avez travaillé sur les différents types de phrases. Nous y reviendrons demain quand vous écrirez la suite du texte.*		3. Corriger les exercices sur le TNI. Demander aux élèves d'expliquer comment ils ont effectué les transpositions des phrases pour l'exercice 7. Reformuler les procédures utilisées.

Critères de réussite :
Être capable de :
- lire et comprendre une consigne,
- transférer un savoir, l'appliquer dans la réalisation d'exercices.

Différenciation :
L'enseignant prend en charge un petit groupe d'élèves. Il leur demande de reformuler ce qu'ils doivent faire. Il les accompagne pas à pas dans la réalisation des exercices.

REMARQUE
Le document 3 montre que l'élève transpose les phrases déclaratives en interrogatives en supprimant le début de la phrase. Il n'a pas compris la transformation syntaxique à effectuer (inversion sujet-verbe).

3. PRÉPARATION DE L'ENTRETIEN

a) Introduction

Je vais vous présenter une séance d'étude de la langue qui a lieu en novembre dans une classe de CM1. Elle s'inscrit dans une séquence de lecture portant sur le roman policier. Il s'agit de la troisième séance qui porte sur l'étude de la langue et plus précisément sur les types de phrases. Dans les deux premières séances, les élèves ont été amenés à découvrir les caractéristiques du genre policer à travers l'étude des extraits des romans suivants : *Les Doigts rouges* de M. Villard, *La Villa d'en face* de P. Boileau et T. Narcejac, *Sherlock, Lupin et moi* d'I. Adler, *Drôle de samedi soir* de C. Klotz. L'une des caractéristiques du roman policier est l'importance de la parole des personnages à travers les dialogues. L'étude des types de phrases permettra aux élèves de mieux comprendre les intentions des personnages du roman policier : l'enquêteur, les suspects, les témoins, le coupable (interroger, piéger, mentir, se défendre…). Pour concevoir cette séance, je me suis appuyé(e) sur les quatre documents du corpus proposé. Le document 1 est un extrait de la nouvelle *Grammaire du français*, publiée en 2020 par le ministère de l'Éducation nationale et présentant les trois types de phrases. Le document 2 est un extrait du manuel *Terre de mots*, publié par les Éditions Nathan en 2018. Il propose une série d'exercices d'entrainement sur les types de phrase. Le document 3 est l'exercice 7 du précédent document réalisé par un élève : ce dernier ne semble pas maitriser les caractéristiques de la phrase déclarative. Le document 4 est un extrait de roman policier : *Les Doigts rouges* de M. Villard publié par Syros en 2007 : il comprend des dialogues où sont présents les trois types de phrases.
Cette séance a pour objectif d'approfondir la connaissance des différents types de phrases.
La séance dure 50 minutes et vise les compétences suivantes :

- être capable de réfléchir sur le fonctionnement de la langue,
- connaitre les caractéristiques syntaxiques des différents types de phrases (ordre des mots dans la phrase, ponctuation),
- comprendre pourquoi un interlocuteur utilise tel ou tel type de phrases.

Voici le déroulé et les composantes didactiques et pédagogiques de cette séance.

b) Conclusion

Cette séance est construite sur une démarche préconisée par les ressources ministérielles et propre à construire un savoir grammatical chez les élèves. Ces derniers ont mené une réflexion sur les types de phrases en observant, triant et classant des énoncés écrits. Lors de la séance suivante, ces connaissances vont être immédiatement réinvesties dans une activité d'écriture : les élèves seront amenés à produire la suite d'un dialogue extrait d'un roman policier. Comme le stipule le programme, l'étude de la langue est au service de l'écriture de textes. La dernière séance de la séquence sera consacrée à la lecture d'un texte des *Enquêtes de l'inspecteur Lafouine* afin de réinvestir le savoir grammatical dans la compréhension de textes.

c) Questions du jury

Quelles activités ritualisées proposeriez-vous à vos élèves pour travailler l'étude de la langue ?

L'enseignant peut proposer différentes activités ritualisées pour travailler la grammaire, l'orthographe et le lexique. Il s'agit de mettre en place des activités courtes, régulières voire ludiques qui amènent les élèves à mémoriser les connaissances grammaticales et à réutiliser les procédures travaillées lors des leçons de langue. Il peut proposer par exemple aux élèves :

- Le mot du jour. Il est défini puis réutilisé dans un contexte différent.
- La phrase du jour. L'enseignant souligne un accord que les élèves doivent justifier ou entoure des mots dont les élèves doivent trouver la nature grammaticale. Les procédures utilisées par les élèves sont systématiquement verbalisées.
- Des devinettes orthographiques. On amène les élèves à être attentifs aux faits de langue de manière ludique. Par exemple : *Je suis fatiguée. Je suis Marie ou Paul.*
- Le jeu de l'oie pour travailler la conjugaison : les différentes cases contiennent un pronom et un verbe que les élèves doivent conjuguer.
- Jeu de l'intrus : les élèves doivent trouver l'intrus dans une liste de mots.
- L'expansion d'une phrase. On donne aux élèves une phrase comprenant un groupe nominal et un groupe verbal qu'ils doivent enrichir.

Sur Lea.fr

Retrouvez deux autres questions du jury

ANNEXE

GLOSSAIRE

ATTENTION!

Dans la perspective du concours, il est important de maitriser le vocabulaire didactique et institutionnel.

- **Activité**

Travail réel effectué par les élèves.

- **Compétence**

« Une compétence est l'aptitude à mobiliser ses ressources (connaissances, capacités, attitudes) pour accomplir une tâche ou faire face à une situation complexe ou inédite. Compétences et connaissances ne sont ainsi pas en opposition. Leur acquisition suppose de prendre en compte dans le processus d'apprentissage les vécus et les représentations des élèves, pour les mettre en perspective, enrichir et faire évoluer leur expérience du monde. »[1]

Les trois types de compétences à développer sont :

› les savoirs : connaissances (par exemple, identifier un verbe);
› les savoir-faire : capacités (par exemple, utiliser les inférences pour comprendre un texte);
› les savoir-être : attitudes (par exemple, savoir attendre son tour pour prendre la parole).

- **Démarche**

La démarche pédagogique correspond à l'ensemble des situations mises en place par l'enseignant pour atteindre les objectifs qu'il s'est fixés pour la séance ou la séquence dans le but de développer les compétences attendues chez ses élèves.

- **Didactique**

« La didactique s'intéresse :

› à la transmission d'un savoir savant.
› au niveau des élèves, à leurs représentations initiales et à leurs difficultés.
› aux problématiques qui naissent de l'observation d'un monde complexe. »[2]

La didactique ne doit pas être confondue avec la pédagogie.

- **Différenciation**

La différenciation consiste à réfléchir à des variables pédagogiques afin de permettre à tous les élèves d'atteindre l'objectif visé. Elle prend en compte la diversité des élèves au niveau des connaissances acquises, des méthodes de travail, du rapport au savoir... Quatre variables peuvent être interrogées[3] :

1. Socle commun de connaissances, de compétences et de Culture, BO du 17 au 23 avril 2015, p. 2-3.
2. https://pedagogie.ac-rennes.fr/spip. php?article4722
3. Ressource Eduscol : « Mise en œuvre de la différenciation pédagogique » https://cache.media.eduscol.education.fr/file/Reussite/39/9/RA16_C2_FRA_DifferenciationCP_843399.pdf

- le contenu (varier supports, tâches proposées, étayage pour faire acquérir une même compétence);
- les structures (varier les modalités d'organisation des groupes, de la classe : espace, temps, ressources matérielles);
- les processus (varier les démarches des élèves et celles de l'enseignant);
- les productions (varier le type de productions : orales, écrites, multimédia).

- **Étayage**

Le concept d'étayage est défini par Jérôme. S. Bruner comme « l'ensemble des interactions d'assistance de l'adulte permettant à l'enfant d'apprendre à organiser ses conduites afin de pouvoir résoudre seul un problème qu'il ne savait pas résoudre au départ. »[1]
L'auteur décrit six fonctions de l'étayage caractérisant ce soutien temporaire de l'activité de l'enfant par l'adulte :

- l'enrôlement : susciter l'adhésion de l'enfant aux exigences de la tâche;
- la réduction des degrés de liberté : simplifier la tâche en réduisant la difficulté du processus de résolution;
- le maintien de l'orientation : faire en sorte que l'enfant ne change pas d'objectif durant la résolution de la tâche et qu'il conserve le but initialement fixé;
- la signalisation des caractéristiques dominantes : faire prendre conscience à l'enfant des écarts qui existent entre ce que l'élève réalise et ce qu'il voudrait réaliser;
- le contrôle de la frustration : essayer de maintenir l'intérêt et la motivation de l'élève en utilisant divers moyens et en se prémunissant d'une trop grande dépendance;
- la démonstration ou présentation des modèles de solution : présenter sous une forme « stylisée » la solution de l'élève, pour que l'élève tente de l'imiter en retour sous la forme appropriée.

- **Évaluation**

Évaluer consiste à recueillir les informations permettant à l'enseignant de mesurer l'écart entre la production de l'élève et les attendus fixés par l'objectif d'apprentissage. La mesure de cet écart lui permettra d'orienter sa pratique. Il existe différents types d'évaluation pour faire le point sur l'état des connaissances des élèves :

- L'évaluation diagnostique se situe avant l'action de formation. Elle vise à faire le point sur les compétences des élèves, en lien avec celles qui seront à mobiliser au cours de la séquence. Elle permet à l'enseignant d'adapter, d'orienter sa démarche.
- L'évaluation formative se situe au cours de l'action de formation. Elle a pour fonction de réguler et de faciliter l'apprentissage.
- L'évaluation sommative se situe après l'action de formation. Elle vérifie, voire certifie l'acquisition de la compétence par l'élève.

- **Institutionnalisation**

L'institutionnalisation est le geste professionnel par lequel l'enseignant reconnait les apprentissages réalisés par les élèves et leur assigne un nouveau statut de savoir ou de savoir-faire. Elle peut prendre diverses formes constituant une trace écrite : définitions, résumés, règles, cartes mentales, etc.

1. Jérôme. S. Bruner, *Le Développement de l'enfant : Savoir faire, savoir dire*, PUF, 1983.

- **Objectif**

L'objectif précise ce que l'élève sera capable de faire à l'issue de la formation : *L'élève sera capable de* + verbe d'action. Exemple : *L'élève sera capable d'identifier le verbe dans la phrase.*

- **Pédagogie**

« La pédagogie s'intéresse :

› aux relations élèves/élèves.
› aux relations maître/élèves.
› à l'organisation de la classe pour favoriser les apprentissages.

En somme, la didactique est une réflexion sur la transmission des savoirs, alors que la pédagogie est orientée vers les pratiques en classe. »[1]
La pédagogie ne doit pas être confondue avec la didactique.

- **Phase**

Différents types de phases sont possibles au sein d'une séance en fonction de l'objectif visé :

› Phase d'appropriation : rappel des acquis en lien avec les objectifs de la séance, explicitation de(s) l'objectif(s) de la séance, présentation du cadre, des contraintes de temps, des besoins en matériel et outils...
› Phase de recherche : situation-problème
› Phase de mise en commun : les élèves présentent leur démarche, justifient, argumentent, échangent avec leurs pairs sur les écarts de résultats. Le statut de l'erreur est primordial : droit de se tromper.
› Phase d'institutionnalisation, de structuration : formuler clairement et explicitement le savoir à mémoriser.
› Phase d'application : l'élève est invité à appliquer la règle, la connaissance nouvellement découverte.

Au cours de la séquence et au-delà, il y a :

› des phases d'entrainement : pour fixer la connaissance dans la mémoire à long terme, développer des automatismes, rendre l'élève plus autonome.
› une phase d'évaluation : les élèves vont pouvoir réaliser seuls une tâche proche de celle découverte au cours de la séance.
› des phases de transfert, de réinvestissement : l'élève sera conduit à réinvestir et/ou à transférer ce savoir dans des situations nouvelles.

- **Programmation**

La programmation est établie par l'enseignant à partir des programmes et des textes officiels. Les éléments du programme sont répartis dans le temps pour être échelonnés sur l'ensemble des périodes de l'année (programmation annuelle) ou du cycle (programmation de cycle). Ainsi, elle prévoit pour chaque période les éléments du programme qui sont abordés.

- **Progression**

La progression correspond aux réelles avancées de la classe dans l'acquisition des éléments du programme. Le calendrier de programmation peut donc différer de celui des progressions.

---

1. https://pedagogie.ac-rennes.fr/spip. php?article4722

- **Remédiation**

La remédiation est le processus visant à pallier les difficultés d'apprentissage. Elle consiste à proposer aux élèves de nouvelles activités d'apprentissage visant à combler les lacunes repérées lors d'une évaluation.

- **Séance**

Chaque séance doit avoir ses propres objectifs, en nombre limité mais clairement et précisément formulés. Ces objectifs sont à atteindre en développant les savoirs, savoir-faire et savoir-être. Au sein d'une séance, différents types de phases sont possibles en fonction de l'objectif visé.

- **Séquence**

Le terme « séquence » est défini dans le BOEN n°35, 17 septembre 1992 : « Ensemble continu ou discontinu de séances articulées entre elles dans le temps et organisées autour d'une ou plusieurs activités en vue d'atteindre les objectifs fixés par les programmes d'enseignement. »

- **Tâche**

La tâche est un travail prescrit par l'enseignant, à effectuer par l'élève.

CRÉDITS ICONOGRAPHIQUES

AdobeStock. ordinateur © ST.art 6; rame © Michael Burrell 33; loupe © Chief Design 72; ampoule © FourLeafLover 72; arbre © surachet99 91; fleur © Dejan Jovanovic 91; hélicoptère © Thruer 91; rhinocéros © Paul Kovaloff 91; épouvantail © Irina 91; hippopotame © Paul Kovaloff 91; parapluie © Rogatnev 91; escargot © Npaveln 91; château © Eyewave 91.

Shutterstock. Sirène © Denis Cristo 91.

Autres.
p. 91 La fiche jeu a été reprise du site http//laclassedelaurene.blogspot.fr avec l'aimable autorisation de l'enseignante.
pp. 188-189 Nous remercions le site https://apprentilangue.jimdo.com/ pour l'autorisation de publier des extraits du dispositif « Apprentilangue ».
Les photographies ont été prises par les autrices de l'ouvrage.

IMPRIM'VERT®

Achevé d'imprimer par ISIPRINT en décembre 2024
N° de projet : 10303303
N° d'impression : 202411.0308
Dépôt légal : janvier 2025
Imprimé en France

Ce livre est imprimé sur du papier issu de forêts gérées durablement.